시민이 직접 구상한 이상적인 AI 도시의 인프라

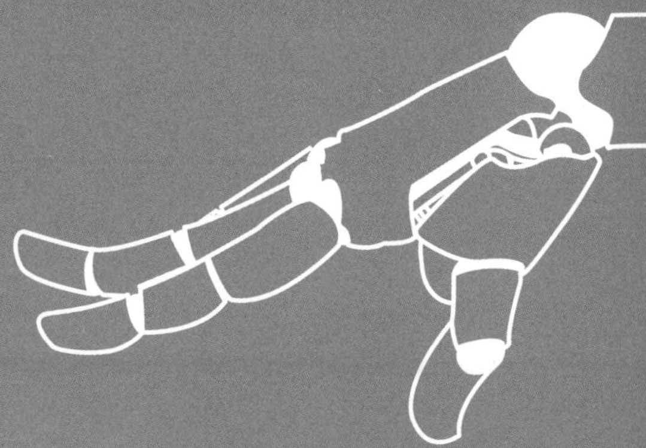

시민이 주인되는
AI 미래도시: 100가지 상상력

-시민 363명의 의견을 듣다-

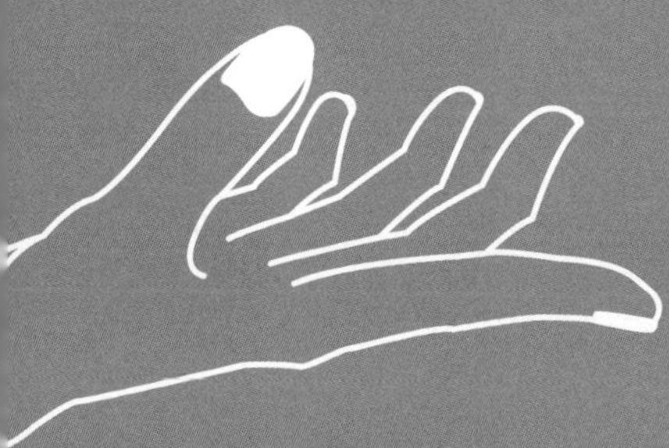

발간사

도시, 특히 경기도 광명에 AI를 도입하는 데 있어 시민들의 목소리를 듣다.

"어린이와 청소년이 AI기술에 관심을 가지고 기초 지식을 습득하고 그것을 잘 활용하여 향후 기술을 주도하는 사람으로 성장할 수 있으면 좋겠습니다"

"시민이 공평하게 AI 기술에 대한 혜택을 받을 수 있는 도시 건설"

"시기를 놓치지 말고 장기 계획을 세워 차질없이 추진해야 합니다."

"사람을 위한 AI시대 구현"

"개인정보 유출 및 인간성 저하로 인한 사회혼란 초래"

"AI기술을 잘 이용하는 고소득층. 지식층의 데이터 위주로 쌓이고 빈곤층은 AI앱 유료 비용을 부담하기 어려워서 결국 취약계층은 지금 보다 더 어려운 상황에 직면할 것임"

"연구하고 노력하는데 게을리할 것이라 생각됩니다"

"사람이 하는 예술에 대한 가치의 부재"

"시니어들의 소외 등 우려된다"

"교통체증이 없는 광명"

"인맥이 많이 흐르고 있는데 인맥이 없어지면 공평성이 생길 것 같아 좋음"

"시민과 함께 만들어가는 광명"

"똑똑하고 편리한 광명시"

"광명시가 한 단계 업그레이드되는데 AI 기술이 꼭 필요합니다."

이 책의 특별함은 시민들을 대상으로 직접 설문조사를 진행하고, 그 결과를 충실히 담아 분석했다는 데 있다.

위의 메시지들이 바로 시민들이 직접 설문조사를 하면서 작성해 준 서술형 답안의 일부이다. 경기도 광명을 중심으로 설문조사를 진행한 결과이다. 어떻게 도시를 만들고 또 AI를 도입하면 좋을지 시민들께서 직접 답을 주셨다. 시민들의 생생한 목소리, 이것이 바로 도시의 방향이 되어야 한다. 3개월 기간의 설문조사에 함께 해주신 시민 363명께 진심으로 감사드린다.

이 책은 2025년 4월부터 시작되었다.

시민이 주인되는 광명시를 꿈꾸고 실천하던 중 AI가 도시를 엄습할 미래를 상상하며 시민이 AI기술을 주도하는 도시를 만들기 위해 〈AI미래도시 광명 시민 프로젝트〉라는 이름으로 시민들을 대상으로 AI 리터러시 교육을 시작했다. 부족한 수준이지만 카이스트에서 배웠던 수학적 지식, AI 지식을 시민들과 공유하기 위해 노력했다. 10강으로 진행된 프로젝트에 전문가분들도 함께 해주셨다. 이 책을 빌려 시민들에게 훌륭한 강의를 해주신 강사님들-**서용석 카이스트 교수님, 한승오 카이스트 박사과정 연구원님, 홍대의 몬드리안AI 대표님, 허정규 광명일보 대표님, 모임 운영을 모두 도맡아주셨던 광명의 희망, 청년 리더 김재원님**께도 진심으로 감사의 인사를 드린다.

10강 강의가 끝난 뒤, 몇 분의 시민들이 자연스럽게 뭉쳤다. 광명을 중심으로 전국의 시민들에게 AI를 가르치고 계신 최효근 교수님, 광명에서 새로운 사회적 실험을 이어가고 있는 소생커뮤니티의 채기석 대표님, 전통시장과 소상공인의 현장을 지켜오고 연구해 오신 배수영 대표님, 그리고 미술 외 분야에서 활발히 활동 중인 미술대학 학생 임지민 님께서 함께해 주셨다. 서로 다른 자리에서 출발했지만, 우리는 같은 질문 앞에 서 있었다.

바로 AI가 시민을 위협하는 도구가 아닌, 시민을 위한 도구가 될 수 있는가였다.

이 책은 대한민국 국민에게 보내는 하나의 희망 메시지이다.

AI가 사람을 위한 기술이 될 수 있다는 것, 시민의 주권을 실현하는 도구가 될 수 있다는 것, 그리고 불평등과 개인정보 우려를 넘어서는 방향으로 AI 미래도시를 설계할 수 있다는 가능성을 이야기하고자 했다. 기술이 앞서는 도시가 아니라, 사람이 중심이 되는 도시를 상상하는 것이 이 책의 출발점이다.

평균 퇴직 연령은 점점 빨라지고, AI의 확산으로 일자리는 줄어들며, 사회적 정체성에 대한 고민이 전 인류의 화두가 되었던 오늘. 시민은 어떤 선택과 어떤 결정을 통해 새로운 미래에 도달할까? 이 책은 그 질문에 대한 답을 찾아가는 여정으로의 초대라고도 볼 수 있다.

그리고 앞으로 당신의 작은 선택들이 만들어낸 변화 속에서, 미래의 우리는 지금 '함께 하는 세상, 따뜻한 정이 있는 도시'를 살아갈 수 있을 것이다. 사소해 보였던 관심과 한 걸음 한 걸음이 모여, 모든 시민이 도시의 주인이 되고 시민의 행복이 일상이 되는 세상을 현실로 만들 수 있을 것이다.

미래를 꿈꾸는 모든 이들에게 이 책을 하나의 초대장으로 건넨다.

이 책을 읽는 모든 분들이 단순한 독자가 아니라, 변화의 동반자이자 변화의 주체가 되기를 바란다.

2026. 01.

광명 도덕산 자락에서

대표 저자 김혜민 배상

추천사

— 카이스트 문술미래전략대학원 **서용석 교수**

AI는 더 이상 기술의 문제가 아니라 사회의 문제이며, 동시에 '우리는 어떤 미래를 설계할 것인가'라는 전략적 질문과 맞닿아 있다. 그럼에도 그간의 AI 도시 논의는 기술 구현과 효율성에 치우친 나머지, 미래를 살아갈 시민이 그 과정에 어떻게 참여하고 어떤 선택을 할 수 있는지에 대해서는 충분히 조명하지 못했다.

『시민이 주인되는 AI미래도시 100가지 상상력』은 이러한 공백을 메우며, 참여적 미래학의 관점에서 AI 미래도시를 새롭게 사유하게 만드는 책이다. 여기서 미래는 전문가나 기술 엘리트가 예측하고 설계하는 대상이 아니라, 시민이 함께 상상하고 토론하며 만들어가는 집합적 과정으로 제시된다. 미래도시는 미리 정해진 청사진이 아니라, 시민의 경험과 가치, 그리고 선택이 축적되며 형성되는 열린 전략 공간임을 이 책은 분명하게 보여준다.

미래전략의 핵심은 '무엇이 가능해지는가'보다 '누가, 어떤 방식으로 미래를 결정하는가'에 있다. 이 책의 강점은 AI를 도시 운영의 도구로만 다루지 않고, 시민 참여와 민주적 거버넌스를 포함한 사회적 시스템으로 통합적으로 사고한다는 점이다. '100가지 상상력'은 단순한 아이디어 나열을 넘어, 시민이 미래 설계의 주체로 참여할 수 있도록 구체적인 질문과 선택지를 제시하는 참여적 미래 시나리오로 기능한다.

AI 시대의 도시는 더 많은 데이터나 더 정교한 알고리즘만으로 완성되지 않는다. 무엇보다 미래를 함께 논의하고 합의해 나갈 수 있는 사회적 역량이 요구된다. 이 책은 시민을 수동적 수용자가 아니라, 도시의 미래를 공동으로 설계하는 전략적 행위자로 자리매김한다. AI 기반 도시, 스마트시티, 미래 거버넌스를 고민하는 연구자와 정책 담당자는 물론, 자신의 삶과 도시의 내일을 스스로 묻고자 하는 모든 시민에게 이 책을 기꺼이 추천한다.

추천사

— 카이스트 김재철AI대학원 **신진우 석좌교수**

인공지능을 연구하는 연구자의 관점에서 볼 때, AI가 인류 사회의 생산성 향상과 문제 해결에 기여할 잠재력이 매우 크다는 점은 이미 폭넓은 합의를 이루고 있다. 그러나 동시에 인공지능 기술의 급속한 확산은 사회적 불안, 제도적 공백, 그리고 민주적 통제의 문제를 함께 제기하고 있다. 이러한 전환의 국면에서 핵심적으로 제기되어야 할 질문은 기술의 성능이나 효율성 그 자체가 아니라, AI가 사회적 맥락 속에서 어떻게 해석되고 수용되며, 시민의 인식과 요구가 그 설계와 운영 과정에 어떻게 제도적으로 반영되는가라는 점일 것이다.

이 책은 바로 이러한 문제의식에서 출발하며, 기존의 AI·스마트도시 담론과 명확히 구별되는 학술적·실천적 가치를 지닌다. 기술 결정론적 미래 예측이나 행정·산업 중심의 정책 논의에 머무르지 않고, 시민들이 AI를 어떻게 이해하고 있으며 무엇을 기대하고 우려하는지를 실증적으로 기록하고 분석했다는 점에서 중요한 의의를 갖는다. 특히 대표저자인 김혜민 대표가 시민들과의 지속적인 토론과 숙의 과정을 통해, AI를 도시 공간과 일상적 문제 해결의 맥락 속에서 어떻게 설계하고 적용할 것인지 공동으로 기획해 왔다는 점은 이 책의 핵심적인 학문적 강점이라 할 수 있다.

본서는 AI 기반 도시와 스마트도시를 단순한 기술 인프라의 집합이 아니라, 시민 참여와 사회적 합의를 전제로 한 공공적·규범적 실험의 장으로 재정의한다. 이러한 관점은 AI 도시를 연구하는 학자들뿐 아니라, 실제로 도시를 설계하고 정책을 수립·집행하는 행정가와 설계가, 나아가 공공 의사결정에 참여하는 정치적 행위자들에게도 중요한 시사점을 제공한다. 기술이 사회를 앞서 나가는 시대일수록, 이 책이 제시하는 시민 중심적이고 숙의 기반의 접근은 AI 시대의 도시를 사유하는 데 있어 필수적인 준거점이 될 것이다.

추천사

— 미국 James Madison University 교육공학 교수, **미래교육학자 류태호**

오늘날 우리는 AI가 단순히 업무 효율을 높이는 도구를 넘어 경제와 교육, 그리고 우리가 살아가는 도시의 근간을 근본적으로 재편하는 '대전환'의 시대에 서 있다. 이 책은 기술의 화려함에 매몰되지 않고 그 이면에 있는 '사람', '공동체', '지속가능한 미래'라는 핵심 가치를 도출해 냈다는 점에서 매우 탁월하다.

기술이 전통시장의 정(情)과 온기를 잃지 않으면서도 시민의 일상을 회복시키는 조력자로 자리 잡는 'AI 전통시장 장바구니 플랫폼'에 대한 통찰과 기술은 뒤에서 조용히 돕고 사람이 주인공이 되어야 한다는 철학은 AI시대를 불안해하는 우리에게 따뜻한 위로와 확신을 준다.

특히 인상 깊었던 대목은 'AI 체험관'과 'AI 교육도시'의 설계다. 또한, AI가 일자리를 빼앗는다는 공포를 넘어 국가가 책임지고 새로운 공공 일자리를 설계하는 '좋은 일자리 국가책임제' 시나리오는 AI와 인간이 상생하는 미래의 생생한 청사진을 제공한다.

이 책은 단순한 기술 예측서가 아니라 AI라는 도구를 통해 어떻게 더 인간적인 사회를 만들 것인가를 치열하게 고민한 결과물이다. 미래 교육의 변화를 준비하는 교육 관계자뿐만 아니라 AI와 함께 살아갈 내일을 설계하고자 하는 모든 시민에게 이 책이 든든한 나침반이 되어줄 것이라 믿어 의심치 않는다.

추천사

— AI소셜임팩트포럼 운영위원장, 전 국정기획위원회 전문위원 **한창완 변호사**

AI는 흔히 기술적 혁신으로 설명되지만, 동시에 사회의 의사결정 방식과 책임 구조를 다시 짜는 변화이기도 하다. 알고리즘의 작동이 충분히 설명되지 않으면, 결정 과정은 불투명해지고 문제가 발생했을 때 책임의 귀속도 흐려진다. 개인정보는 편의와 혁신이라는 명분 아래 더 넓게 수집·활용되고, 시민은 어느 순간 서비스의 '이용자'가 아니라 관리와 예측의 '대상'으로 전환될 위험에 놓인다.

그렇기 때문에 저는 『시민이 주인되는 AI미래도시 100가지 상상력』이 중요하다고 생각한다. 이 책은 시민들이 직접 제기한 걱정과 질문, 조건과 요구를 중심에 두고, 기술 도입이 사회적 동의와 통제의 틀 속에서 이루어져야 한다는 점을 분명히 한다. 시민 363명의 응답은 단순한 의견 모음에 그치지 않고, 정책이 출발점으로 삼아야 할 구체적인 기준과 문제의식을 제공한다.

특히 의미 있는 점은 이 책이 AI 거버넌스를 사후적 규제나 분쟁 해결의 문제로만 보지 않고, 처음부터 시민이 어떻게 개입하고 통제할 수 있는지라는 절차의 문제로 다룬다는 것이다. 김혜민 대표를 중심으로 한 숙의 과정은 'AI를 어디까지 허용할 것인가', '누가 책임질 것인가', '시민은 어떤 방식으로 참여할 것인가'라는 질문을 피하지 않는다. 성급한 해답을 제시하기보다, 사회가 공유해야 할 기준과 원칙의 윤곽을 차분히 그려낸다.

AI를 신뢰하려면, 먼저 의심하고 점검할 수 있어야 한다. 이는 '기술을 어떻게 쓸 것인가'의 문제 뿐만 아니라 그 기술 앞에서 우리가 어떤 시민으로 살 것인지 스스로 선택하고 책임지는 방식의 문제이기도 하다. 이 책은 그 건강한 의심을 시민의 언어로 기록한 귀중한 자료다. 이 책은 "어떤 방식으로, 누구의 동의 아래, 어떤 책임 구조로 도입할 것인가"를 묻는다. 그 질문에 진지하게 답을 찾으려는 이들에게 이 책을 기꺼이 권한다.

CONTENTS

시민이 주인되는

AI 미래도시: 100가지 상상력

-시민 363명의 의견을 듣다-

CONTENTS

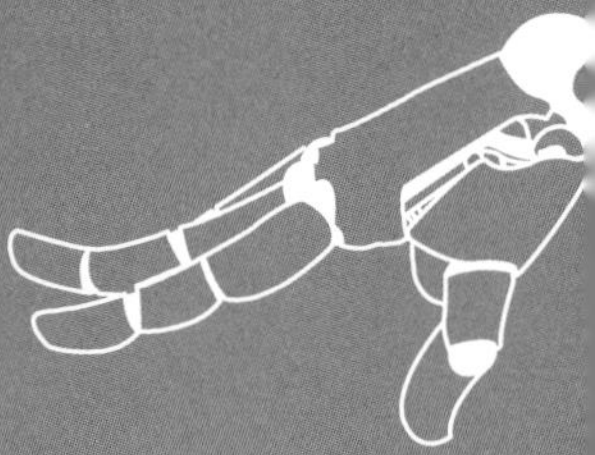

시민이 주인되는

AI 미래도시: 100가지 상상력

-시민 363명의 의견을 듣다-

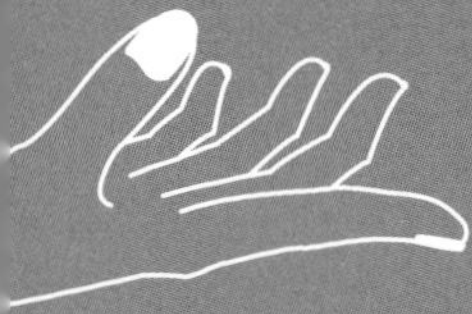

/ 1부 /

AI로 바뀌는 우리의 삶

I. AI가 되살린 지역경제

오늘날 대한민국은 여러 위기가 중첩된 상태에 놓였다.

자본주의 체계가 정점에 이르면서 사회적 양극화(부, 소득, 기회 등)라는 거대한 그림자가 드리워졌다. 환경파괴와 자원고갈, 공동체성 훼손과 정신적 고립, 인간성 상실의 문제가 깊어졌다. 2024년 12.3계엄사태는 국가에 대한 국민 신뢰 자체를 흔들었고 외부 거대 플랫폼 기업들의 경제적 압박과 고금리·고물가 상황 속에서 매년 수만 명의 소상공인들이 운영하던 사업장의 문을 닫아야만 하였다.

점점 빨라지는 평균 퇴직 연령은 대한민국의 지속가능성에 의문을 제기하였다. 더불어 인공지능 AI의 출현은 지구 유일의 지적 생명체였던 인간의 존재 자체에 대한 질문을 던지면서 인류의 역할에 대한 근본적인 질문이 시작되었다.

이러한 복합적인 문제 해결을 위한 대전환은 이제 더 이상 선택이 아닌 필수가 되었다. 조금 더 나은 세상을 위한 개혁과 변화 수준이 아니라, 근본적인 대전환을 위한 선택. 그 기로에서 키워드를 도출해야 하였다.

사람
공동체
지속가능한 미래

AI라는 기회의 도구를 어떻게 활용할 것인가.

복잡하고 어두운 현실 앞에서 할머니가 들려주시던 옛 전통시장의 이야기는 실마리를 안겨주었다.

새벽부터 장이 서면 사람들이 하나둘 모여들고, “어머, 이게 누구야!” 하며 반가운 인사가 오갔다. 장사하는 아주머니는 단골손님의 취향을 기억해 “이거 새로 들어온 건데, 입맛에 딱일 거야”라며 건네주곤 하였다. 누군가 어려움에 놓이면 모두가 나서서 도왔고, 좋은 소식이 있으면 함께 기뻐하였다. 전통시장은 단순히 물건을 사고파는 공간이 아니라, 사람과 사람이 만나 따뜻한 관계를 맺고 서로의 이야기를 나누며 필요한 것들을 주고받는 살아있는 공동체였다.

그 따뜻한 정신과 문화를 지금 시대에 맞게
되살릴 수는 없을까?

이런 생각에서 새로운 도전이 시작되었다. 물리적 공간의 한계를 뛰어넘어 온라인에 그 문화를 옮겨올 수는 없을까. 인터넷과 스마트폰, AI까지 확대된 이 시점에 지역 온라인 플랫폼으로 그 문화를 옮겨오는 것이었다. 시대가 요구하는 지역순환경제와 공유경제의 가치를 하나로 담아낸 전통 디지털 장터를 만들어보자는 꿈이었다.

전통 디지털 장터인 플랫폼에서는 지역 주민들이 온라인 공간을 통해 하나로 연결되고 동네 빵집 사장님의 새로운 메뉴 개발 이야기부터, 육아맘들의 생생한 육아 경험담, 퇴직한 어르신들의 인생 지혜까지, 지역의 크고 작은 이야기들이 자연스럽게 흘러간다.

이 과정에서 지역 내 생산자와 소비자의 필요(Needs)가 만나게 된다. 농부 할아버지가 기른 싱싱한 채소를 찾는 젊은 엄마와, 손으로 직접 만든 수제 비누를 선보이고 싶은 동네 작가가 연결되는 것이다. 이는 단순한 거래를 넘어서 상호 호혜적 관계성을 만들어낸다.

더 나아가 이 플랫폼은 행정의 정책 혜택이 일부 계층에만 편중되는 문제를 미연에 방지하는 역할도 한다. 투명하고 공정한 정보 공유를 통해 모든 주민이 균등한 정보 획득의 기회를 가질 수 있도록 돕는 것이다.

그리고 이 모든 과정에서 조금 어렵거나 복잡한 부분들은 AI 기술을 기반으로 보완한다. AI가 주민들의 관심사와 필요를 분석해 최적의 매칭을 도와주고, 지역 정책 정보를 개인별로 맞춤 제공하며, 언어 장벽이나 디지털 격차로 소외될 수 있는 분들을 위한 다양한 접근 경로를 마련하는 것이다.

우리는 이런 방식으로 현실의 어려움에만 매몰되지 않고, 기술과 인간의 따뜻함이 조화를 이루는 미래 사회를 준비할 수 있다고 확신하였다. 과거 전통시장의 정신이 첨단 기술과 만나 새로운 형태의 지역공동체로 부활하는 순간, 우리가 꿈꾸는 상생과 연대의 사회가 시작될 것이라 확신하였다.

1. AI가 되살린 전통시장

1) AI 전통시장 장바구니 플랫폼

시장을 잇는 기술, 사람을 잃지 않는 방식으로

전통시장 골목을 지나가면, 옛날부터 이어져 온 도시의 숨결이 느껴진다.

비 오는 날이면 더욱 진한 전 부침 냄새가 골목을 감싸고, 상인들이 서로의 안부를 묻는 목소리가 작은 소리의 파도를 만든다.

이곳은 단순한 구매 공간이 아니라, 사람의 체온이 머무는 생활 문화의 중심이었다. 그러나 시민의 일상은 빠르게 변하였다. 일과 양육, 이동과 돌봄이 압축된 현대 도시의 시간 속에서 전통시장은 '따뜻하지만 불편한 곳'이라는 이중적 인식으로 남아 있다.

주차의 어려움,
무거운 장바구니,
계산대기줄,
복잡한 골목 동선..
이 모든 부담은 특히 고령층과 직장인,
1인 가구에게 큰 장벽이 된다

아이러니하게도 사람들은 여전히 전통시장을 그리워한다. 대형마트나 온라인 몰에서는 얻을 수 없는 정(情), 상인의 손길, 고유의 말투, 계절이 스며든 식재료의 표정. 이 감정적 자산은 전통시장만이 가진 힘이다. 더 이상 이 전통적 가치와 현대적 생활 방식을 '둘 중 하나를 선택하는 문제'로 바라봐서는 안된다. 이제는 생활 속 AI 전통시장 장바구니 플랫폼이라는 새로운 연결이 필요하다. 시장의 감성을 지키면서도, 시민의 시간을 덜어주는 접근, 기술이 편의를 넘어서 사람을 돕는 방식을 뜻한다.

골목상권 AI 데이터 센터, 지역사랑상품권 통합 결제 시스템, 스마트 모빌리티 장바구니 이동 서비스, 어르신들을 위한 AI 장보기 도우미 서비스, 1인 가구를 위한 생활형 장보기 케어까지, 이 모든 흐름은 '시장으로 다시 돌아오는 발걸음'을 만드는 과정이다. 기술이 시장의 감성을 지우는 것이 아니라, 오히려 오래된 시장의 따뜻함을 이어주기 위한 조력자로 자리 잡는 것. 이를 위한 새로운 플랫폼을 제안한다.

AI 전통시장 장바구니 플랫폼

새로운 플랫폼은 그 변화의 첫 번째 문을 여는 열쇠가 될 수 있다.

전통시장은 사라져야 할 과거가 아니라, 다시 연결돼야 할 현재다. 도시는 효율을 요구하지만, 시민의 마음은 온기를 기억한다. AI 전통시장 장바구니 플랫폼이 해야 할 일은 단순한 시스템 구축이 아니다. 시민의 일상 속에서 시장을 더 가깝게 만들고, 상인과 손님 사이의 오래된 신뢰를 현대적 방식으로 지켜내는 일이다.

기술은 조용히 뒤에서 작동하고, 시민과 상인은 예전처럼 시장의 주인공으로 남는다. 그 변화의 시작을 지금 여기에서 다시 써 내려가려 한다.

전통시장에 머물던 불편함, 도시 생활 속에서 드러나다

전통시장은 한 세대 이상을 버텨온 생활의 중심지였지만, 도시의 생활 패턴이 급변하면서 그 불편함이 서서히 드러나기 시작하였다. 시장들은 여전히 활기를 잃지 않았지만, 시민의 발걸음은 예전만큼 꾸준하지 않았다.

그 이유는 단순하다. 정(情)은 남아 있으나, 방식은 달라졌다. 현대 시민의 장보기는 이동 편의, 대기 시간, 결제 방식, 배송 속도 등 '생활 효율성'에 의해 좌우된다. 그러나 전통시장은 대부분 이 요구를 충족하기 어려웠다.

우선, **'비좁은 통로와 무거운 장바구니 문제'**가 있다. 고령층은 밀집된 골목에서 넘어지기 쉬웠고, 직장인은 장바구니를 들고 이동하기 어려웠다. 게다가, **불편한 결제와 정보 부족의 문제**도 있다. 지역화폐를 사용하는 고객은 늘었지만, 모바일 앱 사용이 익숙하지 않은 상인과 고객 간 갈등도 있었다. 세 번째는 **주차 부족과 동선 혼잡 문제**다. 주말과 명절에는 주차 공간 확보만으로도 큰 스트레스가 된다. 마지막으로 **1인 가구의 입장에서 전통시장의 효용성**이 떨어진 부분이다. 혼자 사는 시민들은 장을 대량 구매할 필요가 없다. 전통시장을 방문하면서 무거운 짐을 들고 오가며 낭비되는 시간과 체력을 더 크게 느낀다. 이러한 불편함의 누적은 결국 시장 방문을 '특별한 날에만 가는 선택'으로 만들었다.

그러나 시장은 단순한 구매 공간이 아니라, 도시가 기억하고 지켜야 할 '생활 문화 자산'이다. 문제는 시장의 가치가 아니라, **그 가치를 시민의 생활 리듬과 다시 '맞물리게 만드는 기술'의 부재**다. 그래서 전통시장 지원 정책을 단순 개선이 아닌 재설계 수준에서 바라볼 필요가 있다.

불편함을 해결할 때,
시장은 다시 일상 속으로 들어온다

전통시장이 변화하지 않아서 멀어진 것이 아니라, 도시의 생활 속도가 달라졌기 때문이다. 따라서 해결책 역시 시장을 바꾸는 것이 아니라, 시장과 시민의 시간·동선을 기술로 다시 맞추는 일이다.

그래서 AI 기술이 필요하다. AI 기술에 기반한 새로운 플랫폼, 즉, AI 전통시장 장바구니 플랫폼이 도입된다면 단순히 온라인 장보기 서비스를 만드는 것이 아니라, 도시의 일상을 회복시키는 과정이 될 것이다. 시장의 온기와 시민의 현실을 연결하는 첫걸음, 아직 한국만의 정서가 곳곳에 묻어 있는 삶의 이야기들이 여기서 시작되도록 해야 한다.

AI 전통시장 장바구니 플랫폼을 제안한다

전통시장은 언제나 '사람'으로 움직여 왔다. 상인의 손끝에서 만들어지는 정성, 단골의 안부를 기억하는 따뜻함, 신선한 채소를 고르는 손짓, 이 모든 것이 시장을 특별한 공간으로 만든다. 그래서 기술이 시장에 들어설 때 우리가 가장 먼저 고민해야 하는 것은 '기술이 무엇을 할 수 있는가'가 아니라 '사람의 어떤 부담을 덜어줄 수 있는가'다.

AI 전통시장 장바구니 플랫폼은 최첨단 기술을 앞세우는 프로젝트가 아니다. 그 본질은 사람 중심의 접근, 즉 '기술은 뒤에서 조용히 돕고, 시장의 주인공은 여전히 사람'이라는 철학에 기반하고 있다.

기술은 뒤에서 조용히 돕고
시장의 주인공은 여전히 사람

전통시장의 변화는 '혁신'이라기보다 조용하지만 분명하게 체감되는 생활의 전환에 가깝다. AI 전통시장 장바구니 플랫폼은 그 전환의 중심에서 시장, 상인, 그리고 시민을 다시 연결한다.

무엇보다 중요한 것은, 이 플랫폼이 기술 중심이 아니라 사람 중심으로 설계되었다는 점이다. 기술은 단지 배경이며, 변화의 주체는 **언제나 시장의 사람들**이어야 한다.

AI가 시민의 장보기를 '예측'해주는 시장

AI의 핵심 기능은 예측 기반 추천이다. 예를 들어, 이번 주 기온이 갑자기 내려가면 빅데이터와 알고리즘에 기반한 AI는 국·탕 재료의 수요가 함께 증가한다는 패턴을 포착하고, 해당 품목을 시장의 여러 점포에서 자동으로 추천한다. 또한 '배추 가격이 평소보다 낮습니다', '이번 달 광명전통시장 건어물 가격 변동이 안정적입니다' 같은 정보는 시민의 선택을 가볍게 만든다. 예측 기능은 과학적이지만, 그 작동 방식은 매우 인간적이다. 익숙한 상인의 한마디 같기 때문이다. "이 계절엔 이게 신선해요", "오늘은 요게 좋아요" 등 AI는 심지어 이러한 정서적 조언까지 데이터로 다시 현실에 옮기는 역할을 할 수 있다.

상인의 감각을 기술로 옮기는 AI

상인에게 이제 AI는 새로운 경쟁자가 아니라 동료에 가까워야 한다. 상인은 오랜 시간 쌓아온 경험을 가지고 있다. 단골의 취향, 계절별 상품의 품질 변화, 날씨에 따른 고객 흐름까지 몸으로 익힌 전문성이다. 이것을 AI 과학자들을 **'도메인 지식(Domain Knowledge)'**라고 한다. 특정 분야(Domain)에 대해 축적된 전문지식, 경험, 규칙, 맥락 이해를 의미한다. 일종의 '감각'과 '경험'이다. AI플랫폼은 이 감각과 경험을 '데이터'로 모아 알고리즘에 기반하여 전략으로 발전시킨다.

예를 들어, 김장철에 절임 배추를 찾는 고객 패턴, 비 오는 날 튀김류가 증가하는 흐름, 금요일 저녁 직장인의 소비 성향. 이 모든 것이 AI가 학습하는 시장의 '감성 데이터'가 된다. 그 결과 상인은 더 정확한 재고 예측과 판매 전략을 세울 수 있다. 불필요한 비용과 시간 낭비도 줄어든다. 기술이 상인을 대체하는 것이 아니라, **상인의 감각을 확대하는 도구**가 되는 것이다.

시민에게는 '새로운 장보기 경험'을 선물하다

AI 장바구니 플랫폼은 장보기를 단순한 소비 활동이 아니라 일상 속 가벼운 선택으로 만든다. AI플랫폼은 전통시장이 느렸던 이유를 하나씩 지워줄 수 있다. 특히 고령층에게는 '어르신 AI 장보기 도우미'를 지원하면 도움이 될 수 있다. 어르신들이 스마트폰을 잘 다루지 못해도 ▲음성 인식 기반 주문, ▲반복 장바구니 추천, ▲원터치 결제 기능을 사용하면 된다. 많은 지자체에서 이미 고령층 디지털 역량 강화 프로그램을 운영하고 있어 이러한 플랫폼의 도입과 정착은 더욱 자연스러울 수 있다.

이동이 불편한 시민에게는 '스마트 모빌리티 기반 장바구니 이동 서비스'

스마트 모빌리티 인프라는 장바구니 이동 문제를 해결할 수 있다. 플랫폼과 연동된 전동 카트, 시장 내 단거리 배송 로봇, 고령층 대상 도보 이동 보조기기 연계 서비스 등은 전통시장에서 가장 큰 불편이던 '짐이 무겁다' 문제를 완전히 해소한다. 이동이 어려운 시민에게는 시장과 집을 이어주는 '거점 기반 배송 서비스'가 제공된다. 이 서비스는 단순 배달이 아니라 시장 접근권을 보장하는 도시 복지에 가깝다.

기술은 시장을 차갑게 만들지 않아야 한다

AI 장바구니 플랫폼의 진짜 목적은 기술의 고도화가 아니라 **시장이 다시 시민의 일상 가까이에 놓이게 만드는 것**이다. 전통시장은 도시의 오래된 감성이자 세대를 넘는 기억의 공간이다. 기술은 그 마음을 대체할 수 없지만, 그 마음을 더 오래 지켜줄 수는 있다.

AI가 시장을 품게 될 때 전통시장은 다시 사람으로 살아나는 공간이 된다.

2) AI가 시장 상인을 어떻게 돕는가

전통시장은 늘 사람의 흐름에 따라 움직였다. 날씨가 흐리면 발걸음도 줄고, 명절이 다가오면 장바구니는 묵직해졌다. 상인은 하늘을 보고 손님의 마음을 읽었다. 그 감각이 오랜 세월 시장을 지켜온 지혜였다. 그러나 도시의 생활 방식이 바뀌면서 감각만으로는 대응하기 어려운 순간이 늘어났다. 기온 변화, 소비 패턴, 직장인의 퇴근 시간, 심지어 지역 행사 일정까지.

전통시장이 고려해야 하는 변인은 너무 많아졌다. AI 장바구니 플랫폼이 등장하는 지점은 바로 여기다. 기술이 상인의 예측력을 대신하는 것이 아니라, 예측의 정확도를 높여주는 방향으로 시장을 돕는 것이다.

AI는 시장의 '날씨', '감각', '관계'를 수집하고 예측할 수 있다

AI는 다양한 데이터를 종합해 시장의 수요 흐름을 미리 알려준다.

- 시민이 상상하는 AI 제공 데이터 -

- 기상 정보(강수 · 기온 · 바람)
- 요일·시간대별 발걸음 변화
- 지역 축제, 행사 일정
- 명절 및 계절 패턴
- 전년 대비 가격 변동 추이
- SNS와 지역 커뮤니티 소비 트렌드

이 모든 정보가 합쳐지면 상인은 더 이상 '감'에만 의존하지 않는다. 예를 들어 이번 주 비가 많아지면 튀김이나 매운탕 재료의 수요가 증가한다. 아이들 방학이면 간식류 판매가 늘어난다. 폭염이 심한 날엔 과일주스 재료와 채소류가 빠르게 소비된다. 전에는 1~2명의 경험 많은 상인만 알던 흐름을 이제 시장 전체가 공유할 수 있다.

전통시장에서 가장 중요한 요소는 상인의 '감각'이다. 오늘 들어온 생선의 신선도, 장맛이 잘 오른 날의 된장, 어느 고객이 어떤 음식을 좋아하는지 경험이 쌓인 눈과 손만이 아는 정보들이 있다. AI플랫폼은 이 감각을 대체하지 않는다. 오히려 더 많은 사람들에게 전달될 수 있도록 '확장'하는 역할을 한다.

- 시민이 상상하는 AI플랫폼 서비스 -

- 상인의 노하우 기반 맞춤 추천
- 단골 고객 프로필 관리
- 시즌별 인기 품목 분석
- '오늘은 상추가 더 신선해요' 상인 감각이 반영된 알고리즘

이 상인의 감각을 존중할 때 시장은 차갑지 않다. 기계적 편의만을 강조하지 않고 사람의 감성을 중심에 둔 설계가 품격 있는 시장을 만든다.

시장에서 가장 소중한 것은 관계다. 상인과 손님이 서로의 얼굴을 기억하고, 가족의 안부를 묻고, 아이의 이름을 불러주고, 늦게 왔다고 남은 반찬까지 챙겨주는 정.

AI는 이런 관계를 흉내 내지 않는다. 그럴 필요도 없다. 대신, 관계가 더 오래 이어지도록 돕는다.

- 시민이 상상하는 AI플랫폼 서비스 -

- 단골의 구매 이력 자동 저장
- 생일·기념일 맞춤 할인 제공
- 상인 맞춤 메시지 전송
- 고객 선호 기반 자동 추천

관계의 핵심은 '따뜻함'이고 AI는 그 따뜻함을 묵묵히 뒷받침하는 조력자가 될 수 있다.

점포 맞춤형 '판매 예측'으로 불안이 줄어든다

전통시장의 큰 어려움 중 하나는 재고 불안이다. 너무 많이 준비하면 남고, 너무 적게 준비하면 매출 기회를 놓친다. AI는 점포별로 **적정 재고를 제안**할 수 있다.

- 시민이 상상하는 AI플랫폼 서비스 -

- 오늘 판매 예상수량
- 인기 품목 예상 랭킹
- 시간대별 고객 흐름
- 할인 추천 시간대
- 유통기한 임박 상품 처리 전략

특히 고령 상인에게는 '오늘 준비할 양'을 데이터를 기반으로 알려주는 것만으로도 업무 부담이 크게 줄어든다. 이는 단순한 상업적 편익이 아니라 노동 강도의 감소, 폐기물 절감, 시장 지속가능성 강화로 이어진다.

'혼잡도 정보'로 시장이 더 안전해진다

AI플랫폼은 시장의 혼잡도를 실시간 분석한다.

- 시민이 상상하는 AI플랫폼 서비스 -

- CCTV 기반 유동인구 분석
- 시장 출입구 방문자 수
- 시간대별 이동 경로
- 점포별 고객 체류 시간

이를 통해 시민에게 "현재 시장은 혼잡합니다", "오후 2~4시가 여유로운 시간대입니다" 같은 정보를 제공한다. 고령층이나 어린이를 동반한 가족은 혼잡 시간대를 피할 수 있고, 시장 내 안전사고도 자연스럽게 줄어든다. 스마트 교통·스마트 안전 시스템에 기반하여 전통시장 혼잡 관리 시스템도 함께 연동하여 도입한다.

3) AI가 시장 고객을 어떻게 돕는가

시장을 변화시키는 데 필요한 것은 큰 혁신보다 '사람을 위한 작은 배려'다. AI 기반 장바구니 플랫폼은 전통시장의 본질을 바꾸지 않는다. 오히려 그 본질을 더욱 단단하게 만든다. 불편함은 줄이고, 정과 관계는 남기고,

고령층·1인 가구·청년 모두가 편하게 찾는 따뜻한 공간으로 시장을 재설계할 때 전통시장은 미래 세대에게도 살아 있는 장소가 된다. 기술이 앞서지 않고, 사람이 중심에 서는 변화, 그 변화가 결국 시장을 다시 살아나게 만든다.

소비자를 위한 '맞춤형 장보기 도구'

AI 전통시장 장바구니 플랫폼은 시민에게 개인별 추천을 제공한다.

- 시민이 상상하는 AI플랫폼 서비스 -

- 맞춤형 패키지
- 고령층 위한 손질·소분 상품
- 식단 기반 장보기 추천
- 알레르기·건강정보 기반 상품 추천
- 지역사랑상품권 자동 할인 적용

AI는 단순히 소비를 늘리는 것이 아니라 시민의 생활비용을 낮추는 방향으로 설계하는 것이다. 불필요한 충동구매를 줄이고, 실사용 패턴을 기반으로 필요한 상품만 '스마트 추천'하는 방식이다.

1인 가구를 위한 '개별 맞춤 장보기'

최근 많은 도시에서 1인 가구 비율이 빠르게 늘고 있다. 1인 가구의 장보기는 대량 구매보다 '작고 다양하게'가 중요하다.

- 시민이 상상하는 AI플랫폼 서비스 -

- 소량 패키지 추천
- 3~4일 식단 기반 장보기 자동 생성
- 유통기한 임박 상품 추천
- 1인가구 배송 묶음 할인
- 냉장고 보유 식재료 연동 추천

이렇게 되면 1인 가구의 생활비를 줄이고 불필요한 소비를 예방할 수 있다. 결국 전통시장은 1인 가구를 위한 가장 따뜻한 생활 플랫폼으로 변화한다.

어르신을 위한 'AI 장보기 동행 서비스'

도시에 고령층이 지속적으로 증가하고 있다. 전통시장은 고령층에게 익숙하고 정겨운 공간이지만 한편으로는 가장 불편한 공간이기도 하다. 좁은 골목, 무거운 짐, 오르내리기 힘든 계단, 현금 결제가 부담스러운 상황, 이 모든 것이 장보기의 진입 장벽이 된다. 따라서 AI는 다음과 같은 서비스를 구축할 수 있다.

- 시민이 상상하는 AI플랫폼 서비스 -

- AI 기반 '어르신 장보기 도우미 호출'
- 1시간 단위 장보기 동행 예약
- AI 추천 장바구니(고혈압·당뇨 맞춤 식재료 포함)
- 무거운 짐 전달·옮겨주기 서비스
- 결제 도움 '터치 한 번 간편결제'

기술은 고령층을 대체하는 것이 아니라 그들이 시장을 더 안전하게, 더 편안하게 이용할 수 있도록 돕는 것이다.

누구나 쉽게 쓰는 기술이어야 한다

전통시장의 상인과 고객은 다양하다. 스마트폰을 능숙하게 다루는 청년도 있지만, 글자 입력조차 어려운 고령층도 많다. 따라서 AI플랫폼은 복잡하지 않아야 한다. 기능보다 접근성을 우선해야 한다.

- 시민이 상상하는 AI플랫폼 서비스 -

- 음성 기반 주문 기능
- 키오스크 대신 '터치 2~3번'이면 끝나는 간편 선택 메뉴
- 상인용 '원터치 등록·가격 변경' 기능
- 글 모르는 분도 사용할 수 있는 시각·아이콘 중심 UI

시장에서는 '쉽다'는 것이 곧 '배려'다. 기술이 아무리 훌륭해도 누군가에게는 장벽이 된다면 그것은 시장을 위한 기술이 아니다. 그래서 광명시는 고령 상인·고령 시민을 위한 배리어프리 장보기 기술을 구축해야 한다. 이는 단순 편의 기능이 아니라 전통시장이 모든 시민에게 열려 있는 공간이 되는 첫걸음이다.

기술은 배경이 되고,
사람은 시장을 다시 채운다

4) 청년이 돌아오는 전통시장

전통시장은 오랫동안 중장년층 상인의 터전이었다. 그러나 시대가 바뀌면서 시장의 미래는 이제 '청년이 돌아오느냐'에 달려 있다. 청년이 없는 시장은 10년 후, 20년 후의 지속가능성을 담보하기 어렵기 때문이다. 많은 지자체는 이미 청년 창업 지원, 청년몰 조성, 디지털 전환 교육 등 다양한 정책을 추진해 왔다. 하지만 전통시장이라는 오랜 공간은 여전히 청년에게는 '낡은 곳', '디지털과 거리가 먼 곳', '새로운 비전을 그리기 힘든 일터'로 보이기도 한다. AI 전통시장 장바구니 플랫폼은 이 오래된 인식에 균열을 내는 변화의 시작점이다.

시장은 더 이상 옛 일터가 아니라 '새 산업 공간'

AI 기반 플랫폼이 도입되면 시장에서는 새로운 역할과 새로운 직업이 생겨난다.

- 시민이 상상하는 AI플랫폼 서비스 -

- 상점별 스마트 상품 관리
- AI 데이터 기반 상인 매출 분석
- SNS 콘텐츠를 제작하는 시장 크리에이터(Creator, 창작가)
- 시장 전체 데이터 운영 관리 및 고객 분석
- 스마트 배달·모빌리티 운영 매니저
- 전통시장 온라인 운영자(Live Commerce, 전통시장 상인·점포를 대신하거나 함께 협업하여 온라인 판매 전반을 기획·운영·관리하는 역할을 수행하는 주체 등)

이는 단순 보조업무가 아니라 디지털 산업과 전통시장 생태계가 만나는 새로운 직군이다. 청년에게 시장은 이제 '낡은 시장'도, '전통적 상업 공간'도 아니다. 기술과 데이터가 움직이는 하나의 지역 비즈니스 플랫폼이 된다.

청년이 만들고, 시민이 누리는 디지털 상권

AI 전통시장 플랫폼의 가장 큰 수혜자는 사실 시민보다 청년 창업자일 수도 있다. 왜냐하면 청년은 새로운 기술, 새로운 상거래 방식, 새로운 서비스 모델에 빠르게 적응하기 때문이다. 청년은 다음을 기획할 수 있다.

시민이 상상하는 청년의 가능성

- 상점별 상품 촬영 및 디지털 카탈로그 구축
- 온라인 시장관 운영
- 맞춤형 시장 식단 추천 서비스 개발
- 지역 데이터 기반 공동 이벤트 기획
- 지역사랑상품권(지역화폐) 혜택 연동 프로모션
- AI 기반 시장 방문 루트 설계 UX(User Experience, 사용자 경험 중심 설계) 개발

청년은 시장을 기술적으로 재해석하는 동시에 지역경제를 실험하는 현장 전문가가 된다. 이렇듯 AI플랫폼은 '전통시장 = 청년이 떠나는 공간'이라는 공식을 깨고 새로운 가능성을 여는 혁신의 무대로 바꾼다.

청년과 상인의 협업, 시장을 다시 살아나게 한다

청년 디지털 전문가와 경험 많은 상인이 만나면 서로의 약점을 보완하

고, 각자의 강점을 살릴 수 있다.

상인은 상품을 잘 알고
청년은 기술을 잘 다룬다

이 조합이 만나면 전통시장은 더 빠르고, 더 정확하며, 더 감성적인 시장으로 재탄생한다.

상인은 청년에게 다음을 배운다.

- 상인은 청년에게 배운다 -

- 상품 촬영·등록
- SNS 홍보
- 간편결제 설정
- 판매 데이터 분석
- 고객 맞춤 추천 시스템 활용법

청년은 상인에게서 다음을 배운다.

- 청년은 상인에게 배운다 -

- 상품 감식의 기본
- 시장의 생활 리듬
- 고객과 관계를 맺는 방식
- 지역 공동체의 운영 방식

세대 간 융합은 단순히 기술 도입보다 강한 변화의 동력이다.

청년상인 디지털 아카데미 구축 제안

도시는 청년 인력 유입 기반을 강화하기 위해 다음과 같은 정책을 추진할 수 있다

- 시민이 상상하는 청년상인 디지털 아카데미 -

① 디지털 상인 전문 양성 과정
- 매출 분석, 상품 기획, 콘텐츠 제작
- AI 기반 판매 예측 실습
- 시장 배달·픽업 관리 교육

② 시장 기반 창업 인큐베이팅(Incubating, 스스로 성장·운영할 수 있게 만드는 지원)
- 전통시장 내 빈 점포 리모델링
- 6개월~1년간 창업 테스트베드(Testbed) 운영
- 지역대학·창업센터 연동 지원

③ 청년-상인 매칭 프로그램
- 점포별 디지털 담당 청년 배치
- 상인 교육 + 청년 월 일정 활동비 지원
- 시장 공동 SNS 채널 운영

④ AI 데이터센터 청년 운영팀 구축

전통시장 데이터센터를 청년들이 관리하며 매출 통계, 고객 흐름, 지역

경제 분석을 담당하게 하는 방식이다. 이는 단순 일자리 제공이 아니라 지역 상권 디지털화의 핵심 인력 확보 전략이다.

청년은 시장의 미래를 디자인하는 사람들

청년은 전통시장을 단순히 '옛 문화'로 보지 않는다. 그들은 오히려 이 오래된 장소 속에서 새로운 실험, 새로운 콘텐츠, 새로운 비즈니스 기회를 본다.

AI 기반 장바구니 플랫폼이 본격화되면 청년들은 지역 기반 브랜드를 만들고, 전통시장 상품을 전국·온라인으로 유통시키며, 시장 전체를 하나의 스토리텔링 공간으로 재구성할 수 있다. 전통시장 활성화는 이제 단순히 손님을 늘리는 것이 아니라 새로운 일터를 창출하는 도시 전략이 된다.

청년이 돌아올 때 시장은 다시 미래를 갖는다

전통시장은 오래된 공간이 아니다. 미래로 확장될 여지가 가장 큰 살아 있는 공간이다. 과거 삶의 정서와 현대, 그리고 미래 세대의 사람의 정이 느껴지는 공간이다. 청년이 돌아오는 순간 시장은 새로운 기술을 품고, 새로운 감성을 담고, 새로운 활력을 얻는다. AI플랫폼은 그 시작을 돕는 도구일 뿐, 진짜 변화를 만드는 것은 결국 사람, 특히 지역의 미래를 함께 만들어갈 청년들이다. **청년이 머물고 싶고, 일하고 싶고, 꿈을 실험하고 싶은 시장,** 그런 시장이야말로 도시가 살아 있음을 증명하는 공간이 된다.

5) AI, 명절의 풍경이 바뀐다

명절이 다가오면 전통시장은 가장 뜨겁게 살아나는 공간이다. 시장 입구엔 전 부치는 냄새가 가득하고, 사람들은 서로 밀치며 오가고, 상인들은 어느 때보다 힘찬 목소리로 손님을 맞이한다. 하지만 그 활기는 종종 과부하와 피로로 뒤섞이곤 한다. "사람이 너무 많아서 힘들다","장바구니가 너무 무거워서 허리가 아프다", "주차 때문에 한 시간 넘게 헤맸다"는 말이 반복된다. 명절은 시장의 본래 매력을 가장 잘 드러내는 시기이지만, 동시에 '가장 어려운 시간'이기도 하다. 특히 고령층 시민과 직장인, 1인 가구에게 명절 장보기는 기대보다 부담에 가까운 일이 되어버린다. AI 전통시장 장바구니 플랫폼은 바로 이 명절 풍경을 바꿀 수 있는 핵심 도구다.

명절 장보기의 새로운 방식

미리 주문, 분산 준비, 자동 안내 AI플랫폼이 본격적으로 운영되면 명절 장보기는 다음과 같이 바뀐다.

① 시민은 명절 1~2주 전 명절 패키지를 미리 주문한다. AI는 과거 구매 패턴과 올해 시세를 분석해 '설날 대표 음식 패키지', '혼자 사는 분을 위한 소량 명절 세트', '고령층 맞춤 담백한 명절상' 같은 상품 조합을 추천한다. 지역사랑상품권(지역화폐)으로 결제하면 추가 포인트가 적립되도록 연동할 수도 있다.

② 상인은 주문량을 미리 확인하고 준비할 수 있다. 갑작스러운 폭주가 줄어들고 상품 생산·준비가 체계화된다. 특히 젓갈, 전, 떡, 과일처럼 명절 수요량 예측이 어려웠던 품목에서 효과가 크다.

③ 시장의 혼잡이 분산된다. AI는 가장 덜 붐비는 시간대를 분석해 고령층, 직장인, 청년 등 각 대상자에게 맞춤 시간대를 추천한다. 이 과정에서 시장 전체의 혼잡도가 자연스럽게 안정된다.

고령층·1인가구 중심의 명절 장보기 케어서비스

전통시장 AI플랫폼은 특히 고령층과 1인 가구에게 큰 변화를 제공한다.

어르신 장보기 도우미 AI 서비스는 '어르신이 자주 구매하던 품목을 자동으로 추천', '무거운 품목을 대신 배달', '노인맞춤 돌봄 서비스와 연계해 장보기 지원' 등을 지원한다. 어르신이 허리 굽혀 무거운 배추를 들던 힘든 명절은 조금씩 사라지게 된다.

1인가구는 명절에 한참 전부터 고민한다. "떡국은 먹고 싶은데 너무 많이 사야 해서 못 샀다", "혼자 먹을 만큼 적당히 파는 곳이 없다" 등 AI는 이 수요를 정확히 읽는다.

- 시민이 상상하는 AI플랫폼 서비스 -

- 소량 패키지 개발
- 1인 명절상 레시피 추천
- 건강 취약계층 맞춤 '영양 균형 세트' 구성

이제 명절은 혼자 보내더라도 축소된 외로움이 아니라 '나를 위한 작은 풍경'이 될 수 있다.

시장 · 라이더 · 배달센터가 연결되는 '스마트 모빌리티 기반 장바구니 이동 서비스'

AI 기반 장바구니 플랫폼은 단순 배달이 아니라 '스마트 모빌리티'로 확장할 수 있다.

- 시민이 상상하는 AI플랫폼 서비스 -

- 전동 카트 기반 시장 내 이동 서비스
- 자율주행 배송 카트 시범 운영
- AI 기반 배달 루트 자동 추천
- 초소형 모빌리티 배송망 구축

특히 명절에 대량 주문의 배달 경로가 자동으로 분배되어 혼잡을 줄이고 정확한 시간에 도착하는 방식이다. 명절의 혼잡한 시장 한복판에서 손에 짐 대신 휴대폰만 들고 걷게 되는 미래, 그 변화는 이미 시작되고 있다.

상인의 명절 준비가 '감'에서 '데이터'로 바뀌다

상인은 오랫동안 경험과 감으로 명절 매출을 예측해왔다. "올해는 대추가 잘 팔리겠네", "전 재료는 오후에 더 나가" 등 이런 예측은 여전히 중요하지만, AI는 그 감각을 '데이터'로 정밀하게 보완한다. AI는 다음을 분석한다.

- 시민이 상상하는 AI플랫폼 서비스 -

- 최근 5년간 명절 매출 패턴
- 광명 지역 물가 추세 · 기상 변화
- 1인가구 증가율 · 관광객 유입량
- 시장 주변 교통 흐름
- 플랫폼 내 사전 예약량

이제 상인은 무작정 바쁘게 뛰는 대신 전략적으로 명절을 준비할 수 있다. "올해는 떡국용 고기를 조금 더 준비해야겠다", "어르신 주문이 많으니 소량 반찬을 추가해야겠네" 등 이런 변화는 '상인의 여유'를 만든다. 명절을 준비하느라 과부하에 시달렸던 중소 점포의 피로를 덜어주는 구조적 변화다.

명절의 혼잡 대신 '정(情)'만 남는 풍경

AI플랫폼이 자리를 잡으면 명절 시장의 풍경은 크게 달라진다. 시장에는 여전히 전 굽는 냄새가 있고 아이 손을 잡고 온 가족들이 웃고 떠든다. 하지만 혼잡은 완화되고, 무거운 짐은 배달되고, 상인은 예상 가능한 흐름 안에서 더 여유로운 표정을 짓는다. 기술이 시장을 차갑게 만드는 것이 아니라 시장 본래의 따뜻함을 더 오래 유지하도록 돕는 것이다.

AI 기반 장바구니 플랫폼은 이 풍경을 빼앗지 않는다. 오히려 그 풍경 속 불편함을 덜어 진짜 중요한 것 정, 온기, 만남이 더 오래 남도록 한다. 명절이 지치지 않아도 되는 도시. 시장에 가는 것이 부담이 아닌 도시. 기술은 그 길을 조용하고 확실하게 열어주고 있다.

6) 데이터로 읽는 시장, 혁신의 시작

전통시장은 오랫동안 '감'과 '경험'으로 운영되어 왔다. 상인의 손끝에서 가격이 정해지고, 손님들의 흐름을 눈으로 읽어 운영을 조절하였다. 이 방식은 인간적이지만, 시장이 커지고 도시의 패턴이 복잡해지면서 더 이상 예전과 같은 안정성을 보장하기 어려워졌다. 골목상권 AI 데이터센터 구축을 추진하며 전통시장의 데이터 자산화를 준비해야 한다.

하지만 데이터센터는 단순한 저장소가 아니다. 시장의 일상을 수집하고, 분석하고, 다시 상인에게 돌려주는 순환적 지능을 만드는 핵심 인프라다. AI 장바구니 플랫폼이 작동하면 전통시장은 눈에 보이지 않던 흐름을 읽게 된다.

예를 들어 다음과 같은 정보들이 실시간으로 정리된다.

- 시민이 상상하는 AI플랫폼 제공 데이터 -

- 시간대별 시장 방문객 변화
- 나이대·가구 형태별 구매 품목 차이
- 1인가구 증가에 따른 소량 상품 수요 패턴
- 고령층의 반복 구매 품목
- 날씨 변화에 따른 식재료 판매량 변화
- 명절·축제·지역행사와 판매량의 상관성
- 배달 주문의 지역별 편중 현황
- 불티나게 팔리는 품목과 남는 재고의 반복 패턴

이 데이터는 상인과 지자체 모두에게 새로운 '안전장치'가 된다. 감만으로 예측하던 불확실성이 줄고, 전략적으로 준비하고 관리할 수 있는 기반이 생기기 때문이다.

상인을 위한 데이터 – '내 가게의 상태를 숫자로 본다'

AI 데이터센터는 상인의 일상을 바꾼다. 이제 상인은 매일매일 다음 정보를 받을 수 있다.

- 시민이 상상하는 AI플랫폼 제공 데이터 -

- 오늘의 예상 방문객 흐름
- 내 가게의 강점·약점 분석
- 이웃 점포와의 비교 데이터
- 인기 상품의 주간 변동
- 재고 소진 속도 분석
- 폐기율을 낮추는 발주 추천
- 새로운 고객층 흐름 파악

예를 들어 한 반찬 가게는 평소 60대 이상 고객이 많았지만 플랫폼 도입 후 30~40대 직장인 배달 주문이 급증하자, 점심 도시락 메뉴를 추가해 매출을 성장시켰다. 이런 변화는 우연이 아니라 데이터가 만들어주는 새로운 기회다.

시민을 위한 데이터 – '나에게 맞는 시장, 나에게 맞는 시간'

AI는 시민의 일상을 더 편하게 만든다. 데이터 기반 추천은 다음과 같은 장점을 제공한다.

- 시민이 상상하는 AI플랫폼 제공 데이터 -

- 덜 붐비는 시간대 자동 안내
- 자주 구매하는 품목 기반 장바구니 구성
- 1인가구 맞춤 소량 패키지 추천
- 어르신 맞춤 건강식품·식재료 안내
- 생활패턴 기반 장보기 알림

특히 1인 가구 비율 증가 속도는 빠르기 때문에 맞춤형 장보기 추천은 생활 안정성에도 영향을 준다. 혼자 사는 시민에게 '스스로 관리하는 생활 플랫폼'이 될 수 있다.

지자체를 위한 데이터 – '정책은 감이 아니라 흐름으로 만든다'

지자체 역시 이 데이터로 다음을 분석해 정책의 정확성을 높일 수 있다.

- 시민이 상상하는 AI플랫폼 제공 데이터 -

- 시장별 이용률 변화
- 상권 침체 구역 탐지
- 지역 화폐 사용 실적
- 특수 품목 소비 흐름
- 명절·축제 철 수요 예측
- 배달 수요 증가 지역에 대한 교통 대책

특히 'AI 기반 골목상권 회복 전략'에 필요한 자료가 자동으로 축적된다는 점은 큰 장점이다. 지자체는 이를 활용해 상인 지원 정책, 시설 개선 우선순위, 청년상인 육성 교육의 방향을 더욱 정밀하게 설계할 수 있다.

종종 기술이 들어오면 시장 고유의 정과 감성이 사라질까 걱정한다. 하지만 데이터가 감성을 대체하는 것이 아니라 그 감성이 오래 유지되도록 돕는 역할을 할 수 있다. 예를 들어 어르신 손님이 평소 사던 반찬을 갑자기 구매하지 않으면 플랫폼은 '정기 구매 중단' 패턴을 인지해 알림을 줄 수 있다. "어르신이 요즘 시장에 안 보이신 것 같아요"와 같은 작은 신호는 데이터가 만들어주는 인간적 보살핌이 될 수 있다. 기술이 관계를 멀어지게 하는 것이 아니라 더 세심하게 이어주는 방식으로 작동하는 것이다.

데이터는 시장의 온기를 빼앗지 않는다. 오히려 그 온기를 지켜내기 위해 필요한 질서를 만들어준다. 시장에는 사람의 체온이 있고, 그 체온을 오래 유지하려면 시장 전체의 흐름을 읽는 눈이 필요하다. AI 데이터센터와 장바구니 플랫폼은 그 **'눈'을 만들어주는 기술**이다. 그리고 그 기술은 끝내 사람을 더 잘 이해하기 위한 도구가 된다. 보이지 않는 혁신이지만, 시장은 그 변화를 가장 먼저 느끼게 될 것이다.

7) 지속가능한 시장을 위한 연대

전통시장은 오랫동안 공동체의 중심이었다. 이웃과 인사하고, 상인의 안부를 묻고, 동네 사정이 자연스럽게 스며드는 생활의 무대였다. 그러나 시장의 회복은 이제 더 이상 상인 개인의 노력만으로는 해결될 수 없는 시대가 되었다. 기술과 사회 구조, 인구 변화가 동시에 시장을 흔들기 때문이다.

그래서 필요한 것이 **연대**다. 전통시장 장바구니 플랫폼이 성공적으로 자리 잡기 위해서는 상인-시민-청년-지자체-기술기업이 다섯 축이 함께 움직여야 한다. 이 연대는 단순한 협력이 아니다. 시장의 일상을 다시 회복시키는 새로운 사회적 합의이자 공동 실천이다.

상인과 지자체의 연대 – '시장 회복의 기초 체력 만들기'

많은 지자체는 이미 골목상권 특성에 맞춘 다양한 사업을 운영 중이다.

AI 장바구니 플랫폼은 이 정책들과 자연스럽게 연결되고 확대된다. 예를 들어 플랫폼에서 발생한 매출·고객 데이터를 기반으로 지자체는 '디지털 전환이 필요한 점포', '소량 배송 수요가 많은 점포', '어르신 구매율이 높은 점포' 등을 선정하여 도움이 가장 필요한 상인을 먼저 지원할 수 있다. 이제 지원은 감이 아니라 '근거' 기반으로 이루어지며, 시스템은 상인들의 경쟁력을 전반적으로 끌어올린다.

청년과 시장의 연대 – '새로운 일자리와 삶의 무대'

AI플랫폼이 시장에 도입되면 청년에게 시장은 '과거의 공간'이 아니라 새로운 기회의 장소가 된다. 청년들이 시장에서 맡게 되는 역할은 다양하다.

- 시민이 상상하는 청년의 역할 -

- 상점 제품 촬영 및 온라인 등록
- 디지털 메뉴·재고 관리
- SNS 홍보 콘텐츠 제작
- AI 데이터센터 현장 운영 보조
- 플랫폼 주문 관리·배달 동선 조정
- 상인 디지털 교육 지원

이 과정에서 청년은 시장의 일손이 아니라 기술과 상인을 연결하는 매개자가 된다. 청년창업공간과 청년몰을 운영하면서 젊은 세대의 진입 장벽을 낮추는 것도 함께 이뤄질 수 있다.

AI는 '청년 디지털 상인 육성'이라는 새로운 영역을 만들 수 있다. 청년에게는 일자리, 시장은 활력, 도시는 새로운 에너지를 얻는다.

시민과 시장의 연대 : 시민 참여형 장보기 생태계

플랫폼의 또 다른 핵심은 시민 참여다.

- 시민이 상상하는 AI플랫폼 서비스 -

- 1인 가구 장보기 지원
- 고령층 'AI 장보기 도우미' 서비스
- 장보기 폐기물 줄이기 캠페인
- 동네 기반 배달 최적화
- 지역사랑상품권 자동 결제 지원
- 지역 추천 장바구니 공유 기능

이런 서비스가 제공되면 시민은 단순 소비자가 아니라 시장의 지속가능성을 함께 만들게 된다. 특히 고령층 장보기 지원 서비스(AI 생활안전+헬스케어 연계형)는 고령친화 정책과 자연스럽게 맞닿으며, 혼자 장을 보러 나서기 어려운 어르신에게 실질적 도움을 줄 수 있다. 시민이 시장을 선택하는 순간 그 선택은 시장 전체의 '연대의 힘'이 된다.

기술기업과 상권의 연대 – 지속가능한 기술 생태계

플랫폼의 도입은 기술 기업에게도 기회가 된다. AI 분석, 스마트 모빌리티 차량, 지역 배달망, 고령층 음성 인터페이스, 데이터 센터 운영 등 여러 민간기업이 시장과 함께 성장할 수 있다.

스마트 모빌리티 기반 장바구니 배송 서비스, 전통시장 디지털 관리 시스템, 상가 활성화 AI 실증사업이 함께 이뤄지면 시장 전체가 '테스트베드(Testbed, 실험무대)이자 신산업 공간'으로 바뀐다. 지역 경제가 기술과 함께 성장하는 구조, 즉 확장가능한 상권 생태계가 만들어진다.

연대가 만들어내는 미래 – 함께 성장하는 시장

전통시장 장바구니 플랫폼이 성공하려면 어느 한 주체의 노력만으로는 부족하다. 상인들은 기술을 통해 새로운 가능성을 찾고, 지자체는 제도로 지원하며, 청년은 시장에 활력을 더하고, 시민은 이용을 통해 시장을 지키고, 기술기업은 지속가능한 인프라를 만들어야 한다. 이 다섯 축이 맞물릴 때, 플랫폼은 단순한 시스템을 넘어 시장 전체를 살리는 생태계로 자리 잡는다.

연대는 기술보다 오래가는 힘이다. 기술은 빠르게 발전하지만 사람과 사람 사이의 연대는 그보다 오래간다. 시장 회복의 본질은 결국 사람이 다시 서로를 돕는 구조를 되찾는 것이다.

AI플랫폼은 이 연대를 더 단단하게 묶어주는 도구다. 기술이 앞서가는 것이 아니라 사람들이 함께 나아가도록 뒤에서 받쳐주는 역할을 한다. 그리고 그 연대가 쌓일 때 전통시장은 다시 살아난다. 변화는 기술이 만드는 것이 아니라, 기술을 매개로 사람이 서로에게 다가가는 순간부터 시작된다. 바로 지역을 중심으로 시민과 상인과 행정이 함께 만들어가는 미래의 장소인 것이다.

8) 기술이 사람을 잇는 순간, 시장은 다시 살아난다

도시는 점점 빠르게 변하고 있다. 사람들은 더 효율적인 삶을 원하고, 기술은 그 속도를 따라잡기 위해 끝없이 진화한다. 하지만 이 변화 속에서도 변하지 않는 것이 있다. 바로 사람들이 서로를 바라보며 지켜온 생활의 온기다. 전통시장은 이 온기가 가장 진하게 남아 있는 공간이다. 손을 맞잡으며 흥정을 하고, 자주 오던 손님이 보이지 않으면 근심을 담아 안부를 묻고, 명절이면 서로 떡국 재료를 챙겨주던 그 마음. 이 마음은 기술이 대신할 수 없다. 대신 기술은 그 마음이 지속될 수 있는 환경을 만드는 역할을 할 수 있다. AI 전통시장 장바구니 플랫폼의 시작도 바로 이 지점에서 비롯된다. 시장에 새 기술을 억지로 끼워 넣기 위함이 아니라, 사람들이 시장과의 연결을 놓치지 않도록 돕기 위해서다.

기술은 시장의 적이 아니다, 보이지 않는 동반자다 기술은 때로 사람들의 걱정을 불러온다. "기계가 사람 일을 빼앗는 건 아닐까?", "시장 분위기가 사라지는 건 아닐까?", "정이 없어지는 건 아닐까?". 하지만 AI플랫폼이 지향하는 것은 그런 미래가 아니다.

상인의 경험과 감각을 데이터로 보조하고, 시민의 불편을 생활형 편의로 해소하며, 고령층과 1인 가구의 장보기를 돌봄형 서비스로 확장하고, 지역 청년이 시장에서 새로운 역할을 찾도록 기회의 문을 여는 것이 AI의 핵심목표다 기술은 시장을 차갑게 만드는 대신, 시장 안에 이미 존재하던 따뜻함을 오래 유지하고 더 많은 사람에게 확장시키는 도구가 된다.

전통시장의 내일은 연대 위에서 피어난다. 지속가능한 시장을 만들기 위해서는 상인·시민·청년·지자체·기술기업이 함께 움직여야 한다는 사실이 이미 앞 장에서 확인되었다.

AI플랫폼은 그 연대를 묶는 다리 역할을 한다. 기술은 흐르고, 사람은 연결되고, 상권은 새로운 생태계로 확장된다. 그리고 그 사이에서 시장은 다시 시민의 생활 안으로 들어온다. 장보기는 불편에서 편리로, 편리는 돌봄으로, 돌봄은 다시 지역공동체로 이어진다. 그 결과 시장은 더 이상 '옛 공간'이 아니라 **도시의 가장 인간적인 플랫폼**으로 자리 잡는다.

머지않아 이런 장면이 도시 곳곳의 시장에서 펼쳐질 것이다. 아침 산책길에서 어르신이 음성으로 장을 보고, 1인 가구 청년은 퇴근 전에 앱으로 필요한 재료를 예약하고, 상인은 오늘의 수요 예측을 보며 물량을 준비하고, 지역사랑상품권(지역화폐)은 자동으로 결제되며 지역 매출을 키우고, 청년 디지털 상인은 상인 곁에서 온라인 판매를 도와준다. 바쁜 명절 전날에도 시장은 혼잡함 대신 활기가 흐르고, 배달 라이더는 AI가 안내한 경로로 움직이며, 배달받은 시민의 집 앞에는 함께 나눈 도시의 온기가 놓여 있는 풍경. 이것이 '생활 속 AI'가 만들어내는 새로운 전통시장 이야기다.

결국 시장을 지키는 것은 기술이 아니라 사람이다. AI플랫폼은 하나의 도구다. 하지만 이 도구를 어떻게 사용하느냐에 따라 시장의 미래는 전혀 다른 색을 가진다.

기술이 사람을 대체하는 시장은 오래가지 못한다
그러나 기술이 사람을 돕는 시장은 오래 살아남는다

우리가 바라보는 미래는 두 번째 시장이다. 전통시장은 사라지는 공간이 아니라 새로운 방식으로 다시 피어나는 공간이다. 기술과 사람이 손을 맞잡고 더 따뜻하고 더 편한 시장을 함께 만들어가는 공간이 될 수 있다.

전통시장이 살아나는 방식은 복잡하지 않다. 사람이 편해지고, 상인이 안정되고, 필요한 것이 제때 제공되는 시장, 그 변화가 기술을 통해 조용히 이루어질 때 전통시장은 사라지는 공간이 아니라 **더 넓게 확장되는 일상의 중심**이 된다. 기술은 시장을 바꾸는 힘이 아니라, 시장에 머물던 불편함을 걷어내는 도구일 뿐이다. 그 도구가 사람의 속도에 맞춰 작동할 때 전통시장은 다시 시민의 발걸음을 맞이하게 된다.

2. 지역경제, AI가 살린다

1) 지역경제, 왜 침체되어 있는가

지역경제의 현실

모세혈관처럼 연결된 대한민국 경제의 핏줄은 지역에도 큰 영향을 미치고 있다. 대한민국의 대부분 도시가 비슷한 고민을 안고 있었다. 지역경제는 침체되고 청년은 희망을 잃은 채 도전하기보다는 집안에 고립되고 있으며, 서울과 가깝다는 지리적 이점이 있어도 많은 경기도의 도시들도 서울의 위성도시로서 소비가 서울로 유출되고 지역 내 생산과 일자리는 점점 줄어드는 악순환을 겪고 있었다.

이를 해결하기 위해 지자체는 마을공동체, 주민자치회, 자치분권대학 등을 통하여 주민 조직화 사업을 활성화하고, 그 공동체성을 통한 사회적경제 조직을 강화하는 한편 윤리적 소비 전환을 위한 공정무역과 공유경제를 활성화하고 있다. 더불어 지역 기반의 경제 활성화를 위해 지역순환경제에 몰입하고 있지만, 편리한 온라인쇼핑에 익숙해진 시민들의 굳어진 소비 패턴을 지역으로 되돌리기에는 역부족이다.

새로운 접근의 모색

전통시장에 기반한 AI 전통시장 장바구니 플랫폼을 지역 경제 전체로 확대할 순 없을까? 단지 가치만을 내세우는 소비에서 벗어나 생산자와 소비자 모두에게 호혜적인 거래 방식은 없을까?

이를 위해서는 다음의 키워드를 분석해 볼 필요가 있다.

공동구매, 공유경제, 규모의 경제와 지역순환경제
공정무역, 윤리소비, 가치소비, 착한소비

이런 키워드와 함께 분석해야 할 것이 바로 '지역 내에 화폐가 돌지 않은 이유'이다.

왜 지역에 돈이 안 도는 걸까?

① 돈의 정체

기업들이 번 돈이 시장으로 다시 돌지 않고 기업 내부나 부동산에 묶여 있다. 특히 대기업들이 막대한 자금을 쌓아두면서 '돈맥경화' 현상이 나타나고 있다.

② 해외로 새는 돈

아마존(Amazon), 알리(Alli), 테무(Temu) 같은 해외 직구와 쿠팡(Coupang) 같은 외국계 플랫폼으로 막대한 돈이 해외로 빠져나가면서 국내 시장이 위축되고 있다.

③ 행정 예산도 외부로

학교 급식 등 공공사업이 지역 기업보다 대기업으로 가면서, 지역 내 순환이 끊기고 있었다.

④ 금융의 한계

지역은행이 사실상 없고 지역에서 모은 예금이 지역 투자로 이어지지 않고 수도권으로만 흘러간다. 농협조차 마찬가지다.

⑤ 대형 자본의 공격

대형마트의 가격과 인프라 공격에 지역 상권이 무너지며 체인점까지 대기업이 침투하여 유통의 대부분 수익이 본사가 있는 수도권으로 빠져나간다.

대안이 무엇일까?

어떻게 생산자와 소비자 모두에게 이익이 되는 경제를 만들 수 있을까? AI 전통시장 장바구니 플랫폼을 전체 지역 경제에 확대하면 어떨까. 기술이 문제 해결에 이바지할 순 없을까. 이러한 고민 속에서 새롭게 구상한 것이 바로 **AI 지역순환경제 플랫폼**이다.

AI 지역순환경제 플랫폼은 생산자와 소비자 모두에게 이익이 되는 호혜적 거래 방식, 협력구매를 통한 규모의 경제, 지역순환경제를 실현할 수 있는 새로운 방법이다. 시대의 대전환이라는 흐름에 맞춰, 완전히 새로운 접근으로 지역경제 활성화에 이바지할 방법이 될 수 있다.

2) AI 기반의 지역순환경제 플랫폼이란

사람 몸에서 피가 흐르지 않으면 동맥경화가 온다. 마찬가지로 사회에서 돈이 흐르지 않는 현상을 누군가는 '돈맥경화'라고 한다. 대기업들은 수조원의 사내 유보금을 쌓아두고, 부유층은 부동산과 주식에만 돈을 몰아넣는다. 반면 서민들의 지갑은 점점 얇아져만 간다. 돈은 있는 곳에만 머물고 정작 돈이 필요한 곳으로는 흘러가지 않고 있다.

더 심각한 것은 생산과 소비의 완전한 분절이었다. 우리가 마시는 커피는 브라질에서 왔고, 입는 옷은 베트남에서, 쓰는 핸드폰은 중국에서 만들어졌다. 지역에서 번 돈이 우리 지역을 위해 쓰이는 경우는 거의 없다. 대형마트에서 쇼핑을 하면 그 돈은 본사로 흘러갔고, 온라인 쇼핑몰에서 구매를 하면 수수료는 플랫폼 기업의 몫이 되었다. 기업들이 벌어들인 막대한 이익은 주주배당이나 경영진 보상으로만 흘러갔을 뿐, 다시 사회로 환원되지 않고 있다.

이러한 '돈맥경화'를 극복하기 위해 도입된 것이 바로 '지역화폐'였다. 오늘날에는 일상이 된 지역화폐. 불과 20년 전만 하더라도 매우 생소한 개념이었고, '사회주의적 정책'이라고 지탄을 받던 제도였다.

지역화폐 제도란 시민들이 지자체가 발행한 지역사랑상품권(지역화폐)을 구매하면 지자체는 인센티브를 제공하고 시민들은 구매한 지역화폐로 지역 내에서 기한 내에 소비하는 것이다. 시민들은 인센티브를 받을 수 있고, 지역 소상공인들은 매출이 늘어나는 1석2조의 정책이었다. 최초로 1999년 대전에서 지역화폐 '한밭레츠'가 시작된 후 15년 이상 정체되던 정책이 이재명 경기도지사 시절인 2018년 경기도를 중심으로, 급속도로 확대되었다. 현재에는 과거 '사회주의적 시책'이라고 비난했던 국민의힘 소속 지자체장이 있는 지역까지 도입되어 전국 250개 지자체가 대부분 지역화폐를 운영하고 있으며 연간 발행 규모가 수십조 원에 달하고 있다.

그러나 지역화폐는 극히 일부분에 불과하다. 대한민국 GDP가 2,600조 원에 달하는 데 비해 1% 수준에도 미치지 못하는 것이 현실이다. 그렇다 보니 지역경제는 계속 정체에 머무르고 있는 것이다. 새로운 생산과 소비의 변화가 필요하다. AI의 도입은 더 큰 변화를 만들어낼 수 있기 때문이다.

3) AI가 소비자를 어떻게 돕는가

소비자들이 저렴한 해외 직구, 편리한 온라인쇼핑을 하지 않고 지역에서 소비하려면 그만큼 이득이 제공되어야 한다. 그 이득을 지자체가 세금으로 인센티브 형태로 대개 10만 원어치 지역화폐를 사면 1만 원~2만 원(10~20%)을 지급하고 있다. 그렇다 보니 예산의 제한으로 인센티브 비율을 올리지 못하고 인센티브 제한 때문에 발행률 자체도 급격히 늘지 못하는 단점이 있다.

이를 극복하기 위해 예산의 제한을 받지 않고 이득을 줄 수 있는 방법이 없을까. 어떻게 하면, 지역 주민들이 지역 소상공인들의 제품을 구매할 수 있을까. 지역에서 돈이 돌지 않는 원인에서 그 해법을 찾을 수 있다.

해외직구보다 더 싸고 질 좋은 소비품

아마존(Amazon), 알리(Alli), 테무(Temu) 같은 해외 직구와 쿠팡(Coupang) 같은 외국계 플랫폼으로 막대한 돈이 해외로 빠져나가면서 국내 시장이 위축되는 문제는 결국, '가격' 경쟁력을 소상공인들이 이기지 못하기 때문이다.

그렇다면 어떻게 싸게 제품을 생산하고 판매할 수 있을까? 그 답은 바로 **계약생산**과 **협력구매,** 즉, **공동구매**에 있다. 지역의 특정 제품에 대해 공동구매 참여자 100명이 넘으면 10% 할인, 200명이 넘으면 20% 할인 등에 대해 계약을 하고, 플랫폼을 통해 공동구매할 시민들을 모은 후 AI지역순환경제플랫폼에서 공동계약을 진행하는 것이다. 만약 이렇게 진행했을 때 지역의 상품을 저렴한 가격으로 구매할 수 있게 되는 것이다.

기아자동차 소하리공장으로 예시를 들어보자. 현재 광명 주민들은 정작 자동차를 살 때 큰 혜택을 누리지 못하고 있다. 그러나 이 부분을 AI플랫폼이 대신 해줄 수 있다. 상상 시나리오를 통해 소개하면 다음과 같다.

- 시민이 상상한 시나리오 -

2026년 1월부터 협력구매 사업 도전이 시작되었다. 첫 미팅에서 기아자동차 담당자들의 반응은 차가웠다.

"30% 할인으로 300대요? 다른 소비자들과의 형평성 문제가 있어 어렵습니다."

하지만 AI플랫폼 대표들은 포기하지 않았다. 매주 기아자동차 임원들을 찾아가며 이것이 단순한 할인이 아니라 사회 문제 해결을 위한 새로운 시도임을 설득하였다. ESG 경영과 지역순환경제, AI를 통한 상생경제, 사회문제 해결이라는 시대적 흐름, 그리고 기업에게도 명확한 가치가 있다는 점을 강조하였다.

파워포인트는 수십 번 수정되었고, 사업계획서는 5페이지에서 50페이지를 넘나드는 상세한 보고서로 발전하였다. 3개월간의 설득 끝에 기아자동차 대표가 말하였다.

매주 만나 이야기를 나누다 보니, 여러분의 열정이 저희를 움직였습니다."

마침내 4월 30일, 역사적인 계약이 체결되었다. 레이 1대당 440만원 할인, 목표 300대. 5월 25일 론칭이 확정되었다.

AI플랫폼을 통해 바로 게시되었다. 선착순으로 지역 주민 300명은 정해진 시각에 접속하여 신청하면 30% 저렴한 가격에 기아차를 구매할 수 있다는 광고였다. 특히 맞춤형으로 추가 기능까지 담을 수 있도록 편리성을 반영하겠다는 내용도 담겨 있었다. 계약서, 계약과정 전반이 모두 영상으로 공개되어 있었고 할부 등 구매 방법도 세심하게 적혀 있었다. 기아차 판매 광고는 여러 차례 SNS 등을 통해 지역 주민 대상으로 저렴하고 효과적으로 진행되었다.

"정말 440만원이나 싸게 살 수 있어요?"

7살, 5살 두 아이를 키운다는 아이디 우리맘 님은 차가 절실했지만 망설였다. "정말 믿어도 될까요? 무슨 사기는 아닌 거죠?" 라고 AI플랫폼을 통해 질문을 남겼다. AI플랫폼은 바로 답하였다.

"이 회사는 소비자가 함께 만들어가는 겁니다. 이미 계약 영상은 공개되어 있고 계약서도 공개되어 있습니다. 소비를 하는 순간, 우리맘님도 주주가 되어 의견도 낼 수 있습니다."

드디어 5월 25일 오전 9시, 구매사이트가 오픈되었다. 1시간 만에 50대, 오전 10시에 100대, 점심 전에 200대를 돌파하였다. 오후 3시, 마침내 "300대 완판" 메시지가 떴다.

우리맘님은 주문 버튼 앞에서 한치의 망설임 없이 버튼을 눌렀다. "440만원이나 싸게 차를 살 수 있다" 는 것만으로도 손해 볼 것이 없었기 때문이었다. 게다가 구매하는 순간 AI플랫폼의 주주가 될 수 있었다.

구매하면서 동시에 구매가의 1%는 AI플랫폼 운영비로 들어가게 되고, 동시에 주주가 되는 구조가 되어 연말에 배당금을 나눠가지는 구조였다. 클릭하자마자 "AI플랫폼의 주주가 되어주셔서 감사합니다. 연말에는 배당금이 지급될 예정입니다"라는 메시지가 떴다. 우리맘님은 이상하게도 뿌듯한 기분이 들었다.

쿠팡보다 더 빠른 배송과 반품 서비스

사람들은 왜 야간노동, 과로사로 비난을 받는 쿠팡을 쓸까? 편리함과 저렴한 가격을 포기하지 못하는 것이다. 이제는 '편리함'과 '저렴한 가격'이 없으면 더 이상 온라인플랫폼이 살아남기 힘든 세상이 왔다. 그렇다면 AI 지역순환경제 플랫폼은 편리함과 저렴한 가격을 만들 수 없을까?

AI 지역순환경제 플랫폼도 배달서비스를 운영해야 한다. 배달원들을 정규직으로 고용하고 배달물품 개수를 과도하게 설정하지 않고 하루 8시간을 넘지 않도록 한다. 지역의 유휴부지를 활용한 휴게실도 보장되어 있다. 오히려 지역 내에서만 운영하다보니 배달원들이 사용하는 유류비와 휴게소 운영비 등이 저렴하다. 야간근로는 철저하게 금지되며, 밤 8시까지 구매신청 받은 제품에 대해 밤 12시까지, 그리고 새벽 6시부터 새벽배송을 하도록 하여 12시-6시까지는 배송이 되지 않도록 제한되어 있다. 무엇보다도 저녁과 새벽 배송에는 인센티브가 제공된다.

소비자들에게는 빠른 배송과 무료배송, 무료반품이 가능하도록 되어 있다. 이 모든 비용은 AI 지역순환경제 플랫폼이 부담한다. 대신 지역 유휴부지를 활용한 창고와 AI 자동화에 따른 비용 절감으로 감당한다. 게다가

지역 소상공인 제품이다 보니 지역화폐를 온라인으로 사용할 수 있기 때문에 소비자들은 인센티브 효과를 톡톡히 누릴 수 있다.

예를 들어, 광명에는 신0두부라는 맛집이 있다. 두부가 맛있어 많은 주민들이 애용하고 있으나 거리가 멀다보니 소하동 주민들만 주로 이용하고 있다. 만약 AI플랫폼이 신0두부를 판매한다면 어떻게 될까?

- 시민이 상상한 시나리오 -

AI플랫폼 운영자는 신0두부 집을 방문하였다. 신0두부 집의 두부를 아침 7시-12시까지 배달하는 것으로 계약을 맺었다. 전날 저녁 8시까지 구매자들의 신청을 받으면 다음 날 7시에 수량을 받아서 5시간 동안 배달하는 시스템이다. 매일 수량이 20개를 돌파하는 순간 10%씩 가격을 인하해서 제공하기도 하였다.

AI플랫폼 운영자는 신청 사이트에 계약서와 계약 내용, 계약하는 과정의 동영상, 두부 소개 동영상, 두부 만드는 동영상까지 모두 공개하여투명성을 더하였다. 배달 거리(거주하는 동)에 따라 판매가에 5~10%를 붙여서 판매하게 된다. 5~10%는 배달원의 임금과 플랫폼 운영비로 사용된다.

신0두부 사장님은 신이 났다. 매일 50개 물량은 고정적으로 판매가 보장되어 있다보니 10% 인하된 가격에 판매하더라도 이득이 컸다. 동시에 AI플랫폼의 주주가 되었다. 소비자가격의 인하 가격만큼 주주로서 지위를 행사할 수 있었다. 연말에 배당금까지 받게 된다니 신이 났다. 그래서 두부뿐만 아니라 순두부, 콩물, 연두부까지도 함께 판매를 해볼 순 없을까 궁리중이다.

4) 내가 직접 보고 고른다. 더 싱싱한 농축산물

대한민국의 농축산물 가격 결정제도는 50년이 넘은 오래된 경매제도를 운영하고 있다. 그렇다 보니 과학적인 수급 조절이 이뤄지지 못하고 있다. 이를 극복하기 위해 농림부는 온라인 도매시장을 도입했지만, 과학적인 수급 조절이 이뤄지지 않는 한 한계가 있는 상황이다.

AI에 기반한 농축산물 수급이 가능해진다면, 농업도, 축산업도 과학적으로 진행되며, 농축산물이 소비자에게 안정적인 가격으로 보장될 수 있다.

이것은 지역도 마찬가지다. 아침에 납품된 농축산물의 영상을 소상공인이 찍어서 AI플랫폼에 올리고, 그것을 소비자들에게 배달하는 형태다. 대량구매, 정기구매일 경우 가격이 싸진다. 심지어 해당 지역에서 생산된 농축산물의 경우에는 아침에 수확한 농산물을 오후에 지역 소비자가 구매할 수 있도록 할 수 있다.

광명 소하동에서 대추농사를 짓고 있는 주민과 하안주공 9단지 상가의 야채가게에 대한 상상 시나리오를 통해 그 가능성을 확인해보자.

- 시민이 상상한 시나리오 -

소하동에서 올해 10년째 대추 농사를 짓고 있는 정00님은 지인들에게 대추를 팔기 위해 매일 1~2시간씩 전화통을 붙잡고 산다. 올해에는 대추 농사가 잘 되었다. 문제는 판매처이다. 그동안 전화를 드렸던 지인들이 사주셨는데, 올해에는 경기가 안 좋은지 지인들의 구매가 활발하지 않다. 유기농으로 농약 하나 없이 애지중지 키운 대추가 썩어가는 모습을 보면 속이 타들어간다.

그런데 AI플랫폼 운영자가 방문하였다. 아침에 딴 대추를 오후에 판매해 드리겠다는 전략이다. 싱싱한 대추를 바로 소비자의 저녁 식사때 올릴 수 있도록 하겠다는 것이다. 대추차를 만들기 위해 대량으로 구매하는 사람들과도 연결이 가능하다는 것도 알려주었다.

전날 저녁 8시까지 판매가 종료되면, 다음날 새벽 그 규모만큼 정00님은 대추를 딴다. 그리고 오전 10시에 포장까지 마무리한다. 그러면 배달원들이 대추를 싣고 가고 이날 오후에 배송을 하는 시스템이다.

AI플랫폼 운영자는 대추 생산 과정, 대추 포장과정, 이 농장 대추의 장점, 당도분석자료, 계약 과정, 계약서 등을 영상으로 촬영해서 갔다. 이 내용이 AI플랫폼에 실린다고 한다. 매일 대추를 따는 모습을 영상으로 찍어서 올리면 인센티브(Incentive, 추가이익금)까지 준다고 하였다.

정00님은 이제 마케팅, 판매처를 고민할 필요가 없다. 싱싱한 대추를 딴 당일 오후에 주민들에게 배포되니 말이다. 소량 포장한 1인 가구용도 따로 만들어서 판매하고 있다. 단가는 과거에 비해 10%로 싸지만, 대신 매일 30개 박스씩 정기적으로 물량이 나가니까 수익이 안정적이다. 10%는 배달료로 사용되고 동시에 AI플랫폼 운영비로 사용된다고 한다.

할인 비율만큼 주주로서 자격이 갖춰지고 배당금도 주어진다고 한다. 이제 농사에만 집중할 수 있고 소비자들은 내가 사는 지역의 싱싱한 대추를 구매할 수 있어서 1석 2조다.

농사 짓는 농민뿐만 아니라, 소규모 유통가게도 톡톡히 덕을 보고 있다. 바로 9단지 상가 야채가게다. 아침에 야채가 들어오면, 야채 영상을 찍어서 직접 올린다. 구매하겠다는 사람들이 등장하면, 오전 10시부터 오후 6시까지 배달원이 배달해준다. 주민들은 지역화폐를 써 인센티브를 받을 수 있는 데다 배달까지 해주니 더없이 좋다. 전날 신청을 하면 대량구매가 가능해서 10% 할인가로 무료배달까지 가능하다.

5) 이용만 해도 지역 IT기업의 주주

AI 지역순환경제 플랫폼은 공공기업이다. **누구나 참여와 기여를 통해 주주가 될수 있는 구조**이다. 일하는 노동자, 개발자, 배달원뿐만 아니라 소비자, 판매자도 모두 주인이다. 수익이 창출되면, 재투자비를 제외하고 나머지는 모두 투자비율에 따라 나누어 갖는 구조이다. 대표와 임원 역시 월급받는 급여를 받는 근로자에 불과하다.

플랫폼 운영은 민주적으로 결정한다. 어느 사업에 재정을 투여할 것인지, 어떤 사업을 추진할 것인지 등 대부분의 사항에 대해 매달 1회 화상 주주회의가 개최되며, 그 자리에서 바로 전자투표로 결정된다. 굳이 화상회의에 참석하지 않아도 안건을 보고 투표를 할 수 있도록 되어 있다. 대신 투표를 하기 위해서는 안건 내용에 대한 간단하고 쉬운 퀴즈를 쳐야 한다. 내용을 알아야 올바른 투표가 가능하기 때문이다.

이제는 판매자도, 소비자도

회사의 주주가 될 수 있다

- 시민이 상상한 시나리오 -

매달 25일은 AI 지역순환경제 플랫폼에 근무하는 근로자, 개발자, 배달원들의 월급날인 동시에 월간 주주총회가 개최되는 날이다.

저녁 7시 화상회의가 개최되며, 전자투표는 8시에 진행된다. 화상회의는 주로 안건에 대한 설명과 질의응답으로 이어진다. 이번 안건은 배달원들의 처우개선과 판매자 할인율에 대한 부분이었다. 예민한 문제일 수 있다. 그러나 모두가 상생하고 협력하는 것을 지향하기 때문에 다같이 논의하고 다 같이 결정하는 구조 속에서 논의하고 있다.

배달원들이 밤 12시까지 근무하다 보면 일부 배달원은 집에 도착하면 1시가 넘는다며, 11시까지 근무하는 것으로 조절하자고 제안하였다. 이렇게 될 경우, 새벽배송을 신청한 소비자들이 다소 늦게 제품을 받아봐야 하는 불상사가 발생할 수 있다.

다양한 의견이 나왔다. '배달원을 더 고용하면 회사는 적자가 아닌지', '배달원들의 마감시간을 11시가 아니라 11시 반으로 조정하면 어떨지', 아니면, '새벽 4시부터 배송을 할 수 있도록 조정해보면 어떨지' 등 많은 논의가 진행되다 딱 8시가 되자 전자투표가 게시되었다.

이번 회의에서 판매자 할인율은 안건 설명만 이뤄지고 질의응답 과정이 없었기 때문에 다음 회의로 넘기기로 하였다. 8시에 진행된 전자투표에서는 배달원들의 현 상태를 유지할지, 제도를 개선할 지에 대해 투표를 진행하였다. 주주 8천명을 대상으로 실시되었고, 10% 이상 참여가 투표 가결조건이었다.

투표 결과, 제도를 개선하자는 의견이 70%에 달하였다. 다음 총회에서, 나왔던 의견에 토대하여 복수방안에 대한 투표를 실시하기로 하였다. ▲배송 마감을 11시로 하고 새벽 4시 배송 시작으로 하는 것, ▲배송 마감을 11시 반으로 하는 것, ▲배송 마감을 11시로 하고 배송원을 늘리는 것으로 하는 것 세 가지 안에 기타까지 해서 4가지 보기 문항이 결정되었다.

만약 기타에 투표를 한 사람이 많으면 또 한 달 후에 재투표가 실시된다. 판매자 할인율도 다음 회의에 투표로 결정된다. 공동구매수가 1천개가 넘어가면 10% 더 인하해서 20% 인하하는 것으로 판매자에게 제안하자는 취지의 내용이었다. 소비자들의 참여율을 더 높일 수 있다는 것이었다.

전자투표의 알고리즘은 모두 공개되었다. 누가 어디에 투표했는지를 제외한 모든 코드는 공개되었으며, 기술 감리 담당자가 영상으로 직접 보여주면서 투표가 마무리되었다.

월간 주주총회로 결정하는 방식이 걸리는 시간과 절차는 복잡하지만, '민주적이기에 최적의 결론'를 만든다는 점에서 주주 모두가 이 방식을 지지하고 있다.

6) AI가 소상공인을 어떻게 돕는가

오늘날 영세한 소상공인들은 대기업 프랜차이즈의 홍보 공세를 이기지 못한다. 대기업 프랜차이즈의 마케팅, 경영전략 등이 날로 고도화되면서 영세한 소상공인들은 대기업 프랜차이즈 소속이 되지 못하면 도태되는 구조에 놓여있다.

AI 지역순환경제 플랫폼은 단순히 소비자와 판매자를 연결해 주는데 그치지 않는다. 지역의 소상공인들을 직접 돕는 역할도 수행한다.

마켓팅을 도와준다

아무리 AI 지역순환경제 플랫폼을 통해 판매를 한다고 하더라도 가게 자체도 마케팅, 브랜드화가 필요하다. AI 툴이 날로 발전하다보니 이제는 전문가를 섭외하지 않아도 사장 혼자 마케팅이 가능하다.

AI 지역순환경제 플랫폼은 AI 마켓팅 강좌를 소상공인들을 대상으로 개최한다. 강좌는 무료이며, 맞춤형 1:1 강좌도 가능하다. 강좌에 참여하면 오히려 '포인트'(협력지수)를 얻게 되는 구조이다. 강좌는 지자체의 지원을 받아 진행하고 있다. **소상공인들이 기술에 밝고 똑똑해져야** 지역경제가 살고, 지역세수가 더 많이 걷힐 수 있기 때문이다.

- 시민이 상상한 시나리오 -

2028년 여름, 30년간 두부 가게를 운영한 박순자 할머니는 중국산 저가 제품 공세와 대기업의 대량생산에 따른 저가 제품과 경쟁해야 하는 어려움을 겪고 있었다. AI 지역순환경제 플랫폼에서 협력 구매를 제안했고, 전문가는 스토리텔링 마케팅 전략을 1:1 맞춤형 강좌를 통해 스토리텔링 마케팅 전략을 제시하였다.

'30년 정성이 담긴 순두부'를 테마로 한 협력 구매는 예상을 뛰어넘는 성공을 거두었다. 더 나아가 스토리텔링 마케팅을 통해 전국 판매 루트까지 확보하였다.

"30년 장사하면서 이런 적은 처음이에요. 어머님께 물려받은 두부 전통을 계속 이어갈 수 있어서 너무 기뻐요."

경영을 지원한다

마켓팅보다 더 힘든 것이 바로 경영이다. 물품관리부터 노무관리까지. 법을 몰라서, '감'으로 장사를 하다가 파산하는 경우가 많다.

대기업 프랜차이즈의 경우에는 자체 프로그램을 개발하여 점주들이 활용할 수 있도록 하고 프로그램을 통해서만 제품 발주를 할 수 있도록 자동화되어 있다. 소상공인들은 효율적인 제고 관리, 노무 관리의 도움을 받지 못하는 것이 현실이다. 이것을 AI 지역순환경제 플랫폼이 대신해준다. 심지어 위탁경영도 가능하다.

- 시민이 상상한 시나리오 -

2030년, 40년간 철물점을 운영한 정만수 사장(68세)은 체력의 한계를 느끼고 있었다. 아들은 서울에서 안정적인 직장생활을 하고 있어 가업을 잇지 않을 상황이었다. "40년 동안 이 동네 사람들과 함께해왔는데, 이 가게가 없어지면 얼마나 불편할까..."

AI 지역순환경제 플랫폼이 위탁경영을 제안하였다. 가게 소유권과 상호명은 정 사장 명의로 두되, 운영은 플랫폼 회사가 전담하는 방식이었다. "사장님께서는 명예 고문으로 계시면서 수익을 가져가시고 수수료만 주시면 됩니다. 주요 의사결정에 대한 권한을 가지시면 됩니다."

새로운 경영진은 단순한 철물점을 '순환경제의 허브'로 새롭게 정의하였다. 수리 가능한 중고 공구를 정비해 재판매하고, '공구 사용법 교육'과 'DIY 수리 가이드'를 제공하는 종합 서비스로 확장하였다. 매주 토요일 '우리 집 수리교실'은 젊은 부부들에게 큰 인기를 끌었다.

2년 후 매출은 30% 증가했지만, 더 중요한 것은 고객 만족도 향상이었다. 정 사장은 "40년 장사하면서 이렇게 많은 젊은 고객들이 찾아오는 것은 처음"이라며 만족해하였다.

공동창고와 공유오피스를 지원한다

더 이상 사무실이 필요 없는 세상이 온다. 사무실 운영비, 임대료 부담을 덜고 싶은 소상공인들이 많다. 특히, 가게 임대료가 큰 부담으로 작용한다.

AI 지역순환경제 플랫폼은 공동창고와 공유 오피스를 운영하고 있다. 공동창고는 지역 유휴부지에 설치하였다. 온도에 따른 창고 운영으로 제품의 신선도를 보장하고 있다. 공유 오피스는 역세권으로 하였다.

공유 오피스 라운지 이용료, 사무실 이용료, 회의실 이용료, 주차 이용료까지 매우 저렴하다. AI 지역순환경제 플랫폼 내에서 이용자를 미리 신청받아 계약하면 운영 주체의 적자 부담도 줄일 수 있다.

7) AI 지역순환경제 플랫폼, 새로운 민주적 공동체

AI 지역순환경제 플랫폼은
새로운 민주적 공동체가 될 수 있다

1987년 6월 항쟁으로 군부독재를 종식시킨 후 지방자치, 지방분권 등 정치에서의 민주화는 상당히 진전을 이뤘지만, 경제 분야에서 민주화는 더디게 진행되었다.

대기업, 해외 기업을 중심으로 대한민국의 소비와 물류 유통, 생산이 결정되는 구조는 소비자들과 노동자들을 '을'로 만들었고, 끊임없이 기업과 맞서 싸워야 하였다.

이제는 달라져야 한다.

경제에서의 민주화, AI 지역순환경제 플랫폼을 통해 새로운 민주적 공동체가 형성될 수 있는 것이다.

소비가 바로 투자가 된다면?

만약 우리가 소비할 때마다 그 일부가 우리 지역의 자산이 된다면 어떨까?

동네 카페에서 커피 한 잔을 마실 때마다 그 금액의 일정 부분이 지역 발전 기금으로 적립된다. 지역 농산물을 구매할 때마다 그 돈의 일부가 지역 농업 인프라 구축에 투자된다. 동네 서점에서 책을 살 때마다 그 수익의 일부가 지역 도서관이나 교육 시설 개선에 사용된다.

그리고 내가 그 자산의 주인이 되고, 그 자산으로 우리가 직접 기업을 만들어 일자리를 창출한다면?

더 나아가 지역 주민들이 소비를 통해 모은 자본으로 직접 사업을 시작할 수 있다면? 청년들이 창업할 때 필요한 초기 자본이나 어르신들이 소상공인으로 재기할 때 필요한 자금 등을 지역 주민들의 일상적인 소비가 만들어낸 자산으로 지원할 수 있다면?

이렇게 되면 소비자는 단순히 돈을 쓰는 사람이 아니라, 지역 경제 생태계의 투자자이자 주인이 되는 시스템 된다. 내가 마시는 커피 한 잔, 사는

책 한 권, 구매하는 농산물 하나하나가 모두 우리 지역을 더 풍요롭게 만드는 투자가 되는 것이다.

민주적 소유구조

AI 지역순환경제 플랫폼의 주인은 대기업 오너도 아니고, 지자체장도 아니다. **노동자, 배달원, 판매자, 소비자 모두가 주인이고 주주가 되며 배당금을 받게 된다.** 구매하는 순간 주주가 되는 것이다. '소비자가 왕이다'는 상징적 구호가 현실이 되는 것이다. 그리고 모두의 동의에 따라 일부는 지역발전기금으로 사용되어 공동체에 기여할 수도 있다. 사업 방향 결정 등 중요한 의사결정은 화상회의와 전자투표로 진행한다. 이는 진정한 민주적 참여를 가능하게 한다.

이러한 구조는 **모든 참여자가 소유자**라는 의식을 갖게 한다. 경비원부터 사장까지 모두가 주주이자 파트너이다. 이는 단순한 제도를 넘어 '우리'라는 공동체 의식을 만들 수 있다.

중요한 것은 AI 지역순환경제 플랫폼이 지역의 특성을 반영하여 운영하는 것이다. 이를테면 제주도는 감귤, 해산물 중심으로, 부산은 해운업 관련 제품을 중심으로, 전주는 전통문화를 중심으로 운영하는 등 특색에 따라 운영되는 것이 중요하다.

사람의 정을 '협력지수'로

단순한 경제적 거래를 넘어 '정(情)'의 가치를 반영한 평가 시스템을 구축하였다. 협력구매, 교육, 공동체 활동, 봉사, 창의성을 종합적으로 평가하여 관계의 깊이를 측정하였다.

공동체 활동에 더 많은 참여를 할수록 협력지수(포인트)가 부여된다. 봉사활동, 교육활동, 동아리활동 등 다양한 활동에 참여할 때마다 협력지수를 제공한다. 협력지수 증대는 곧 주주로서의 비율 확대를 의미하여 배당금이 높아질 수 있으며, 이것은 곧 공동체의 변화를 만드는 힘이 된다.

매출의 일정 부분을 자동으로 공동체 발전 기금과 기업 발전 종자돈으로 적립하여 지속가능한 성장 구조를 만든다. 소비 → 투자 → 기업 확대 → 일자리 창출 → 소득 증대 → 소비 증가의 선순환이 실현될 수 있다.

AI에 기반한 공동체의 복원, 지역 소상공인 살리기에 기여하고 싶은 분들은 후원을 할 수도 있다. 동시에 AI 지역순환경제 플랫폼은 후원을 받는다, 주주가 아닌 후원을 선택하면, 후원자를 꼭 기록하는 제도를 마련해야 한다. 후원자의 이름을 넣은 정책이 추진될 수도 있고 후원자의 이름이 적힌 동상이 건립될 수도 있다.

AI는 인간을 대체하는 것이 아니라 인간의 능력을 증강하는 동반 로봇(Robot)이다. 이 모든 것을 AI 자동화 기술로 현실화하여 지역 주민 모두가 상생하는 공동체를 만들 수 있다.

청년들이 AI 지역순환경제 플랫폼으로 모이다

AI 지역순환경제 플랫폼의 성공을 위해서는 청년들의 반짝거리는 아이디어, 청년들의 열정, 청년들의 실력이 필요하다. 무엇보다 각종 AI 툴(Tool, 프로그램)과 컴퓨터, 디지털 기기에 능한 청년들이 머리를 맞댄다면 무엇이든 능히 성공할 수 있을 것이다.

개발자가 되고 싶은 청년은 개발자로, 영업을 하고 싶은 청년은 영업을, 교육을 하고 싶은 청년은 교육자로, 심지어 가게를 운영하고 싶은 청년은, AI 지역순환경제 플랫폼이 위탁받은 가게를 운영해도 된다. 청년들에게 기회를 제공하는 공간이 바로 AI 지역순환경제 플랫폼이 될 수 있다.

AI 지역순환경제 플랫폼에서 성과를 내면 낼수록 주주로서 배당금을 받을 수 있고 전체 총회를 통해 성과급이 결정되면 성과급도 받을 수 있다. 새로운 아이디어만으로도 성과급을 받을 수 있도록 해서 아이디어가 모이는 플랫폼을 만들어야 한다.

정례적으로 AI 지역순환경제 플랫폼은 해커톤 대회(기획자, 개발자, 디자이너 등 다양한 직군이 팀을 이뤄 정해진 시간 안에 특정 주제에 대한 창의적인 아이디어를 내고 소프트웨어를 개발하는 경쟁적인 이벤트)도 개최하여 순위 안에 든 청년에게는 취업 기회도 제공하고 청년들에게 프로그램이나 아이디어도 직접 구매하기도 한다. 이런 과정을 통해 청년들에게 희망을 줄 수 있다.

시스템은 복제될 수 있다
그러나 각 지역의 문화와 정서, 그리고 온기는
결국 그 지역에 사는 사람들이 만들어낸다

AI 지역순환경제 플랫폼은 비현실적인 아이디어도, 먼 이야기도 아니다. 현재, 우리가 실제로 선택할 수 있는 현실적인 가능성이다. 더 이상 경제를 대기업에 종속시키지 않고, 서울에 밀집되지 않으며, 지역 모두가 함께 잘 사는 세상을 만들기 위한 노력이고 변화이다.

변화는 거창한 제도나 외부에서 시작되지 않는다. 우리 동네에서, 우리의 일상에서, 그리고 개인의 작은 선택에서 시작된다. 일상의 소비는 단순한 지출에 그치지 않는다. 동네 카페에서 마신 커피 한 잔, 지역 농산물로 장을 본 작은 선택은 지역 경제로 다시 환류되는 투자로 기능한다. 이러한 선택의 축적이 지역 변화를 만들어내는 핵심 동력이다.

이 과정에서 시민은 더 이상 단순한 소비자가 아니다. **시민은 지역의 주주이자 파트너**이며, 변화를 실질적으로 만들어내는 주체다.

AI 역시 위협이나 불안의 대상이 아니다. AI는 시민의 선한 의도를 보다 효율적으로 구현하도록 돕는 도구이자 지역 문제 해결을 가속하는 동반자다. 이 변화는 특정 개인의 사례에 국한되지 않는다.

지역에서 다시 꿈을 꾸고자 했던 시민들이 각자의 자리에서 참여하며 함께 만들어낸 결과가 될 수 있다. 개인의 사소해 보였던 선택들이 축적되어 '따뜻한 사람이 사는 지역 사회'를 현실로 구현될 수 있다는 점이다. 이는 경쟁을 통한 성장 모델이 아니다. 협력을 통해 모두가 지속적으로 성장할 수 있음을 증명한 사례다.

작지만 분명한 선택들이 모여 지역의 온기를 유지하는 구조를 형성할 수 있다. 그리고 기적은 일회성이 아니라, 재현 가능한 과정으로 축적될 수 있다.

기술은 돕고
기적은 사람이 만든다

3. AI미래도시, 일자리가 넘쳐난다

1) 일자리를 위협하는 AI?

일자리 문제는 한 국가의 경제적 성장뿐 아니라 사회적 안정, 정치적 신뢰, 세대 간 연대와 공동체의 지속가능성까지 좌우하는 핵심 의제다. 안정적이고 질 좋은 일자리는 개인의 삶의 만족도뿐 아니라 국가 전체의 역동성과 사회적 통합을 지탱하는 기반이 된다. 반대로 고용 불안정, 저임금, 장시간 노동, 취약계층의 노동 배제는 사회 갈등을 증폭시키고 정치적 양극화를 심화시키며, 지역 공동체의 약화와 국가적 경쟁력 하락을 초래한다. 이처럼 일자리는 경제정책의 일부가 아니라 국가 시스템 전체를 떠받치는 기둥이며, 시대가 달라져도 그 중요성은 결코 줄어들지 않는다.

그러나 지난 100년간 노동경제학 이론과 고용정책은 자본주의의 실업 문제를 완벽하게 해결하지 못하였다. 게다가 급변하는 사회·기술 환경도 충분히 설명하지 못하였다. 고전·신고전파 이론이 전제한 시장 균형 모델, 인적자본 이론의 교육·훈련 중심 접근, 케인즈 주의의 경기 대응 중심 공공고용 정책은 각각 일정한 역할을 했지만, 오늘날 AI의 도입은 이들 이론이 상정한 기본 조건을 근본적으로 흔들어놓고 있다.

세계화는 생산과 소비, 노동이 국경을 넘어 재배치되는 글로벌 가치사슬을 만들었고, 이는 제조업 기반 일자리를 약화시키며 중간 숙련 일자리의 대량 소멸을 가져왔다. 플랫폼 경제의 확산은 노동의 독립계약화, 다단계 하청 구조, 노동자 책임의 전가 등 새로운 취약성을 만들어내며 기존의 정규직 - 비정규직 구분만으로 설명할 수 없는 구조적 위험을 양산하고 있다.

게다가 이 모든 변화를 뛰어넘는 인공지능(AI)과 자동화까지 있다. AI 기술은 단순 반복 업무뿐 아니라 회계, 번역, 연구, 프로그래밍, 심지어 기획과 설계와 같은 고부가가치·전문직 영역까지 빠르게 대체할 것이라는 위기감을 불러 일으키고 있다. 기존 산업혁명들이 주로 육체노동을 자동화하였다면, AI는 인지 노동과 창의 노동까지 대체하거나 병행함으로써 인간의 노동을 전면적으로 재편할 것이라는 위기감이다. 벌써 다국적 플랫폼 기업에서는 대규모 해고 사태가 이어지고 있고, 산업 전반의 청년 신규 채용률도 급격히 낮아지고 있다. AI는 단순히 새로운 기술이 아니라, 직업 구조 전체를 바꾸는 '일자리 패러다임 전환'을 야기하는 기술인 것이다.

더 큰 문제는 AI가 일자리를 대체하는 속도가 노동시장과 교육·훈련 시스템이 대응할 수 있는 속도보다 훨씬 빠르다는 위기감이다. 기업은 생산성 향상을 위해 AI를 도입하고 자동화 비중을 높이고 있지만, 노동자들은 그 변화에 적응하기 위한 재훈련 기회를 충분히 제공받지 못하고 있다. 특히 단순 업무·중간 숙련 직종은 자동화의 직접 타격을 받고 있으며, 고숙련·고임금 일자리와 저임금·불안정 일자리로 노동시장이 양극화되는 현상이 가속화되고 있다. AI와 자동화가 노동을 대체하는 속도는 단순한 경기변동이 아니라 구조적이고 비가역적인 변화이며, 단기 정책으로는 대응하기 어려운 장기적 충격이다.

한국 사회는 이러한 AI·자동화 충격에 더욱 취약한 구조를 갖고 있다. 제조업 비중은 높지만 지역 간 산업 균형이 깨져 있고, 자영업 비율이 높아 기술 변화에 취약하며, 플랫폼 노동이 빠르게 확산되면서 사회보장체계 밖으로 밀려나는 노동자들이 늘어나고 있다. 청년층은 양질의 일자리를 찾지 못해 장기 취업난과 미래 불안을 겪고 있으며, 지방은 경제 기반이 약화되면서 일자리 붕괴가 더욱 심화되고 있다. 여기에 AI 기술이 도입되면서 단지 일자리가 줄어드는 문제가 아니라, 일자리의 형태와 성격이 통째로 변하고 있다.

이 같은 상황에서 기존 고용정책, 즉 "일자리 수를 늘리자" 라거나 "재교육을 강화하자"라는 접근만으로는 문제를 해결하기 어렵다. 지금의 고용 위기는 경기적 실업이나 산업 일부의 침체 같은 일시적 문제가 아니라, 기술 혁명, 산업 구조 전환, 인구 변화, 지역 붕괴가 중첩된 구조적 위기이다.

특히 AI는 노동시장 전체의 규칙을 바꿔버릴 만큼 강력한 기술적 전환점이기 때문에, 기존 정책의 단순한 확장이나 조정만으로는 대응할 수 없다. 따라서 오늘날 우리가 필요로 하는 것은 기존 노동경제학 이론의 부분적 보완이 아니라, **일자리의 의미, 노동시장 구조, 국가의 역할을 새롭게 정의하는 근본적 패러다임의 전환**이다.

AI 시대에 국가가 노동자를 보호하지 못하면 불평등은 급격히 심화되고, 사회적 안정과 정치적 신뢰는 흔들릴 수밖에 없다. 기술 변화가 만들어내는 기회를 공정하게 나누고 위험을 사회적으로 분산시키기 위해서는 **국가가 고용 구조 전체를 새롭게 설계하는 역할**까지 적극적으로 수행해야 한다.

2) AI가 일자리를 만드는 세상

AI가 일자리를 빼앗는 구조는
'자연 법칙'이 아니다

많은 이들이 AI의 확산을 '막을 수 없는 흐름' 혹은 '자동화로 인한 일자리 대체는 어쩔 수 없는 운명'으로 받아들인다. 하지만 이는 사실이 아니다. 기술은 어떻게 활용하느냐에 따라 사람에게 이로울 수 있고 해로울 수 있기 때문이다. 기술의 혜택과 부담이 어떻게 배분되는지는 정책, 규범, 제도, 사회적 선택에 따라 완전히 달라진다.

기술은 언제나 양면성을 가진다. 국가가 어떤 원칙과 제도로 기술을 다루느냐에 따라 기술은 노동을 파괴하는 힘이 될 수도 있고, 새로운 기회를 만들어내는 생산적 도구가 될 수도 있다. 핵심은 분명하다. AI 시대의 일자리를 시장에만 맡길 것이 아니라, 국가가 책임지고 설계하는 **'좋은 일자리 국가책임제'**를 통해 AI가 일자리를 만드는 방향으로 전환해야 한다는 점이다.

AI시대에는
좋은 일자리를 국가가 책임져야 한다

AI가 노동을 대체하는 속도는 기업의 선택에 의해 결정되고, 기업의 선택은 다시 국가의 규제·인센티브·노동 기준과 밀접하게 연결되어 있다. 즉, AI가 일자리를 빼앗느냐 만드느냐는 기술의 문제가 아니라 **국가의 의지와 정책의 문제**다. 좋은 일자리 국가책임제는 '일자리 파괴의 시대'를 '일자리 창조의 시대'로 전환하는 전략이다. 좋은 일자리 국가책임제는 단순한 복지정책이 아니라 AI 시대의 고용 시스템을 전체적으로 재설계하는 국가 전략이다. 이 제도의 핵심은 다음과 같다.

첫째, 국가가 **좋은 일자리 기준**을 강력하게 설정한다. AI를 도입하더라도 노동자 보호·임금·안전·사회보장의 최소 기준을 지키도록 함으로써 '기술 도입 = 비용절감'만을 추구하는 잘못된 구조를 바꿔야 한다. 기업이 AI로 인력을 무리하게 감축하는 대신, **AI와 사람이 함께 성장하는 구조**를 만들게 된다.

둘째, AI가 대체한 일을 국가가 **새로운 공공일자리**로 채운다. 기후·환경, 돌봄, 안전, 감염병 대응, 도시재생, AI 데이터 구축 등 '민간시장은 수익이 낮아 만들지 않지만, 사회적으로 꼭 필요한 일자리'를 국가가 보장하는 구조를 만들면 AI 시대에도 고용 총량은 줄어들지 않으며 동시에 사람들의 삶의 질이 개선될 수 있다.

셋째, AI 기술을 활용해 **'새로운 일자리'**를 적극적으로 만들어낸다. AI는 일자리를 없애기도 하지만 동시에 전혀 새로운 직업군을 폭발적으로 만들어내는 기술이다.

예를 들어, ▲AI 데이터 라벨링, 도시 AI 모니터링, 안전·환경 센서 관리 ▲지역 디지털 공공서비스 운영 ▲노인 돌봄 로봇의 관리사 ▲AI 기반 지역문제 해결 코디네이터 ▲공공 알고리즘 감시관(AI Accountability Officer) ▲기후 전환·에너지 AI 매니저 등 이런 일자리는 민간이 자연적으로 만들어낼 가능성은 낮지만, 국가가 제도적으로 설계하면 **AI 기반의 신직업 생태계**가 폭발적으로 성장할 수 있다.

- 시민이 상상한 새로운 일자리 -

- **AI 데이터 라벨러 (labeller, 가공 전문가)** : AI가 학습하도록 원천 데이터에 이름을 붙이고 분류하는 직업

- **AI 데이터 큐레이터 (품질 관리자)** : 수집된 데이터 중 AI 학습에 적합한 양질의 데이터를 선별하고, 학습 데이터의 품질을 검수하고 관리하는 직업

- **도시 AI 모니터링 전문가** : AI 관제 시스템 관리 및 점검과 도시의 교통 흐름, 범죄 징후, 재난 상황을 실시간으로 감시하고 이상 징후 발생 시 현장 대응팀에 전파하는 역할

- **안전·환경 센서 관리자** : 공장, 하천, 산림 등에 설치된 IoT(사물인터넷) 센서와 AI 시스템의 정상 작동 여부를 점검하고, 센서가 보내온 오염/위험 데이터를 1차 분석하는 역할

- **지역 디지털 공공서비스 매니저** : 키오스크나 AI 민원 안내 시스템 사용이 어려운 고령층.취약계층에게 디지털 기기 사용법을 안내하고, 행정 서비스를 대행해 주는 디지털 조력자

- **노인 돌봄 로봇 코디네이터** : 독거노인 가정에 보급된 반려 로봇(AI 스피커 등)의 설정과 A/S를 돕고, 로봇이 수집한 어르신의 건강/정서 데이터를 모니터링하여 복지사와 연계하는 역할

- **AI 기반 지역문제 해결 코디네이터** : 쓰레기 무단 투기, 주차 문제 등 지역 현안을 해결하기 위해 어떤 AI 기술(CCTV 분석, 최적 경로 탐색 등)을 도입하면 좋을지 기획하고 주민과 지자체를 연결하는 기획자

- **공공 알고리즘 감시관 (AI Accountability Officer)** : 복지 수급자 선정이나 공공 서비스 배치에 쓰이는 AI 알고리즘이 차별적이거나 오류가 없는지 감사하고 윤리성을 평가하는 역할

- **기후 전환·에너지 AI 매니저** : 공공건물이나 지역의 에너지 소비 패턴을 AI로 분석하여 전력 낭비를 줄이고, 태양광 등 재생 에너지 효율을 최적화하는 관리자

- **AI 리터러시(문해력) 교육 강사** : 주민들에게 챗GPT 등 생성형 AI 활용법을 가르치고, AI가 만든 정보의 사실 여부를 판별하는 법을 교육하여 디지털 격차를 줄이는 역할

- **스마트 헬스케어 데이터 코치** : 보건소 등에서 주민들의 웨어러블 기기(스마트워치)로 수집된 건강 데이터를 AI로 분석한 뒤, 맞춤형 운동이나 식단을 상담해 주는 건강 매니저

- **로컬 디지털 아카이비스트(archeivist)** : 지역의 사라져가는 문화유산, 방언, 옛 사진 등을 AI 기술(화질 복원, 음성 인식 등)을 활용해 디지털 자료로 복원하고 보존하는 기록 전문가

- **스마트팜 AI 운영사** : 농촌 지역의 고령화를 대비하여, 온실의 온도/습도를 AI가 자동으로 조절하는 스마트팜 시스템을 원격으로 제어하고 작물 데이터를 관리하는 기술 농부

- **AI 보이스피싱 탐지 모니터링 요원** : 딥 보이스(목소리 변조) 등 AI를 악용한 금융 사기 패턴을 실시간으로 학습시키고, 의심되는 통화나 문자를 탐지하여 노년층 피해를 예방하는 보안 요원

- **자율주행 마을버스 관제사** : 교통 소외 지역에 도입될 자율주행 셔틀이나 배달 로봇의 운행 상황을 통제실에서 모니터링하고, 비상시 원격으로 제어권을 가져와 사고를 막는 역할

넷째, 교육·재훈련을 국가가 책임져 AI 전환의 이익을 '모두의 것'으로 만든다. AI 시대에는 노동자가 혼자 스스로 생존 전략을 짤 수 없다. 따라서 국가는 ▲전 국민 재교육 바우처 ▲AI·디지털 직업훈련 패스포트 ▲노동자 전환기 소득 지원 ▲지역별 AI 인재 양성 허브 등을 통해 기술 격차로 인한 노동 배제를 막고, AI로 인해 생기는 새로운 기회에 누구나 접근할 수 있게 만들 수 있다.

- 시민이 상상한 새로운 일자리 -

- **전 국민 재교육 바우처** : 소득이나 취업 여부와 관계없이 모든 국민에게 연간 일정액의 AI·디지털 평생교육 비용을 지원하는 카드
- **AI·디지털 직업훈련 패스포트(passport)** : 개인의 교육 이수 이력과 기술 역량을 블록체인으로 통합 관리하여 기업이 즉시 검증할 수 있는 디지털 경력 인증서
- **노동자 전환기 소득 지원** : 이직을 위해 직무 전환 교육을 받는 기간 동안 생계 걱정 없이 학습에 전념할 수 있도록 생활비를 보전해 주는 제도
- **지역별 AI 인재 양성 허브** : 지방 거점 대학과 지역 특화 산업(농업, 제조 등)을 연계하여 현장 맞춤형 AI 인력을 길러내는 지역 거점 교육 센터
- **기업 주도형 마이크로 디그리(degree)** : 대학 학위 대신 기업이 직접 설계한 단기 실무 과정을 이수하면 채용 시 서류 면제 등의 혜택을 주는 인증제

- **사내 리스킬링(Reskilling) 세제 혜택** : 직원을 해고하는 대신 신기술 교육을 시켜 재배치하는 기업에게 교육비와 인건비 세금을 대폭 감면해 주는 제도

- **디지털 튜터·멘토링 뱅크(mentoring bank)** : 온라인 독학이 어려운 중장년층 등을 위해 현직 개발자나 전문가를 1:1로 매칭하여 밀착 코칭을 지원하는 인력풀

- **찾아가는 AI 교실 (Mobile AI class)** : 도서 산간 지역이나 노인 복지관 등을 직접 방문하여 최신 AI 기기 체험과 기초 교육을 제공하는 이동형 교실

- **국가 AI 컴퓨팅 파워 지원 (GPU 바우처)** : 고가의 장비가 없어 실습이 어려운 학습자에게 국가 슈퍼컴퓨터나 클라우드 서버 자원을 무상으로 빌려주는 지원책

- **AI 샌드박스 창업 리그(league)** : 재교육 수료생의 아이디어를 규제 없이 테스트하게 돕고, 실패하더라도 다시 재교육 바우처를 지급해 재기를 돕는 창업 프로그램

결과적으로 좋은 일자리 국가책임제는 'AI→일자리 붕괴'의 방정식을 'AI→일자리 확대'로 바꾼다. 이 제도는 단순히 일자리를 지키는 정책이 아니라 AI를 고용 확대의 엔진으로 전환하는 국가 전략이 될 수 있다.

3) 인재 양성의 시대: 교육, 보육, 육아 분야 일자리 대폭 증가

많은 이들이 AI가 인간의 일을 빼앗을 것이라고 걱정하지만, 사실 AI는

인간의 능력을 확장하는 기술이다. 정부와 지자체가 적절히 제도를 설계한다면 AI는 기존 직업을 대체하는 힘이 아니라, 새로운 일자리의 공급자가 될 수 있다. 기술이 발전할수록 사람의 능력과 서비스를 필요로 하는 영역은 오히려 확대되며, 특히 돌봄·교육·공공행정·지역서비스 분야는 기술로 대체하기 어려운 핵심 영역으로 남게 된다.

AI가 확장되는 시대일수록 사람이 해야 할 일은 줄어드는 것이 아니라 더 중요하고 더 전문적인 방향으로 재구성된다. 그리고 바로 그 지점을 중심으로 정부와 지자체는 새로운 일자리를 만들어야 한다.

지역별 특성에 따라 만들 수 있는 일자리의 형태는 매우 다양하다. 농촌 지역에서는 고령 농가를 돕고 스마트 농업 기술을 도입하는 스마트 농업 매니저 같은 역할이 필요하며, 도시 지역에서는 AI를 활용해 교통 흐름과 안전 상황을 모니터링하는 공공 인력이 중요한 자리를 차지하게 된다. 신도시 지역은 젊은 세대가 많이 거주하는 만큼 청년을 위한 교육·육아·문화 프로그램을 운영하는 일자리가 큰 역할을 할 수 있고, 쇠퇴 지역에서는 도시재생과 공동체 회복 프로그램을 운영하는 인력이 지역 활성화의 중심이 된다. 이처럼 지역마다 고용을 창출할 수 있는 가능성은 사실상 무궁무진하다. 정부는 이러한 새로운 일자리가 만들어질 수 있도록 재정과 기준, 지원체계를 마련하고, 지자체는 지역의 현실과 수요에 맞는 맞춤형 일자리를 기획하는 방식이 가장 효율적이며 지속가능한 모델이 될 것이다.

특히, AI 시대에 가장 귀중한 자원은 데이터나 기술 자체가 아니라 **사람, 즉 인재**이다. 기술 변화가 빠를수록 사람의 재능, 창의력, 문제 해결 능력은 더욱 중요해진다. 따라서 교육·보육·육아 분야는 국가 경쟁력을 좌우하는 핵심 산업이 된다.

AI 시대에 정부와 지자체는 교육·보육·육아 분야에서 새로운 일자리를 적극적으로 만들어야 한다. 예를 들어 AI·디지털 기반 학습 코치를 통해 아이들의 개별 학습을 지원하고, 지역의 교육 격차를 해소하기 위한 지역 맞춤형 학습 매니저를 배치할 수 있다. 또한 학교와 지역 아동센터를 연계한 온종일 돌봄 인력을 확충해 부모의 돌봄 부담을 줄이고, 영유아 발달 전문가나 심리 상담 인력처럼 전문적인 보육·발달 지원 인력을 확대해야 한다. 만 3세까지의 아이에게는 아이 돌보미가 배치될 수 있어야 하며 특히, 장애아의 경우에는 전담 선생님이 필요하다. 부모가 양육 과정에서 겪는 어려움을 돕는 부모 교육 프로그램 운영자, 마을 단위에서 어린이와 청소년의 배움·놀이·돌봄을 연결하는 교육 코디네이터, 그리고 청년의 경력 전환을 돕는 재교육·전직 컨설턴트와 같은 역할도 미래 사회에서 필수적인 일자리로 성장할 수 있다. 이러한 직업들은 모두 AI가 대체하기 어려운 인간 중심의 서비스 영역으로, 지역의 미래 경쟁력을 좌우할 핵심 일자리들이다.

특히 육아와 보육은 더 이상 개인과 가정의 문제가 아니라 국가적 생존 과제이다. 저출생 시대에 가장 중요한 투자는 아동과 부모에게 향하는 투자이며, 그 투자는 필연적으로 고용 창출과 연결된다. 교육·보육·육아 분야의 일자리는 AI가 절대 대체할 수 없는 영역이며, 정부와 지자체가 투자할수록 지역사회 전체의 지속가능성도 커진다.

- 시민이 상상한 새로운 일자리 -

- **학생 학습 코치** : 학생의 학습 데이터를 분석하여 개인별 취약점을 진단하고, 맞춤형 공부법과 자기주도 학습 습관을 지도하는 코치
- **지역 밀착형 학습 매니저** : 청소년 학생들의 기초 학력을 점검하고 방과 후 학습 공백을 메워주는 1:1 학습 전담 튜터
- **학교-마을 연계 온종일 돌봄사** : 정규 수업 후부터 부모 귀가 시까지 학교와 지역 센터에서 아동을 안전하게 보호하고 놀이·특기 활동을 지도하는 전문가
- **영유아 발달·심리 케어 전문가** : 발달 지연이나 정서적 어려움을 겪는 아동을 조기에 발견하여 전문적인 놀이 치료와 심리 상담을 제공하는 상담사
- **생애주기별 부모 교육 코디네이터** : 초보 부모에게 올바른 양육법과 자녀와의 소통 기술을 교육하고, 육아 스트레스 관리를 돕는 멘토링 프로그램 운영자
- **마을 교육 공동체 코디네이터** : 도서관, 공방 등 지역 사회 자원을 발굴하여 어린이와 청소년에게 다양한 현장 체험 학습 기회를 연결해 주는 기획자
- **청년 커리어 피벗(Pivot) 컨설턴트** : 진로를 고민하는 청년에게 적성 검사와 재교육 프로그램을 매칭하여 성공적인 직무 전환과 재취업을 돕는 전직 지원 전문가
- **만 0~3세 국가 책임 영아 돌봄사** : 만 3세 이하 아동 가정에 파견되거나 어린이집에 추가 배치되어, 아이 1명당 세심한 밀착 케어를 제공하는 국가 지원 육아 전문가

- **장애 영유아 맞춤형 통합 지원사** : 장애가 있거나 발달 경계선에 있는 영유아를 위해 어린이집 생활 보조 및 재활 치료 동행 등을 전담하는 특수 보육 전문가

- **유치원 '1:5 안심 클래스' 전담 교사** : 유치원 학급당 교사 대 아동 비율을 1:5로 획기적으로 낮추기 위해 추가 배치되는 정규 교육 인력

- **24시간 긴급 틈새 돌봄 SOS 요원** : 부모의 갑작스러운 야근, 병원 입원 등 비상 상황 발생 시 30분 이내에 가정으로 출동하여 아이를 돌보는 긴급 파견 전문가

- **우리 동네 육아 해방 매니저** : 키즈카페나 공공 놀이터 등에서 부모가 잠시 휴식하거나 볼일을 볼 수 있도록 아이들의 안전 놀이를 전담해 주는 현장 돌봄 인력

4) 수명연장 시대: 노인 돌봄 일자리, 가장 커질 고용현장

한국은 세계에서 가장 빠른 속도로 고령화가 진행되는 국가 중 하나이다. 평균 수명은 늘어났지만 건강 수명은 충분히 따라가지 못하고 있어, 돌봄·의료·생활 지원에 대한 사회적 수요가 빠르게 증가하고 있다. 따라서 정부와 지자체는 노인돌봄을 단순한 복지 문제가 아니라 미래를 책임지는 지역 일자리 산업으로 바라봐야 한다.

수명연장이 가속화되는 시대에 노인 돌봄은 국가와 지자체가 가장 적극적으로 일자리를 만들어야 하는 분야이다. 예를 들어 일상생활·식사·위생을 지원하는 방문 돌봄 서비스 인력은 고령자 삶의 질을 직접적으로 높이는 핵심 직종이며, 신체 기능을 유지·회복할 수 있도록 돕는 재활·운동 지

도사 역시 수요가 크게 증가할 것이다. 또한 스마트워치나 건강 모니터링 시스템 등 AI 기반 헬스케어 기기의 확산에 따라 이를 점검·운영하고 데이터를 분석하는 AI 헬스케어 기기 관리자도 중요한 역할로 자리 잡는다. 치매나 우울감 등 정서적 어려움을 겪는 노인을 지원하는 치매·정서 돌봄 전문가는 기술로 대체할 수 없는 돌봄의 본질을 담당하며, 노인 커뮤니티 매니저나 여가 프로그램 운영자는 노년기의 사회적 고립을 줄이고 지역사회 연계를 강화하는 데 기여한다. 여기에 고령자가 오래 살던 집에서 안전하고 편안하게 지낼 수 있도록 주거 환경을 개선하는 주거 돌봄 코디네이터, 그리고 지역별 건강 데이터를 관리하고 돌봄 체계를 분석하는 지역 헬스케어 데이터 운영 인력까지 더해지면, 노인돌봄 분야는 향후 가장 큰 고용 창출의 장이 될 것이다.

AI는 노인의 건강 상태를 모니터링하고 위험을 예측하는 데 도움을 주지만, 정서적 돌봄·사회적 교류·신체적 지원 같은 일은 사람만이 할 수 있다. 즉, 돌봄은 AI 시대에도 가장 중요하고 가장 커지는 일자리 중 하나다.

- 시민이 상상한 노인 돌봄 일자리 -

- 방문 돌봄 서비스 인력(생활·식사·위생 지원)
- 재활·운동 지도사
- AI 헬스케어 기기 관리자(스마트 워치, 건강 모니터링 시스템 등)
- 치매·정서 돌봄 전문가
- 노인 커뮤니티 매니저·여가 프로그램 운영자
- 주거 돌봄 코디네이터(고령자 주택 개조 지원)
- 지역 헬스케어 데이터 운영 인력

5) 좋은 일자리 국가책임제로 펼쳐질 새로운 세상

좋은 일자리 국가책임제는 AI가 노동을 파괴하는 시대가 아닌, AI가 인간의 역량을 확장하고 새로운 기회를 만들어내며 좋은 일자리를 더 많이 창출하는 시대로 전환하는 핵심 전략이다. 필요한 것은 기술을 두려움의 대상으로 보는 태도가 아니라, 국가가 앞장서 AI의 힘을 일자리 창조의 동력으로 전환시키겠다는 결단이다.

현재의 기존 구조에서는 AI가 도입될 때 인력 감축이 먼저 일어나고, 이로 인해 실업이 증가하며 소비가 줄어들고 결국 지역경제가 침체되는 악순환이 반복된다. 그러나 좋은 일자리 국가책임제를 기반으로 한 새로운 구조에서는 국가가 고용 기준을 마련하고, 공공이 책임 있게 일자리를 창출하며, 노동자 재교육을 지원하고, 기술 전환에 맞는 새로운 시장을 발굴함으로써 AI 도입이 오히려 새로운 일자리 증가로 이어지게 된다.

좋은 일자리 국가책임제로 펼쳐질 세상은 어떨까. 상상의 나래를 펼쳐보자.

- 시민이 상상한 시나리오 -

불안이 사라진 세상, 김민준 씨 가족의 하루

오전 7시 30분, 28개월 지우가 잠에서 깬다. 예전 같으면 출근 준비와 아이 등원 준비로 집안이 아수라장이었겠지만, 지금은 평화롭다. 나라에서 파견한 만 0~3세 국가 책임 영아 돌봄 도우미 선생님이 시간에 맞춰 집에 도착해 지우 세수와 준비, 아침 식사를 도와주고 어린이집 등원도 챙겨주기 때문이다.

아빠 민준과 엄마 소연은 여유롭게 식사를 하고 커피를 마시며 하루를 시작한다. 도우미 선생님은 지우를 데리고 아파트 단지 내 어린이집으로 향한다. 어린이집은 만 2세 아이도 선생님 한 명이 아이 5명 미만만 케어하는 1:5 안심 클래스 제도가 정착되어 있어, 부모는 아이가 소외될까 걱정하지 않고 가벼운 마음으로 지우를 어린이집에 보낸다.

오전 9시, 아빠 민준은 도시 AI 모니터링 센터에 도착해 자리에 앉는다. 그는 3년 전 다니던 물류 회사가 자동화되면서 일자리를 잃을 뻔하였다. 하지만 노동자 전환기 소득 지원 제도를 통해 6개월간 월급의 80%를 지원받으며 생계 걱정 없이 공부했고, 전 국민 재교육 바우처로 AI 기술을 익혀 지금의 안전 센서 관리자가 되었다.

모니터에 A구역 하수관 센서 이상 감지 알림이 뜬다. 민준은 침착하게 드론을 띄워 현장을 확인하고 유지보수 팀을 호출한다. 몸으로 때우던 고된 노동 대신, 도시의 안전을 지키는 전문 기술직으로서의 자부심이 생긴다.

역시 하수관 센서가 고장나 있었다. 하수관 센터가 고장나면 하수 정화가 제대로 이뤄지지 못한다. 유지보수팀은 로봇을 활용하여 하수관 센서를 수리하였다.

오전 11시, 민준에게 지방에 혼자 사는 75세 어머니의 손목 스마트 밴드의 활동량 저하 신호가 도착하였다. 민준은 걱정이 되어 어머니에게 전화를 걸었지만 어머니가 전화받지 않는다. 걱정된다. 이때 지역 헬스케어 데이터 운영 센터에서 연락이 왔다. 활동량 저하 알람이 민준과 동시에 담당 AI 헬스케어 기기 관리자에게 갔고, 이미 어머니와 영상 통화를 하였다는 것이다. 민준은 다행히 혈압과 컨디션을 체크받은 어머니의 영상을 직접 확인할 수 있었다.

어머님의 오후 일과는 찾아가는 재가 방문 돌봄사, 노인 커뮤니티 매니저와 함께 진행된다. 점심시간부터 찾아가는 재가 방문 돌봄사가 들러 식사를 챙겨주고, 오후에는 노인 커뮤니티 매니저가 어머니를 모시고 스마트폰 교실로 향한다. 이제 민준은 일하는 동안 어머니 걱정으로 전화기를 들여다볼 필요가 없다.

오후 2시, 집에서 근무하는 엄마 소연이 현재 3시간째 업무중이다. 경력 단절 7년 차였던 그녀는 지역별 AI 인재 양성 허브에서 교육을 받고 AI·디지털 학습 코치로 재취업하였다. 재택근무로 초등학생 30명의 학습 데이터를 분석하고 있다. AI가 담당 학생 철수의 수학 학습 부진을 알린다. 소연은 철수와 화상 연결을 해 따뜻하게 격려하고 보충 자료를 띄워준다.학습코칭에서 필요한 학습 과제와 지식 전달은 AI가 돕고, 아이와 어머니의 마음을 읽고 동기를 부여하고 학습 방향을 잡아주는 것은 소연의 몫이다.

소연은 상담을 필요로 하는 부모님, 학생 몇 명과도 학습 상담을 진행하였다. 곧 중학교에 올라가는 한 학생의 어머니에게 사교육비로 걱정하자 지역 밀착형 학습코치 제도가 있다는 것도 알려드렸다. 1:1로 직접 가정에서 학습 코치를 하는 국가 제도라 저렴하고 또 교사들의 지도 수준이 세심하고 전문적이다.

오후 4시에는 국가 책임 영아 돌봄 도우미 선생님이 지우를 데리고 온다. 소연이 가도 되지만, 학습코치 업무량이 많아 오늘은 도우미 선생님을 요청하였다. 도우미 선생님이 지우와 놀아주고 저녁 식사 준비도 도와준다.

선생님은 최근 어린이집에서 지우의 발달 검사를 했는데, 정상이었다는 결과를 설명해주고 결과지도 전달해줬다. 또한, 지우네 어린이집에 장애아 돌봄 도우미 선생님이 추가로 배치되어 반 분위기가 더 좋아졌다는 이야기를 전하였다.

오후 7시, 온 가족이 저녁 식탁에 둘러앉는다. 도우미 선생님이 저녁 식사를 준비해주고 가셔서 저녁 준비 부담이 없었다. 민준은 디지털 직업훈련 패스포트를 통해 고급 분석 기술 자격을 획득하였다며 향후 승진에 대한 기대감을 내비친다. 소연은 지우의 발달 결과지를 민준과 공유한다.

저녁 8시, 민준은 어머니의 손목 스마트 밴드 활동량을 체크한다. 다행히 정상이다. 어머니에게 영상통화를 걸어 지우와 인사할 수 있도록 한다.

돌봄과 일자리, 노후에 대한 불안이 사라진 저녁, 가족은 내일이 오는 것을 두려워하지 않고 웃으며 잠자리에 든다.

이제 위의 상상 시나리오가 도래할지, AI와 기술에 실직한 부모님이 가득한 세상이 될지는 국가의 역할에 달렸다.

결국 AI 시대에 필요한 것은 새로운 사회 계약이다

기술이 발전함에 따라 생산성이 폭발적으로 증가하고 있지만 그 혜택이 소수 기업과 자본에만 집중된다면 사회는 단절되고 불평등은 심화되며, 기술은 국민 전체가 아니라 극소수의 이익을 위해 작동할 가능성이 높아질 것이다.

반대로 국가가 고용 기준을 마련하고, 새로운 일자리를 적극적으로 만들고, 사회적 안전망을 강화하며, 기술의 이익을 공정하게 분배하는 책임을 진다면 위의 상상 시나리오가 현실이 될 것이다. 동시에 AI는 노동을 대체하는 힘이 아니라 사람을 살리고 국민 모두의 삶을 개선하는 기술로 자리 잡을 수 있다. 이러한 관점에서 좋은 일자리 국가책임제는 반드시 필요한, AI 시대의 새로운 사회 계약이자, 국가·시민·기업이 함께 성장하는 미래 전략이다.

AI는
잘못 설계되면
일자리를 없애는 기술이 될 수 있지만,
올바르게 설계한다면
훨씬 더 많은 일자리를 창출하는 기술이
될 수 있다

중요한 것은 그 전환이 저절로 이루어지지 않는다는 점이며, 국가가 책임지고 방향을 바꾸어야 한다는 사실이다. 국가가 나선다면, 노동생산성이 상승하고 소득이 안정되며 지역과 국가 전체가 함께 성장하는 선순환 구조가 만들어질 수 있다. 무엇보다 안전과 돌봄, 육아, 교육 등의 일자리가 창출됨으로써 진짜 **포용사회, 사람 중심의 시대**가 만들어질 것이다.

4. AI산업클러스터 조성

1) AI 산업클러스터 조성: 지역과 혁신을 잇는 미래 인프라

4차 산업혁명의 중심에는 인공지능(AI)이 있다. 그러나 AI 기술은 단일 기업이나 기관의 노력만으로는 완성될 수 없는 복합적 혁신의 영역이다. **데이터, 연산 자원, 인재, 연구개발, 그리고 산업 생태계가 유기적으로 연결**될 때 비로소 AI는 산업적·사회적 변화를 촉발한다. 이러한 배경 속에서 세계 각국은 AI 기술을 특정 지역에 집적시키고 산업과 연구, 인재를 함께 육성하는 AI 산업클러스터를 국가 전략 거점으로 육성하고 있다.

AI 산업클러스터는
산업-연구-인재-정책-도시 통합형 혁신 생태계

AI 산업클러스터는 단순한 산업단지나 기술공원이 아니라, 산업-연구-인재-정책-도시'가 통합된 혁신 생태계이다. 이는 기술혁신의 속도를 높이고, 산업 간 융합을 촉진하며, 지역의 성장동력을 확산시키는 플랫폼이다. 클러스터의 핵심 목표는 **데이터·연산력·AI 인재**라는 3대 자원을 집적해, 중소기업과 스타트업이 쉽게 접근할 수 있는 공공형 AI 인프라를 구축하고, 동시에 대학·연구소·기업 간의 개방형 혁신(Open Innovation)을 가능하게 만드는 것이다.

이미 전국 곳곳에서 AI클러스터, AI혁신클러스터 붐이 일어나고 있다. 경기도 하남교산 신도시에 AI혁신클러스터를 조성하겠다는 계획부터 구미 AI 센터 클러스터 등 전국 곳곳에 AI클러스터가 생길 것으로 예견되고 있다.

AI 산업클러스터가 갖는 의미는 세 가지로 요약된다.

첫째, 산업혁신의 허브로서 역할이다. AI를 기반으로 한 반도체, 자동차, 에너지, 헬스케어 등 전략산업의 경쟁력을 높이고, 스타트업과 대기업이 협력할 수 있는 개방형 연구환경을 조성한다.

둘째, 데이터와 연산 인프라의 공동활용 체계를 만든다. 고가의 GPU 자원이나 대용량 데이터 플랫폼을 기업이 공동으로 사용할 수 있도록 하여, 중소기업의 진입장벽을 낮춘다.

셋째, AI 인재의 지역순환 생태계를 구축한다. 대학·AI대학원·전문교육기관이 클러스터 내 기업과 연계되어 교육-연구-취업이 선순환하는 구조를 만든다.

이에 따라 AI 산업클러스터의 핵심 구성요소는 다섯 가지로 정리된다.

첫째, 연구개발 인프라다. AI 테스트베드(Testbed, 실험공간), 반도체 실증 라인(공간), 대규모 데이터센터 등을 마련하여 신기술의 빠른 검증과 상용화를 지원한다.

둘째, 기업 지원 플랫폼이다. ▲창업기업을 위한 입주공간, ▲공동 GPU팜(Shared GPU Farm), ▲AI API(Application Programming Interface, 기능단위 서비스), ▲SaaS(Software as a Service, 완성된 소프트웨어) 마켓 등 실질적인 사업화 인프라를 제공한다. 초기 창업기업·스타트업이 저렴하거나 무상으로 입주해 업무·협업·멘토링·실증을 함께 할 수 있는 창업 전용 공간을 지원하거나 여러 창업기업이 고성능 GPU 서버를 공동으로 사용하는 공동 GPU팜을 지원한다. 이 외에도 AI 기능을 API 또는 SaaS 형태로 사고·팔고·공유하는 플랫폼 등을 지원하는 것이다.

셋째, 인재 양성 허브다. 대학과 산업체가 협력하는 AI 교육과정을 운영해 현장형 인재를 양성한다.

넷째, 정책·금융 지원 체계다. 정부는 세액공제, 기술이전 지원, AI 규제 샌드박스 제도를 통해 혁신 시도를 촉진한다.

다섯째, 도시·생활 인프라다. 주거·문화·교통이 결합된 스마트시티형 혁신지구를 조성해 인재가 모이는 환경을 만든다.

AI 산업클러스터 정책이 성공하기 위해서는 몇 가지 방향이 필요하다.

첫째, 데이터·연산 인프라의 공공투자와 공동화가 이루어져야 한다. AI 반도체 실증환경과 GPU 클라우드 등을 공공 자원화하여 중소기업도 쉽게 접근할 수 있게 해야 한다.

- 시민이 상상한 AI 시설 -

- **AI 데이터센터** : 수도권 서남부 기업과 연구소의 데이터를 처리하고 저장하는 고성능 컴퓨팅 핵심 거점
- **공공 GPU 클라우드 팜(Farm)** : 고가의 AI 연산 자원(GPU)을 구매하기 힘든 스타트업과 중소기업에 저렴하게 대여해 주는 공공 플랫폼

- **제조 데이터 공유·거래소** : 지역 내 금형, 기계, 부품 공장에서 나오는 산업 데이터를 수집·가공하여 AI 학습용으로 사고팔 수 있는 마켓플레이스(Market Place)

- **AI 반도체 실증 테스트베드(Testbed)** : 국산 AI 반도체(NPU)를 실제 데이터센터나 엣지 디바이스에 적용해 성능을 검증하는 테스트 시설

- **5G/6G 특화망 지원 센터** : 초저지연 통신이 필요한 자율주행 및 로봇 제어를 위해 산업단지 전용 초고속 통신망을 구축하고 관리하는 기관

둘째, 산학연 협력 기반의 AI+X 융합 실증플랫폼이 필요하다. 제조, 의료, 농업, 물류 등 각 산업의 데이터를 연결해 실제 문제 해결형 프로젝트를 운영해야 한다.

- 시민이 상상한 AI 시설 -

- **AI 기반 스마트 팩토리 전환(Digital Transformation) 센터** : 기존의 금형·가공 공장에 AI 예지보전, 공정 자동화 솔루션을 보급하고 컨설팅해 주는 지원 기관

- **미래 모빌리티 관제 타워** : 신도시 내 자율주행 셔틀, 수요응답형 버스(DRT), 배송 로봇의 운행 현황을 실시간으로 통제하고 관리하는 본부

- **로봇·드론 배송 실증 지구** : 테크노밸리 물류센터에서 신도시 아파트 단지까지 드론이나 로봇으로 물건을 배송하는 라스트마일 물류 실험 사업 지구

- **디지털 트윈 제조 혁신 랩(Lab)** : 실제 공장을 가상 공간에 똑같이 구현(Digital Twin)해 신제품 시뮬레이션을 미리 해볼 수 있는 가상 제조 연구소

- **AI 스타트업 오픈 이노베이션 허브** : 대기업(자동차, 전자)과 지역 내 AI 스타트업을 연결하여 기술 제휴와 투자를 주선하는 협력 센터

셋째, 지역 기반 AI 인재 정책을 강화해야 한다. 지역대학과 산업체가 연계된 전문대학원과 실무형 교육과정을 통해 지역 청년의 기술창업과 취업을 동시에 지원해야 한다.

- 시민이 상상한 AI 시설 -

- **산학연계 AI 융합 대학원 캠퍼스** : 인근 대학과 연계하여 현장 실습 위주의 석·박사급 고급 AI 인력을 양성하는 교육 기관

- **산업 AI 재직자 리스킬링(Reskilling) 아카데미** : 기존 제조업 종사자들이 AI 장비를 다룰 수 있도록 직무 전환 교육을 제공하는 평생 교육 센터

- **청년 AI 창업 인큐베이터** : 아이디어만 있는 청년들에게 입주 공간, 멘토링, 초기 개발비를 지원하여 유니콘기업으로 키워내는 보육 시설

- **글로벌 AI 공동 연구소** : 해외 유수 AI 연구소나 빅테크기업을 유치하여 지역 대학·기업과 함께 선진 기술을 연구하는 R&D 센터

넷째, 윤리와 거버넌스 체계를 내재화해야 한다. 데이터 보호, 알고리즘

투명성, 시민참여형 정책 구조를 마련함으로써 사회적 신뢰를 확보해야 한다.

- 시민이 상상한 AI 지원 시설 -

- **AI 규제 샌드박스 지원 사무국** : 자율주행, 원격 의료 등 규제에 막힌 신기술을 특구 내에서 자유롭게 실험할 수 있도록 법적 편의를 돕는 기관

- **데이터 안심 구역** : 의료, 금융 등 민감한 개인정보가 포함된 데이터를 철저한 보안 하에 기업들이 분석해 볼 수 있는 물리적 보안 공간

- **AI 윤리 및 알고리즘 검증 위원회** : AI 서비스가 차별이나 오류 없이 공정하게 작동하는지 감시하고 인증 마크를 부여하는 민관 합동 기구

결국 AI 산업클러스터는 기술개발의 공간이자 사회 혁신의 실험실이다. 기술 중심에서 인간 중심으로, 수도권 중심에서 지역 균형으로 나아가는 변화의 핵심 동력이다. 인공지능이 도시의 일상과 산업 구조를 근본적으로 바꾸는 시대, AI 산업클러스터는 단순한 산업정책이 아니라 국가의 미래 구조를 설계하는 프로젝트이다.

이제 한국은 AI 클러스터를 통해 지역의 잠재력과 인재를 연결하고, 기술이 시민의 삶을 풍요롭게 만드는 도시의 초석을 놓아야 한다.

2) 산업단지와 AI 산업클러스터: 경기도 광명 사례

'신도시'라는 개념은 과거 1기·2기 신도시 개발을 통해 수도권의 주택난

을 해소하고 도시의 균형 발전을 이루기 위해 도입된 정책 제도다. 분당·일산·평촌 등의 1기 신도시는 서울의 인구 과밀과 주택 부족 문제를 완화하는 데 중요한 역할을 했고, 판교·광교·위례 등 2기 신도시는 IT·첨단산업과 결합된 자족 기능형 신도시의 모델을 제시하였다. 이러한 흐름 속에서 정부는 수도권 주택 문제의 구조적 해결과 도시공간 재편을 위해 2018년 이후 새로운 '3기 신도시' 정책을 추진하기 시작하였다.

2021년 2월 24일, 정부는 광명·시흥 지역을 3기 신도시로 공식 지정하며 약 7만 호 규모의 신도시 조성 계획을 발표하였다. 광명·시흥은 서울 서남권과 경기 서남권의 경계에 위치하여 서울 접근성이 뛰어나고, 대규모 개발이 가능한 유휴부지가 남아 있는 거의 마지막 전략 입지라는 점에서 주목받아 왔다. 이러한 지정으로 광명·시흥 신도시는 수도권 주택 공급 기반 확보는 물론, 광역권 도시 구조를 재편하는 핵심 개발지로 자리매김하였다.

이후 2022년 11월 29일, 해당 지역은 '공공주택지구'로 공식 지정되었다. 지구 면적은 총 1,271만㎡(여의도의 약 4.3배)에 달하며, 단순한 주거단지 조성을 넘어 공원·녹지, 도시지원시설, 복합용도 공간 등이 결합된 대규모 미래형 도시 개발지구로 계획되었다. 다만, 이 지역을 포함한 일부 3기 신도시 구역에서 한국토지주택공사(LH) 직원들의 토지 매입 의혹이 불거지면서 사회적 논란이 촉발되기도 하였다. 이 사건은 공공 개발의 투명성과 신뢰성에 대한 문제를 제기하며, 이후 공공택지 지정 및 토지 보상 절차 개선 논의를 촉진하는 계기가 되었다.

2024년 광명시와 LH가 공동 협의를 하면서 광명·시흥 신도시의 발전

방향을 다시 점검하였다. 여기에서 신도시를 단순한 주거 공급지가 아닌, '자족형 명품 신도시'이자 '스마트 도시(Smart City)'로 조성한다는 목표가 재확인되었다. 즉, 주거·산업·교통·생활SOC·녹지가 통합된 미래형 복합 도시를 지향하며, AI·데이터 기반 도시 운영기술, 지능형 교통체계, 스마트 에너지 인프라, 디지털 행정 서비스 등이 주요 특징으로 설정되었다. 또한 테크노밸리를 중심으로 한 첨단산업·신경제 클러스터 유치, 지역 일자리 창출, 광명·시흥·서울·안양을 연결하는 광역 교통망 강화 등 도시 경쟁력을 높이기 위한 전략도 병행 추진하겠다는 것이다.

이러한 과정 속에서 광명·시흥 신도시는 수도권의 공간 구조를 바꾸는 핵심 거점, 주택 문제 해결을 위한 대규모 공급지, 그리고 첨단 스마트 도시모델의 실험장이라는 다층적 의미를 가지게 되었다. 향후 개발의 성공 여부는 투명한 절차, 공공성, 지역 사회 소통, 자족 기능 확보, 그리고 데이터·AI 기반의 스마트 도시 운영 체계 구축에 달려 있다고 평가된다.

광명-시흥 테크노밸리는 수도권 서남부에서 가장 확장성이 큰 미래 산업 거점으로 평가된다. 이 지역은 서울과 인접한 지리적 이점을 기반으로, 제조업·도소매·물류·ICT 산업이 이미 집적되어 있으며, 향후 신규 산업을 수용할 수 있는 충분한 토지와 확장성을 갖추고 있다. 이러한 기반 위에 AI 산업클러스터를 결합한다면, 광명-시흥 테크노밸리는 단순한 산업단지를 넘어 수도권 차세대 AI·디지털 제조·미래 모빌리티의 핵심 허브로 성장할 수 있다.

향후 AI 클러스터가 성공하려면 다음의 방향이 제시되어야 한다.

첫째, AI 기반 스마트 제조 클러스터 조성이다. 기존에 광명·시흥 지역에 산재한 금형, 기계, 자동차 부품, 전자 제조 기업들과 테크노밸리에 신규 유입할 첨단 기업을 연결하여, 공정 최적화, 예지보전(고장 나기 전에 미리 예측해서 정비하는 방식), 디지털트윈(Digital Twin, 현실의 공장을 컴퓨터 속에 똑같이 복제한 가상 공장) 기반 스마트 팩토리(Factory, 공장) 도입을 촉진하는 것이다. AI 기업이 제조기업과 직접 협력할 수 있는 구조가 마련되면, 테크노밸리는 'AI-제조 융합 실험실'이자 수도권 대표 테스트베드(Testbed)로 자리 잡을 수 있다.

둘째, AI 데이터센터와 연구개발(R&D) 허브 구축이다. 광명-시흥 테크노밸리는 통신 인프라 접근성이 높고, 서울 서남권·경기 서부권의 대학·연구소·IT 기업이 가까워 AI 컴퓨팅 자원과 연구 시설을 집적하기에 최적의 조건을 갖추고 있다. 이를 중심으로 **기업 R&D 연구소·창업보육센터·AI 전문교육 플랫폼을 유치**하면, 테크노밸리는 AI 인재 양성과 산업 연구가 동시에 이루어지는 복합형 혁신지구로 기능할 수 있다.

셋째, 미래 모빌리티 및 자율주행 테스트베드(Testbed) 구축이다. 광명-시흥 지역은 지형, 도로 구조, 신규 도시 개발지가 혼재하여 자율주행, 로봇배송, DRT(수요응답형 교통) 등 새로운 모빌리티 기술의 실증 조건을 고르게 갖추고 있다. 테크노밸리 내부에 자율주행 테스트 루프를 구축하고, 광명 시내 및 광명·시흥 신도시와 연계하면, 이 지역은 서울 인근에 드물게 마련되는 실증 특화 모빌리티 클러스터로 도약할 수 있다. 거기에 피지컬 AI(physical AI) 테스트베드(Testbed)까지 구축한다면 훨씬 더 큰 가능성이 생긴다.

넷째, 산·학·연 융합 생태계 형성이다. 인근 지역에는 서울대 시흥캠퍼스, 경기대, 서울대병원(예정), 한국산업기술대학교, 각종 연구기관이 위치하고 있으며, 광명, 시흥, 부천, 안양의 산업 생태계도 인접해 있다. 이를 기반으로 공동 연구·공동 실증·AI 교육 프로그램을 운영하면, 테크노밸리는 AI 기반 지역혁신 플랫폼의 중심축으로 기능하게 된다. 특히 **AI 기반 도시문제 해결(교통, 환경, 안전) 연구**까지 결합하면, 산업과 교육과 도시문제가 함께 연결되는 광역 단위 혁신 거점으로 발전할 수 있다.

다섯째, 광명-시흥 신도시와의 연계 전략이다. 신도시 개발은 대규모 인구유입과 기업 유치를 동반하게 되며, 이는 곧 AI 수요·데이터·소비 인구 확대를 의미한다. 테크노밸리에서 개발된 기술과 서비스가 광명-시흥 신도시에서 즉시 실증되고 소비되는 구조—예컨대 스마트시티 서비스, DRT·자율주행 모빌리티, AI 기반 환경·안전 시스템—를 구축하면, 산업단지-도시-시민이 하나의 순환형 혁신 생태계를 이루게 된다.

이미 광명에는 재개발, 재건축이 활발하게 진행되면서 신도시가 확대되고 있는 추세다. 광명 전반의 신도시와 테크노밸리가 결합된다면 단순한 산업단지를 넘어, AI와 스마트제조, 스마트모빌리티, 도시 데이터가 집약된 수도권 서남부 메가 혁신 지구로 진화할 잠재력을 갖는다. 이는 광명시가 갖고 있는 지리적 강점, 교통 연결성, 도시 성장성, 산업 기반을 종합적으로 활용하여 미래산업 중심도시로 도약하기 위한 최적의 전략이 될 것이다.

II. AI로 새롭게 바꾸는 교육

1. AI 체험관 : 새로운 세계를 향한 철학적 실험 공간

전국에 수많은 과학관, 체험관이 있다. 이제는 과학관과 체험관이 AI과학관, AI체험관으로 변모될 것이다. AI를 활용하여 수학을 배우고 과학을 배우는 공간으로 탈바꿈되는 것이다.

그러나 여기서 놓치지 말아야 할 부분이 있다. 바로 AI와 사람에 대한 철학이다. AI의 존재를 어떻게 정의하고 설정할 것인가. 그렇다면 인간의 역할은 어떻게 되는가.

이 부분에 대한 고민을 던지고 함께 생각하고 실제 AI를 설계하고 실험하는 공간이 있어야 한다. 바로 이런 공간이 AI체험관에 담겨야 한다. 지금부터 AI체험관이 펼쳐줄 상상의 나래로 떠나가보려고 한다.

- 시민이 상상한 AI 체험관 시나리오 -

당신은 학교에서 무엇을 배웠는가? 정해진 시간에 맞춰 출석하고, 정해진 교과서를 펼치고, 정해진 답을 찾는 법을 배웠다. 공장의 시계가 똑딱거리듯, 당신의 하루도 똑딱거렸다. 이것이 산업혁명이 우리에게 남긴 유산이다.

200년 전 설계된 시스템 안에서 우리는 여전히 살고 있다. 효율성, 표준화, 측정 가능한 성과. 학교는 공장을 닮았고, 사무실은 학교를 닮았으며, 우리의 생각마저 생산라인처럼 직선적으로 흐른다.

그리고 21세기, 우리는 또 다른 속박을 만났다. 알고리즘.
당신이 무엇을 보고, 무엇을 클릭하고, 무엇을 구매할지 AI가 예측한다. 당신의 요구는 데이터가 되고, 데이터는 당신을 분류하며, 분류는 당신의 가능성을 제한한다. 산업혁명이 몸을 규율하였다면, 디지털 혁명은 마음까지 규율한다.

하지만 질문해야 한다.

"인간의 진짜 요구는 무엇인가?"
"표준화되지 않은 나만의 배움은 가능한가?"
"상상력은 어디로 갔는가?"

이 체험관은 그 질문들에 대한 답을 찾는 여정이다. 아니, 답을 찾는 것을 넘어, 직접 만들어보는 곳이다.

1) 입구: '질문의 문'을 지나며

AI 체험관은 인공지능 기술을 '전시'하거나 '체험'하는 공간이 아니다.

이 공간은 AI 시대에 인간이 어떻게 배우고, 판단하고, 기술을 설계해야 하는지를 실험하는 공공 학습 인프라이다.

기존의 과학관·체험관이 기술의 원리나 성능을 설명하는 데 초점을 맞췄다면, AI 체험관은 기술 이전의 단계, 즉 **'무엇을 만들 것인가'**, **'누구를 위한 기술인가'**, **'이 기술은 어떤 사회적 결과를 낳는가'**라는 질문을 핵심에 둔다.

AI 체험관은 인간의 욕구, 감정, 윤리적 판단을 기술 설계의 외부 조건이 아니라 설계 과정 내부의 핵심 변수로 재정의한다.

이곳에서 시민은 기술 소비자가 아니라 **공동 설계자(co-designer)**이며, AI는 완성된 정답이 아니라 가설을 검증하기 위한 실험 도구로 작동한다.

따라서 AI 체험관은 단순한 교육 시설이 아니라, AI와 사회의 관계를 반복적으로 시험하고 수정하는 **'사회적 실험실(social experimental platform)'**다.

'입구'는 이 AI 체험관이 어떤 문제의식에서 출발했으며, 왜 지금 이 시점에 반드시 필요한 인프라인지를 과학적·구조적으로 설명한다.

기존의 전시·교육 공간은 대부분 설명과 해설을 통해 지식을 전달한다.

그러나 학습과학(Learning Sciences)과 인지과학 연구에 따르면, 인간의 깊은 이해와 창의적 사고는 정보의 양이 아니라 스스로 질문을 생성하는 과정(Question Generation)에서 촉발된다.

'질문의 문'은 이 이론적 전제 위에 설계된 인지적 인터페이스이다.

입구에 제시되는 질문들은 전문가나 시스템이 사전에 정의한 것이 아니다. 모두 이전 방문자들이 남긴 질문이며, 이는 지식이 일방적으로 축적되는 것이 아니라 사회적으로 순환되고 진화하는 과정임을 시각화한다.

방문자는 질문을 읽는 동시에, 자신 또한 질문을 남기는 주체가 된다.
이 순간, 관람객은 정보 소비자에서 지식 생성의 일부로 위치가 전환된다.
'질문의 문' 이후 등장하는 안내 AI는 전통적인 내비게이션 시스템과 근본적으로 다르다.

AI는 콘텐츠를 추천하거나 최적 경로를 제시하지 않는다.
대신 방문자의 언어, 망설임, 비언어적 반응을 종합적으로 해석하여, 방문자가 무엇을 명확히 알고 있는지가 아니라 무엇을 아직 정의하지 못했는지를 탐색한다.

이 설계는 인간-AI 상호작용(Human-AI Interaction)을 명령-응답 구조가 아닌, 공동 탐색(co-exploration) 구조로 재구성한다.

AI는 판단을 대신하지 않으며, 방향을 강제하지도 않는다
방문자의 모호함과 불확실성은 오류가 아니라,
탐구의 출발점으로 존중된다

결과적으로 '질문의 문'은 단순한 입구가 아니라, AI 체험관 전체 경험의 인지적 기준점을 설정하는 장치이다. 이곳에서 활성화된 문제 정의 능력은 이후 모든 체험 존에서 반복적으로 호출되며, 방문자가 기술을 대하는 태도를 "이것은 무엇인가"에서 "이것으로 무엇을 할 것인가"로 전환시킨다.

- 시민이 상상한 AI 체험관 시나리오 -

"당신은 왜 여기에 왔는가?"

체험관 입구에는 거대한 스크린이 있다. 그곳에는 끊임없이 질문이 흐른다.

"당신은 오늘 무엇을 배웠나요?"
"당신의 마지막 호기심은 언제였나요?"
"당신이 진짜 원하는 것은 무엇인가요?"

이 질문들은 AI가 만든 것이 아니다. 어제 이곳을 방문한 사람들이 남긴 질문이다. 당신도 하나를 남길 수 있다. 당신의 질문은 내일 누군가의 영감이 될 것이다.

문을 열고 들어서면, 안내 AI 'MUSE'가 당신을 맞이한다. 하지만 MUSE는 일반적인 안내로봇과 다르다. 당신에게 설명하지 않는다. 대신 묻는다.

"당신은 오늘 무엇을 발견하고 싶나요?"

당신의 대답은 정해진 메뉴가 아니다. 어떤 대답이든 좋다. 모호해도, 추상적이어도, 심지어 침묵해도 괜찮다. MUSE는 당신의 표정, 목소리 톤, 머뭇거림까지 읽는다. 그리고 당신만의 여정을 설계한다.

이곳에서는 당신이 커리큘럼이다.

2) 체험 공간 - 5개의 세계

AI 체험관의 핵심 공간은 단일한 체험 동선이나 통합된 메시지를 전달하는 구조가 아니다.

이 공간은 서로 다른 목적과 인지 상태를 가진 방문자가 각기 다른 방식으로 실험에 참여할 수 있도록 설계된 다중 실험 환경(multi-experimental environment)이다. 기존의 교육·전시 공간이 '하나의 정답'이나 '표준적 이해 경로'를 전제하였다면, AI 체험관의 체험 공간은 문제 정의 방식, 학습 속도, 참여 동기의 다양성을 전제로 설계된다. 이는 학습과학에서 제시하는 구성주의(constructivism)와 구성주의적 제작 학습(constructionism) 이론에 기반한 접근이다. 즉, 지식은 전달되는 것이 아니라 행동과 상호작용 속에서 구성된다는 전제를 따른다.

체험 공간은 총 다섯 개의 존(Zone)으로 구성되며, 각 존은 서로 다른 실험 목적을 가진다. 이들은 개별 프로그램이 아니라, 하나의 연속된 학습·설계 과정의 서로 다른 단계에 해당한다. 방문자는 이 과정을 순차적으로 경험할 수도 있고, 특정 단계만을 선택적으로 경험할 수도 있다.

중요한 점은 모든 존이 AI를 완성된 기술이 아닌 '가설을 검증하는 도구'로 취급한다는 공통 원칙을 공유한다는 것이다.

각 존은 다음과 같은 실험적 기능을 담당한다.

첫째, 개인의 요구와 문제 인식을 외부화하고 구조화하는 단계.
둘째, 규칙 없는 탐색과 놀이를 통해 예상치 못한 패턴과 가능성을 발견하는 단계.
셋째, 아이디어를 물리적·디지털 프로토타입으로 구현하는 단계.
넷째, 구현된 결과를 사회적·윤리적 관점에서 재검토하는 단계.
다섯째, 개인의 실험을 공동체와 연결하여 실제 사회 문제 해결로 확장하는 단계이다.

이러한 다단계 구조는 기술 교육에서 흔히 나타나는 '이해 → 적용'의 단선적 모델을 벗어나, 탐색 → 생성 → 실패 → 성찰 → 재설계라는 순환적 학습 모델을 실험한다. 이는 실제 혁신 과정과 유사한 구조이며, 동시에 시민이 기술 발전 과정에 참여할 수 있는 현실적인 진입로를 제공한다.

결과적으로 이 체험 공간은 '체험의 집합'이 아니라, AI 시대에 필요한 사고 능력과 판단 능력을 반복적으로 훈련하는 실험 인프라이다. 지역 스타트업들이 기술을 지원하고 기술을 지원하면서 동시에 테스트베드(Testbed)로서 활용된다.

이 공간에서 중요한 것은 결과물의 완성도가 아니라, 방문자가 기술을 질문하고, 수정하고, 다시 설계할 수 있다는 감각을 획득하는 과정 그 자체이다

- 시민이 상상한 AI 체험관 시나리오 -

Zone 1: 생성의 방 – "나는 ___한 세상을 원한다"

산업시대의 교육은 말하였다"배우려면 먼저 기초부터. 수학을 모르면 물리학을 할 수 없고, 코딩을 모르면 AI를 만들 수 없다."

이곳은 다르다
"원하는 것을 말하라. 그러면 시스템이 탄생한다."

"무엇을 원하나요?"
안내 AI 'MUSE'가 묻는다.
한 어린이가 말한다.
"엄마가 퇴근하고 집에 오면 너무 피곤해 해요. 엄마를 웃게 만드는 로봇을 만들고 싶어요."

순간, 테이블이 반응한다. 빛의 선들이 그려지고, 3D 형태가 떠오르며, 알고리즘이 가시화된다.
[감정 인식] → [피로도 분석] → [맞춤 콘텐츠 생성] → [상호작용 패턴 학습]

"이 AI로봇은 엄마의 목소리 톤으로 피로도를 측정해요. 그리고 엄마가 좋아하는 이야기를 기억해서 들려줘요."
어린이는 손가락으로 알고리즘의 한 부분을 터치한다.
"여기, 이게 뭐예요?"
"피로도를 목소리로만 판단하는 부분이에요. 바꾸고 싶나요?"
"네! 엄마는 피곤해도 목소리는 밝거든요. 대신 걷는 속도로 알아내면 어떨까요?"
터치 한 번에 알고리즘이 재구성된다.

여기서 지역 스타트업 '감성 AI 랩'은 실시간으로 어린이의 아이디어를 코드로 변환한다.

어린이는 코딩을 몰라도 된다. 원하는 것만 표현할 뿐이다.

옆에서는 한 노인이 다른 실험을 한다.

"나는 젊었을 때 피아노를 배우고 싶었어요. 하지만 손가락이 빠르지 않아서 포기했죠. 누구나 피아노를 칠 수 있는 방법은 없을까요?"

테이블이 다시 빛난다.

이번엔 '제스처 인식 플랫폼' 스타트업이 개입한다. 공중에서 손을 움직이면 피아노 소리가 난다. 속도가 아니라 감정의 흐름으로 연주하는 악기. 노인은 생애 처음으로 자신이 음악가가 될 수 있다는 것을 발견한다.

Zone 2: 놀이의 광장 – '규칙 없는 놀이가 세상을 바꾼다'

산업시대의 교육은 말하였다

"놀이는 쉬는 시간에만. 배움은 진지해야 한다."

이곳은 다르다.

"가장 깊은 배움은 놀이 속에 있다."

광장은 거대하다. 바닥, 벽, 천장 모두가 센서와 프로젝터로 뒤덮여 있다. 하지만 들어서는 순간 느끼는 것은 기술이 아니라 자유다.

한 무리의 청소년들이 뛰어다닌다. 그들이 움직이는 곳마다 바닥에 빛의 패턴이 그려진다. 처음엔 무작위로 뛰어다니던 그들이 곧 패턴을 발견한다.

"야, 같이 원 그리면서 뛰면 소용돌이 모양이 생겨!"

"한 명이 중심에 서 있으면 어떻게 돼?"

실험이 시작된다. 예상하지 못한 결과가 나타난다. 중심에 선 사람의 심박수에 따라 주변 패턴이 변한다. 누군가의 심장 박동이 공간 전체를 지배하는 순간 변한다.

"이거 완전 신기해! 이걸로 게임 만들 수 있겠다!"

옆에서 지켜보던 '공간 인식 AR' 스타트업 개발자가 다가온다.
"좋은 아이디어네요.
우리 플랫폼에 여러분의 규칙을 추가할 수 있어요. 한번 만들어볼래요?"

30분 뒤, 그들은 '심장박동 술래잡기'라는 새로운 게임을 만든다. 심박수가 빠른 사람이 술래가 되고, 느린 사람이 도망친다. 진정하면 이기는 술래잡기. 누가 이런 걸 상상이나 했겠는가?

산업시대의 체육은 "빠르고 강한 사람이 이긴다"고 가르쳤다.이 놀이는 "차분한 사람도 이길 수 있다"를 증명한다.

광장 한쪽에서는 어린이들이 블록을 쌓는다. 평범한 블록이 아니다. 블록을 쌓으면 AI가 그 구조를 인식하고, 건축학적 안정성을 분석하며, 실제 건물이 되었을 때의 모습을 홀로그램으로 보여준다.

"우와, 내가 지은 집이다!"

어린이는 교과서로 건축을 배우지 않았다. 그냥 놀았을 뿐이다. 하지만 그 놀이 속에서 중력, 균형, 구조, 공간감을 체득한다. 이것이 진짜 배움이다.

Zone 3: 상상의 작업장 – '생각은 이미 절반의 현실이다'

산업시대의 교육은 말하였다
"이론을 먼저 배우고, 나중에 실습한다. 전문가가 되려면 10년이 걸린다."

이곳은 다르다

"지금 당장 만들어보자. 실패해도 괜찮다."

작업장에는 3D 프린터, 레이저 커터, 전자부품, 천, 나무, 점토... 온갖 재료가 있다. 하지만 가장 중요한 도구는 '협력'이다.

한 중년 여성이 스케치북을 들고 있다. 거기엔 손으로 그린 디자인이 있다.

"저는 시각장애인 친구가 있어요. 이 친구가 산책할 때 주변 풍경을 '느낄 수 있는' 지팡이를 만들고 싶어요. 가능할까요?"

MUSE가 지역 스타트업 3곳을 연결한다.

- '촉각 피드백 디바이스' 스타트업
- 'AI 이미지 인식' 스타트업
- '3D 프린팅 디자인' 스타트업

30분 동안 브레인스토밍. 2시간 동안 프로토타입 제작. 오후가 되자 첫 번째 버전이 완성된다.

지팡이 손잡이에는 작은 진동 모터들이 있다. AI 카메라가 주변을 스캔하고, 나무가 있으면 나뭇잎 질감의 진동, 꽃이 있으면 부드러운 파동을 손바닥에 전달한다.

여성은 눈물을 흘린다. "제 친구에게 빨리 보여주고 싶어요."
"다음 주에 다시 오세요. 실제 사용자 테스트를 하고 개선할게요."
스타트업 대표가 말한다.

이 중년여성은 엔지니어가 아니다. 그저 친구를 사랑하는 사람일 뿐이다. 하지만 그 사랑이 기술과 만났을 때, 새로운 제품이 탄생한다.

산업시대는 "전문가만이 만들 수 있다"고 했지만, 이곳은 "절실한 사람이 최고의 디자이너"임을 증명한다.

Zone 4: 성찰의 정원 – '만든 것을 돌아보다'

산업시대의 교육은 말하였다.
"효율적이면 된다. 빠르면 된다. 작동하면 된다."

이곳은 다르다
'그것은 누구를 위한 것인가? 누군가를 배제하지는 않는가'

정원은 조용하다. 식물들이 자라고, 물이 흐르며, 벤치들이 곳곳에 놓여 있다. 하지만 이곳 역시 기술과 연결되어 있다.

당신이 만든 프로토타입을 정원에 가져오면, AI가 시뮬레이션을 돌린다.
"만약 당신의 아이디어가 실제로 사용된다면?"
화면에 시나리오들이 펼쳐진다.

- 100명이 사용할 때
- 10만 명이 사용할 때
- 전 세계가 사용할 때

예상하지 못한 문제들이 드러난다.

한 대학생이 만든 '공부 집중 도우미 앱'이 있다. 집중력이 떨어지면 친구에게 알림을 보내 격려를 받는 시스템.

AI 시뮬레이터가 경고한다.
"이 시스템은 친구가 많은 사람에게 유리합니다. 외로운 사람은 더 외로워질 수 있어요. 또한, 친구들에게 부담을 줄 수 있습니다."
대학생은 멈춰 선다. "생각해보니 그렇네요. 어떻게 바꿀 수 있을까요?"

'AI 윤리 분석' 스타트업 연구원이 함께 고민한다. 결국 시스템을 수정한다. 친구가 아닌, 같은 목표를 가진 익명의 '학습 동료'와 연결하는 방식으로.

산업시대는 만들고 나서 문제를 발견하였다.
이곳은 만들면서 동시에 성찰한다.

정원 중앙에는 '미래의 벽'이 있다. 거기엔 방문자들이 남긴 질문이 새겨진다.
"AI가 모든 일을 대신하면, 인간은 무엇을 해야 할까요?"
"효율적인 세상과 따뜻한 세상 중 하나만 선택해야 한다면?"
"내 아이가 살아갈 세상은 지금보다 나아질까요?"
답은 없다. 하지만 질문은 계속된다. 그리고 그 질문들이 다음 존의 실험을 만든다.

Zone 5: 연결의 허브 - "혼자서는 상상, 함께하면 현실"

산업시대의 교육은 말하였다.
"경쟁하라. 1등만 기억된다."

이곳은 다르다
"연결하라. 모두가 필요하다."

허브는 카페처럼 편안하고, 도서관처럼 조용하며, 광장처럼 활기차다. 여기서는 세 가지 일이 동시에 일어난다.

하나. 지역 문제 해결 보드

벽면에는 지역 주민들이 올린 문제들이 붙어 있다.

"우리 동네 독거노인이 많은데, 말벗이 필요해요."

"공원에 쓰레기가 너무 많아요. 어떻게 줄일 수 있을까요?"
"골목길이 어두워서 무서워요."

지역 스타트업들이 이 문제들을 하나씩 가져간다. 그리고 체험관에서 만난 시민들과 함께 솔루션을 개발한다.

2주 뒤, 독거노인을 위한 'AI 말벗 라디오'가 완성된다. 라디오 형태의 단순한 기기. 어르신이 말을 걸면 AI가 대화를 나누고, 필요하면 자녀나 복지사에게 연락한다. 기술은 복잡하지만, 사용은 간단하다.

둘. 협업 테이블

한 테이블에서는 고등학생, 스타트업 개발자, 은퇴한 교사가 함께 앉아 있다.

"저는 수학이 너무 어려워요." 고등학생.
"저는 수학 교육 AI를 만들고 있어요." 개발자.
"저는 30년간 수학을 가르쳤어요." 교사.

세 사람의 협업이 시작된다. 개발자는 기술을 제공하고, 교사는 교육학적 통찰을 주며, 학생은 실제 사용자로서 피드백을 준다.

한 달 뒤, '이해 속도를 측정하는 수학 AI'가 탄생한다. 학생이 문제를 푸는 속도가 아니라, 이해하는 과정을 관찰하며 설명 방식을 조정하는 시스템.

셋. 성과 공유 무대

매주 금요일 저녁, '데모 데이'가 열린다. 이번 주에 만들어진 프로토타입들이 공개된다.

무대에 한 어린이가 올라간다. 손에는 자신이 만든 '엄마 웃음 로봇' 프로토타입이 들려 있다.

"제 로봇은 완벽하지 않아요. 가끔 엄마가 슬플 때도 웃긴 이야기를 해요. 하지만 엄마가 '네가 만들었다는 게 더 웃긴다'고 하셨어요."

관객들이 박수친다. 실패가 아니라 과정을 축하하는 박수.

산업시대는 완성품만 가치 있다고 하였다.
이곳은 시도 자체를 축하한다.

3) 출구 - '시작의 문'을 나서며

AI 체험관의 출구는 경험의 종료 지점이 아니라, 학습과 인식의 전이가 시작되는 지점으로 설계된다.

학습과학 연구에 따르면, 체험형 학습의 핵심 성과는 공간 내부에서의 몰입이 아니라, 그 경험이 일상적 판단과 행동에 얼마나 지속적으로 영향을 미치는가에 의해 결정된다. 출구는 이러한 전이(transfer)를 촉진하기 위한 구조적 장치이다. 체험관 내부에서 방문자는 문제를 정의하고, 기술을 설계하며, 그 결과를 성찰하는 과정을 반복적으로 경험한다.

출구에서는 이 복합적 경험을 단일한 성찰 질문으로 압축한다. 이 질문은 성취를 평가하거나 결과를 요약하지 않는다. 대신 방문자가 체험관에서 획득한 인지적 변화, 즉, 사고 방식의 변화를 스스로 인식하도록 유도한다. 출구 공간에 제시되는 문장은 선언이나 결론이 아니라, 자기 인식의 기록 장치로 기능한다. 방문자는 '무엇을 보았는가'가 아니라, '무엇을 새롭게 인식하게 되었는가'를 언어화한다. 이는 학습 효과를 강화하는 메타인지적 과정으로, 체험의 기억을 일회적 경험이 아닌 지속가능한 판단 기준으로 전환시킨다.

중요한 점은 이 출구가 어떤 행동을 지시하지 않는다는 것이다. 방문자에게 다음 단계의 프로그램이나 정해진 참여 경로는 제시되지 않는다. 이는 AI 체험관이 시민을 또 다른 시스템 안으로 편입시키기보다, 각자의 삶의 맥락에서 기술과의 관계를 재구성하도록 여지를 남기는 설계 철학에 기반한다. 출구를 통과하며 방문자가 가져가는 것은 정보나 결과물이 아니다. 그 대신 다음과 같은 인지적 자산이 축적된다.

첫째, 기술을 주어진 조건이 아니라 질문 가능한 대상으로 인식하는 관점.
둘째, 완성된 답보다 가설과 실험을 중시하는 사고 방식.
셋째, 기술적 판단이 전문가의 전유물이 아니라는 경험적 확신이다.

결과적으로 출구는 AI 체험관의 종착점이 아니라,
AI와 함께 살아가는 시민으로서의 새로운 출발점이다

이 문을 나서는 순간, 체험관은 물리적 공간으로서의 기능을 끝내지만, 방문자의 일상 속에서 사고의 프레임으로서 계속 작동하도록 설계된다.

- 시민이 상상한 AI 체험관 시나리오 -

당신은 무엇을 가져가는가?
체험관을 나설 때, 당신은 물건을 가져가지 않는다. 대신 경험을 가져간다.

출구에는 입구와 같은 스크린이 있다. 하지만 질문이 아니라 선언문이 흐른다.

"나는 오늘 ___를 발견했습니다."

어린이는 쓴다. "나는 오늘 내가 발명가가 될 수 있다는 걸 발견했습니다."청소년은 쓴다. "나는 오늘 놀이가 배움이라는 걸 발견했습니다."
어른은 쓴다. "나는 오늘 아직 늦지 않았다는 걸 발견했습니다."

그리고 안내AI MUSE가 마지막으로 묻는다.

"다음엔 무엇을 만들고 싶나요?"

4) AI 체험관이 꿈꾸는 세상

200년 전, 공장이 만들어졌다. 효율을 위해 인간은 부품이 되었다. 같은 시간에 출근하고, 같은 속도로 일하며, 같은 결과를 내야 하였다. 학교는 그런 인간을 양성하기 위해 설계되었다. 그 시스템은 물질적 풍요를 가져왔다. 하지만 동시에 우리에게서 무언가를 빼앗았다.

자신만의 속도로 배울 권리
실패하면서 성장할 기회
표준화되지 않은 호기심
측정할 수 없는 가치를 추구할 자유

21세기, 우리는 더 정교한 시스템 안에 있다. 알고리즘은 우리보다 우리를 더 잘 안다고 주장한다. 하지만 정말 그럴까?

알고리즘은 과거 데이터로 미래를 예측한다. 하지만 인간의 진짜 욕구는 데이터가 아니라 꿈에서 나온다. 아직 존재하지 않는 것을 원하는 능력 그것이 인간이다.

AI 체험관에서 관객이 얻는 것

AI 체험관 관객은 다음을 얻게 된다.

하나, 내적 욕구의 해방

"너는 이걸 잘하니까 이쪽으로 가라."
"너는 적성이 이러니까 이 직업을 선택해라."

산업시대는 당신을 분류하였다. 하지만 인간은 분류될 수 없다.

이 공간은 묻는다. “당신이 진짜 원하는 건 뭔가요? 부모님이 원하는 게 아니라, 사회가 원하는 게 아니라, 당신 자신이 원하는 것은 무엇인가요.”

그리고 그 요구가 무엇이든, 실험해볼 수 있게 한다.

둘, 집단 지성의 힘

산업 시대는 개인의 능력을 측정하였다.

IQ, 성적, 자격증.

하지만 진짜 혁신은 연결에서 나온다.

어린이의 순수한 질문 + 엔지니어의 기술 + 할머니의 삶의 지혜

= 누구도 혼자서는 만들 수 없는 것

셋, 지역의 재발견

글로벌 플랫폼은 지역을 동질화한다. 서울이든, 아시아든, 유럽이든 같은 앱을 쓰고 같은 것을 주문한다.

하지만 진짜 혁신은 구체적 장소에서 나온다. 이 동네의 이 문제, 이 사람들의 이 필요. 그것을 가장 잘 아는 사람은 지역 주민이고, 그것을 해결할 수 있는 사람은 지역 기업이다. 이 체험관은 지역이 기술 혁신의 중심이 될 수 있음을 증명한다.

넷, 기술의 민주화

‘전문가만이 만들 수 있다’는 신화를 깬다.

필요가 있는 사람이 가장 좋은 디자이너다. 문제를 겪는 사람이 가장 창의적인 해결사다. 기술은 소수의 전유물이 아니라 모두의 도구여야 한다.

AI 체험관에서 지역기업이 얻는 것

이 체험관에서 지역 기업도 세 가지를 얻는다.

하나, 살아 있는 실험실

수천 명의 사용자가 매일 새로운 아이디어를 테스트한다. 시장조사보다 정확하고, 설문조사보다 진실하다.

둘, 공감 기반 혁신

'시장이 원하는 것'이 아니라 '사람이 진짜 필요로 하는 것'을 발견한다. 그것이 지속가능한 비즈니스의 시작이다.

셋, 신뢰의 네트워크

지역 주민과 함께 만든 기업은 지역의 지지를 받는다. 투자자도, 정부도, 시민도 응원한다.

변화의 파장

한 어린이가 이곳에서 로봇을 만들었다. 그것은 완벽하지 않았지만, 그 경험은 어린이를 바꿨다.

"나도 만들 수 있다"는 믿음.

그 어린이가 자라 어른이 되었을 때, 세상은 어떻게 달라질까?

산업 시대 교육을 받은 세대는 묻는다. "이게 시험에 나와?"

이 공간에서 자란 세대는 묻는다. "이걸로 뭘 만들 수 있어?"

그러나, 하나의 질문이 바뀌면, 전체가 바뀔 수 있다.

그렇게 세상이 바뀐다. 학교 교육 변화의 파동이 여기서 시작된다.

AI 체험관의 광고판은 다음과 같다.

당신을 기다립니다
이곳은 박물관이 아닙니다
이곳은 학교가 아닙니다
이곳은 회사가 아닙니다
새로운 세계를 향한 첫 번째 발걸음.
당신의 상상력이 필요합니다
당신의 호기심이 필요합니다
당신의 용기가 필요합니다
문은 열려 있습니다
"미래는 예측하는 것이 아니라,
함께 만드는 것입니다."
AI 체험관에서 당신을 기다립니다

2. AI로 새롭게 바꾸는 교육

AI 체험관을 통해 AI를 접하고 체험해봤다면, 이제 본격적으로 교육의 변화, 그리고 AI에 대한 교육이다.

지금 한국을 비롯한 많은 국가는 산업시대의 틀에 맞는 교육체계를 갖추고 있다. 10년이 넘는 초-중-고등학교 보편 의무교육 과정에서 어린이와 청소년들은 산업시대까지의 수학·과학적 발견과 민주국가 구성원으로서의 도덕철학·사회과학을 중심으로 한 교과과정(커리큘럼)에서 지식을 습득하게 된다.

그러나 최근 수많은 지식이 단숨에 쏟아지는 AI시대에는 더 이상 산업시대의 교육과정이 필요하지 않다는 지적이 제기되고 있다. 지식습득이 아닌, 사람의 인성과 윤리도덕정신을 키우고 협력을 강화하며 논리교육에 바탕을 둔 새로운 교육 과정이 필요하다는 주장이 제기되고 있다. 그렇다면 AI시대, 어떤 방향으로 교육이 이뤄져야 할까?

또한, 동시에 시민이 AI를 활용하기 위한 교육 자체의 필요성도 높아지고 있다. AI 리터러시(literacy, 문해도) 교육이라고 한다. 시민들과 어린이, 청소년들이 AI를 손쉽게 활용하고 스스로 학습하는 체계를 어떻게 구축하면 좋을까.

이 책에서는 두 가지를 제안한다. 하나는 AI 시대에 맞는 새로운 초·중등 교육 커리큘럼, 둘째는 AI 평생학습플랫폼, 세 번째는 AI도서관이다.

AI시대에 걸맞는 새로운 AI교육도시 설계도로 함께 떠나보자.

1) AI시대 초,중등교육의 변화

인성 · 공동체 교육 강화

AI는 무엇을 할 수 있게 될 것인가.

이미 AI는 사람의 활동을 보조하는 기본적인 도구로 자리 잡았다. 글을 쓰고, 그림을 그리고, 음악을 만들며, 복잡한 정보를 정리하고 판단을 돕는 역할까지 수행하고 있다. 앞으로 AI의 역할은 특정 산업이나 전문가의 영역에 국한되지 않고, 일상의 거의 모든 영역으로 확장될 것이다. 기술을 깊이 이해하지 못하더라도, 전문 지식이 부족하더라도, 상상력과 질문만 있다면 누구나 창작과 문제 해결에 참여할 수 있는 시대가 도래하고 있다.

이러한 변화 속에서 우리는 다시 질문해야 한다.

이 시대를 살아갈 아이들과 청소년들은, 의무교육 과정에서 무엇을 배워야 하는가.

더 많은 지식을 외우는 것이 교육의 목표일 수는 없다. AI가 방대한 정보를 즉시 제공하는 환경에서, 인간에게 요구되는 역량은 근본적으로 달라지고 있다. 이 변화의 출발점에는 인성과 공감 교육이 놓여야 한다.

무엇보다 먼저, 사람이 가장 중요하다는 사실을 배우는 것이 필요하다. 인간은 혼자 존재할 수 없으며, 언제나 공동체 속에서 살아간다. 동시에 인간의 삶은 지구환경과 분리될 수 없고, 지속가능한 환경 없이는 어떤 기술 발전도 의미를 가질 수 없다. 이러한 인식 위에서, 협력과 공존의 가치를 배우는 것이 AI 시대 교육의 핵심이 된다. SF 영화에서 자주 그려지는

'AI가 인간을 지배하는 세계'를 막기 위해 필요한 것은 더 정교한 기술이 아니라, 사람과 사회의 중요성에 대한 이해다.

이를 위해 교육은 더 이상 지식 전달에만 머물러서는 안 된다. 학교는 시험을 위한 학습 공간이 아니라, 함께 살아가는 법을 연습하는 공동체 훈련의 장이 되어야 한다. 공감하는 능력, 서로 돕고 협력하는 경험, 자신의 생각을 말하고 타인의 의견을 경청하는 소통과 토론의 훈련이 필수적이다. 진심으로 다른 사람의 처지에서 생각하는 공감능력, 장애인과 비장애인이 함께 어울려 살아가는 연습, 성격과 가정환경, 재능과 능력의 차이를 이해하고 존중하는 경험 모두 교육의 핵심 과정이 되어야 한다.

AI 시대의 교육은 '무엇을 아느냐'를 묻기보다, '어떤 사람으로 성장하고 있는가'를 묻는 교육이어야 한다.

기술은 빠르게 발전하지만, 공동체를 지탱하는 힘은 여전히 사람에게서 비롯된다. 그리고 그 힘은 교육을 통해 길러진다.

이러한 문제의식은 추상적인 선언에 그쳐서는 안 된다. AI 시대에 요구되는 인간의 역량은 교육과정을 통해 구체적으로 길러져야 하며, 이는 초등학교, 중학교, 고등학교라는 각 발달 단계에 맞게 체계적으로 설계되어야 한다. 인성교육과 협력, 논리적 사고와 윤리적 판단은 어느 한 시기에 단번에 완성되는 것이 아니라, 성장 과정 전반에 걸쳐 점진적으로 축적되는 역량이기 때문이다.

초등학교 단계에서는 '경쟁'보다 함께 살아가는 감각을 기르는 교육이 우선되어야 한다. 타인의 감정을 이해하고, 처지를 공감하며, 서로 다름을 자연스럽게 받아들이며, 공동의 문제를 함께 해결해 보는 경험을 통해 공동체의 기본 원리를 몸으로 익히는 과정이 필요하다. 이 시기의 교육은 지식의 정확성보다 관계 맺음과 협력의 경험을 중심에 두어야 한다.

중학교 단계에서는 차이와 갈등을 피하지 않고 다루는 교육이 중요해진다. 자신의 생각을 논리적으로 표현하고, 타인의 의견을 경청하며, 다양한 이해관계 속에서 합의를 만들어가는 소통과 토론 중심의 교육과정이 요구된다. 동시에 사회적 약자와 환경, 기술의 영향에 대한 감수성을 키우며, 공동체 구성원으로서의 책임을 인식하는 단계로 나아가야 한다.

고등학교 단계에서는 AI와 사회, 인간의 관계를 보다 깊이 성찰하는 교육이 필요하다. 기술의 효율성과 인간의 존엄, 편리함과 차별, 성장과 지속가능성 사이의 긴장을 이해하고, 이에 대해 스스로 판단할 수 있는 윤리적 사고와 비판적 사고 능력을 기르는 것이 핵심이다. 이 단계에서의 교육은 단순한 진로 준비를 넘어, AI 시대의 시민으로서 어떤 기준에서 어떤 선택을 할 것인가를 고민하게 만드는 과정이 되어야 한다.

이처럼 초·중·고 교육과정은 단절된 단계가 아니라, '인간다움'과 '공동체 정신'을 중심으로 유기적으로 연결된 하나의 성장 서사로 재구성되어야 한다. 다음 장에서는 이러한 관점을 바탕으로, AI 시대에 걸맞은 새로운 초·중등 교육 커리큘럼을 구체적으로 제안한다.

- 시민이 상상한 인성 · 공감 교육 -

AI 시대에 필요한 인성·공감교육의 원칙

1. AI시대 인간다움(인성·공감·협력·윤리)이 핵심 역량이다.
2. 사람이 가장 중요하다.
3. 사람은 혼자 살 수 없고, 공동체 속에서 성장하고 살아간다.
4. 인간은 지구환경과 분리될 수 없다. 지구환경을 지키는 것이 무엇보다 중요하다.
5. 지식 전달이 아니라 '함께 살아가는 훈련'이 교육의 본질이다.
6. 인성교육은 착하게 만드는 교육이 아니라, 함께 살아갈 수 있는 사람으로 성장시키는 훈련이다.

초등학교 교육 프로그램 : "함께 사는 연습"

* 핵심 목표
  - 타인의 감정 이해
  - 협력과 배려 경험
  - 차이를 '이상함'이 아닌 '다름'으로 인식

* 핵심 역량
  - 공감
  - 협동
  - 기본적 소통 능력

* 프로그램 구성

영역	내용
감정 이해	감정 카드, 역할 놀이
공동체	모둠 협력 미션
다양성	장애·성격·가정 배경 이해
환경	'지구 친구 되기' 프로젝트

초등학교 수업시나리오 : “우리 반은 하나의 팀”

*상황 설정

“오늘 우리 반은 ‘지구 마을’이 됩니다. 혼자서는 살 수 없고, 모두가 서로 도와야 합니다.”

* 전개 : 아이들에게 서로 다른 역할 배정
  - 물을 나르는 사람
  - 음식을 만드는 사람
  - 아픈 사람
  - 말을 잘 못하는 사람

* 제한 조건 부여
  - 말 없이 협력해야 하는 조
  - 한 손만 쓸 수 있는 조

* 활동
  - 미션: 모두가 살아남는 마을 만들기
  - 실패해도 다시 도전 가능

* 마무리 질문
  - “누가 가장 중요했나요?”
  - “불편한 친구가 있었나요?”
  - “그 친구가 없었다면 어땠을까요?”

* 핵심 메시지
  - “모두 다르고, 그래서 모두 필요하다.”

중학교 프로그램 : "차이를 이해하는 힘"

* 핵심 목표

- 갈등을 회피하지 않고 다루는 법 학습
- 소통·토론 능력 강화
- 사회적 약자에 대한 감수성 형성

* 핵심 역량

- 토론
- 공감적 사고
- 갈등 조정 능력

* 프로그램 구성

영역	내용
소통	경청 훈련
갈등	역할 기반 갈등 토론
다양성	차별 사례 분석
환경	생활 속 환경 보호

중학교 수업 시나리오 : "다른 의견, 같은 교실"

*상황 설정

"우리 학교에 새로운 공동체 규칙을 만들려고 합니다."

* 주제(예)

- 학생회의 역할과 책임
- 장애 학생을 위한 배려
- 왕따와 은따를 막기 위한 규칙
- 온라인 매체의 위험성과 대책

* 역할 배정
  - 학생 대표단
  - 장애 학생
  - 학부모
  - 교사
  - 교장
  - 교육정책담당자(교육청 등)

* 규칙
  - 자기 역할의 입장에서만 발언
  - 반대 의견 요약 후에만 반박 가능
  - 토론 후 활동
  - 합의안 작성
  - 소수 의견 기록

* 마무리 질문
  - "내가 맡은 역할이 아니었다면 생각이 달라졌을까?"
  - "누군가는 항상 불편함을 감수해야 할까?"

* 핵심 메시지
"공동체의 결론은 배려에 기반한 소통과 합의다."

고등학교 프로그램 : "AI 시대, 사람과 사회의 역할과 중요성"

*핵심 목표
  - 기술과 인간의 관계 성찰
  - 윤리적 판단 능력 강화
  - 시민으로서의 책임 인식

*핵심 역량
- 비판적 사고
- 윤리적 판단
- 사회적 책임

* 프로그램 구성

영역	내용
인간성	AI와 사람 비교
윤리	기술 딜레마 토론
공동체	사회적 약자 정책 설계
환경	지속가능성 미래 시나리오

고등학교 수업 시나리오 : "AI가 결정을 대신한다면?"

*상황 설정
"AI가 다음 결정을 내릴 수 있습니다. 허용해도 될까요? 허용한다면, 어떤 기준을 제시해야 할까요?"

*사례
- AI가 성적·출결로 대학 진학 결정
- AI가 범죄 가능성 예측
- AI가 복지 대상자 선정
- AI가 지자체 예산 분석 및 사용 결정
- 시민보호윤리를 위반한 기업에 대한 처벌

*조별 역할
- AI 개발자
- 시민
- 정부
- 시민 단체

*토론 질문
- 효율 vs 존엄
- 편리함 vs 차별
- 재정 vs 사람
- 기술의 책임은 누구에게 있는가

*최종 과제
〈AI 시대 인간과 사회의 역할 선언문〉 작성

윤리와 도덕, 법 교육 강화

두 번째는 윤리와 도덕, 법 교육이다. 사소한 규칙을 지키는 것부터 도덕과 윤리, 법에 대해 배우는 것을 강화하는 것이 중요하다.

AI 시대의 교육에서 인성교육이 인간의 바탕을 다지는 일이라면, 윤리·도덕·법 교육은 그 바탕 위에 사회를 지탱하는 기준을 세우는 일이다. 기술이 고도화될수록 사회는 더욱 복잡해지고, 개인의 선택 하나가 공동체 전체에 미치는 영향 역시 커진다. 이러한 시대일수록, 무엇이 옳고 그른지, 어디까지가 허용되고 어디서부터 책임이 발생하는지를 판단할 수 있는 기준이 중요해진다.

윤리와 도덕, 법에 대한 교육은 거창한 이론에서 출발할 필요가 없다. 사소한 규칙을 지키는 경험, 약속을 어겼을 때 발생하는 결과를 이해하는 과정, 타인의 권리와 자신의 자유가 충돌할 때 어떤 선택을 해야 하는지를 고민하는 훈련에서부터 시작된다. 이는 단순한 훈육이 아니라, 사회 구성원으로 살아가기 위한 기본 훈련이다.

AI 시대에는 이러한 교육의 중요성이 더욱 커진다. 알고리즘이 판단을 대신하고, 자동화된 시스템이 결정을 내리는 환경에서는 '누가 책임을 지는가', '어떤 기준으로 판단하는가'라는 질문이 끊임없이 제기된다. 결국 그 기준을 세우는 것은 기술이 아니라 인간이며, 그 인간의 판단은 윤리·도덕·법에 대한 이해 수준에 의해 좌우된다.

따라서 윤리·도덕·법 교육은 처벌을 피하기 위한 지식 전달이 아니라, 자유와 책임이 동시에 존재한다는 사실을 체화하는 과정이어야 한다. 규칙을 지키는 이유가 두려움이 아니라, 공동체를 유지하기 위한 최소한의 약속임을 이해하도록 돕는 것이 교육의 목표가 되어야 한다.

윤리·도덕·법 교육 커리큘럼의 핵심 목표는 '왜 지켜야 하는가'를 이해하는 시민을 기르는 것이다. 단순히 규칙을 암기하거나 법 조항을 소개하는 교육 방식도 필요하지만, 집단적 토론 과정에서 판단의 기준을 세우고 끊임없이 생각하는 힘을 기르는 교육이 이뤄져야 한다. 규칙을 어기면 처벌받기 때문에 따르는 것이 아니라, 공동체 안에서 각자의 인간으로서의 권리와 자유가 충돌할 때 이를 조정하기 위한 최소한의 약속이라는 점을 이해하도록 설계되어야 한다.

이를 위해 윤리·도덕·법 교육은 생활 속 경험에서 출발해 사회적 판단으로 확장되는 구조를 갖는다. 초등 단계에서는 일상에서 마주하는 약속과 규칙을 중심으로, 자신의 행동이 타인에게 미치는 영향을 체감하도록 한다. 중등 단계에서는 도덕적 딜레마와 사회 규범을 다루며, 합법성과 정당성, 개인의 이익과 공동체의 가치가 충돌하는 상황을 분석하게 한다. 고등 단계에서는 기술과 사회, 법 제도 간의 관계를 이해하고, AI·디지털 환경에서 발생하는 새로운 윤리·법적 쟁점에 대해서도 시민으로서의 책임을 사고하도록 확장한다.

이 커리큘럼은 정답을 제시하지 않는다. 대신, 판단의 기준을 세우고 그 기준을 점검하는 능력을 기르는 데 초점을 둔다. 학생들은 각 상황에서 무엇이 옳은지에 대한 단일한 답을 찾기보다, 자신의 판단이 어떤 가치와 원칙에 근거하고 있는지를 설명하도록 요구받는다. 이를 통해 윤리·도덕·법 교육은 규범을 주입하는 교육이 아니라, 자유를 책임질 수 있는 판단 능력과 행동력을 기르는 시민 교육으로 기능하게 된다.

- 시민이 상상한 윤리·도덕·법 교육 프로그램 -

초등학교 프로그램 : "약속과 규칙은 왜 필요할까"

*교육 목표
- 규칙의 의미 이해
- 타인의 권리 인식
- 책임의 개념 형성

*핵심 개념
- 약속
- 공정함
- 책임

*프로그램 구성 (예시)

영역	내용
생활 규칙	교실 규칙 만들기
도덕	공정한 선택 놀이
법 기초	"하면 안 되는 이유" 이해
공동체	규칙이 없는 세상 상상

초등학교 수업 시나리오 : "규칙이 없는 하루"

*상황 설정

"오늘은 우리 반에 규칙이 하나도 없습니다."

*활동

- 손 들지 않고 말하기
- 줄 서지 않기
- 차례 무시하기 (교사 통제 하에 짧게 체험)

*토론

- "기분이 어땠나요?"
- "누가 가장 힘들었나요?"
- "규칙은 누구를 위해 있을까요?"

*확장 활동

- 우리 반 규칙 5가지 직접 만들기
- '왜 필요한지' 이유 적기

*핵심 메시지

- "규칙은 우리를 묶는 것이 아니라, 함께 살게 해준다."

중학교 프로그램 : “옳음과 합법은 다를 수 있다”

*교육 목표
- 윤리·도덕·법의 차이 이해
- 갈등 상황에서 판단 능력 강화
- 책임의 범위 인식

*핵심 개념
- 정의
- 권리와 의무
- 사회 규범

*프로그램 구성

영역	내용
윤리	딜레마 토론
도덕	공정성 판단
법	기본 법 개념 이해
사회	규칙 위반 사례 분석

중학교 수업 시나리오 : “법적으로는 문제없지만…”

*사례 제시
- 친구의 비밀을 허락 없이 공개
- 불법은 아니지만 혐오 발언
- 규칙을 피해 이익만 얻는 행동

*조별 토론 질문
- 합법인가?
- 도덕적인가?
- 공동체에 미치는 영향은?

*역할 토론
- 피해자
- 가해자
- 제3자
- 사회 전체

*정리
- 윤리 ≠ 법
- 책임은 처벌 이전에 존재함
- 핵심 메시지는 "하지 말아야 하는 이유는, 처벌 때문만은 아니다."

고등학교 프로그램 : "AI 시대의 책임은 누구에게 있는가"

*교육 목표
- 기술과 법의 관계 이해
- 윤리적 판단의 주체 인식
- 시민으로서의 책임 확장
- 헌법과 민주주의

*핵심 개념
- 책임 주체
- 인권
- 법과 기술
- 민주주의
- 헌법

*프로그램 구성

영역	내용
AI 윤리	알고리즘 책임
법	디지털 권리
사회	기술 규제 토론
시민성	윤리 선언문 작성

고등학교 수업 시나리오 : "AI가 판단하였다면, 누가 책임질까"

*사례
- AI가 채용 탈락 결정
- AI가 범죄 위험 예측
- AI가 복지 대상 제외

*역할 배정
- 개발자
- 정부
- 시민
- 피해자
- 기업

*토론 질문
- 법적 책임자는 누구인가?
- 윤리적 책임은 어디까지인가?
- 사람은 어디까지 개입해야 하는가?

*최종 과제
"AI 시대 윤리·법 원칙 5가지" 선언문 작성

논리적 사고 교육 강화

세 번째는 논리적 사고이다. 논리적 사고 능력을 습득하여 삶을 살아가는데 있어 논리에 기초하여 생각하고 판단할 수 있는 힘을 길러내야 한다.

AI 시대의 교육에서 인성과 윤리·도덕·법이 인간의 방향과 기준을 세우는 역할을 한다면, 논리적 사고는 그 기준에 따라 현실을 판단하고 선택할 수 있는 힘을 기르는 교육이다. 아무리 선한 의도를 가지고 있더라도, 논리 없이 이루어진 판단은 오해와 갈등을 낳을 수 있으며, 잘못된 결론으로 이어질 수 있다. AI가 수많은 정보와 답변을 제공하는 시대일수록, 인간에게 필요한 것은 정답을 외우는 능력이 아니라 정보를 해석하고 판단하는 사고의 구조다.

논리적 사고란 단순히 말싸움을 잘하는 기술이나 수학적 계산 능력을 의미하지 않는다. 그것은 주장과 근거를 구분하고, 원인과 결과를 연결하며, 감정과 사실을 분리해 생각하는 능력이다. 또한 자신의 생각이 왜 옳다고 판단되는지 설명할 수 있고, 다른 사람의 주장 속에서 타당한 부분과 오류를 구분할 수 있는 힘이기도 하다.

AI 시대에는 잘 정리된 말, 그럴듯한 설명, 통계와 그래프까지 갖춘 정보가 넘쳐난다. 그러나 그 정보가 항상 옳은 것은 아니다. 편향된 데이터, 왜곡된 주장, 의도적인 조작 역시 함께 확산된다. 이때 논리적 사고 능력이 부족하다면, 인간은 AI가 만들어낸 답변을 비판 없이 받아들이거나, 감정에 휘둘려 잘못된 선택을 할 위험에 놓이게 된다.

따라서 논리적 사고 교육은 특정 교과의 보조 영역이 아니라, 모든 학습과 삶의 판단을 지탱하는 핵심 역량으로 자리 잡아야 한다. 수학, 과학 기반의 문제 풀이 중심 교육도 필요하지만, 집단 안에서 질문하고, 생각하고, 토론하고, 스스로 사고의 과정을 점검하는 훈련을 통해 길러질 수 있다.

초등 단계에서는 자신의 생각을 말로 설명하고, '왜 그렇게 생각했는가'를 자연스럽게 덧붙이는 습관을 기르는 데 초점을 둔다. 사실과 감정의 차이를 구분하고, 간단한 원인과 결과를 연결하는 활동을 통해 사고의 기초 구조를 형성한다. 중등 단계에서는 주장과 근거, 결론의 관계를 이해하고, 일상에서 접하는 주장과 정보 속 논리적 오류를 찾아내는 훈련을 강화한다. 토론과 글쓰기 활동을 통해 자신의 생각을 구조화하고, 타인의 주장을 비판적으로 검토하는 능력을 기른다. 고등 단계에서는 복합적인 사회 문제를 다각적으로 분석하며, 여러 선택지 중 하나를 선택하고 그 판단을 논리적으로 정당화하는 사고 훈련으로 확장된다.

이 커리큘럼에서 중요한 것은 결론의 옳고 그름이 아니라, 판단에 이르는 과정의 타당성이다. 학생들은 집단토론 과정에서 자신의 사고가 어떤 전제에 기반하고 있는지, 논리적 비약이나 편향은 없는지 스스로 점검하도록 요구받는다. 이를 통해 논리적 사고 교육은 토론 기술이나 시험 대비용 역량을 넘어, 삶의 선택과 사회적 판단에 책임질 수 있는 사고 능력을 기르는 교육으로 자리 잡게 된다.

- 시민이 상상한 논리적 사고 교육 프로그램 -

초등학교 프로그램 : "왜 그렇게 생각했을까?"

*교육 목표
- 이유를 말하는 습관 형성
- 감정과 사실 구분
- 기초적인 원인-결과 이해

*핵심 역량
- 설명하기
- 질문하기
- 근거 제시

*프로그램 구성

영역	내용
생각 말하기	이유 붙여 말하기
원인·결과	상황 연결 놀이
비교	다른 선택의 결과
토론 기초	의견 나누기

초등학교 수업 시나리오 : "왜냐하면 말하기"

*활동
- 질문: "학교에 왜 와야 할까?"
- 규칙: 모든 대답은 "왜냐하면"으로 시작

*예시
- "학교에 와야 해요." → X
- "학교에 와야 해요.
  왜냐하면 친구들과 함께 토론할 수 있기 때문이에요." → ○

*확장 활동
- 같은 질문에 다른 이유 찾기
- 이유가 서로 다를 수 있음을 인정

*마무리
10가지 주장을 쓰고, 그 이유도 쓰기

중학교 프로그램 : "주장에는 근거가 필요하다"

*교육 목표

- 주장-근거-결론 구조 이해
- 논리적 오류 인식
- 토론과 비판적 사고 강화

*핵심 역량

- 구조적 사고
- 반박과 검토
- 논리적 토론

*프로그램 구성

영역	내용
논증	주장·근거·결론
오류	감정논리, 일반화
토론	찬반 구조화
분석	글·영상 분석

중학교 수업 시나리오 : "그럴듯한 말, 정말 맞을까"

*사례 제시

"친구가 괴롭힘을 당하고 있어도 도와주면 나도 피해볼 수 있으므로 외면하는 것이 옳다"

"AI가 있으니 공부는 필요 없다."

"공부를 못하면 노력하지 않은 것이므로 차별당하는 것이 옳다"

"내 집 근처에 쓰레기소각장이 있으면 손해이므로 반대하는 것이 옳다"

*조별 과제

- 이 문장의 주장 찾기

- 근거가 있는지 확인
- 빠진 정보는 무엇인지 토론

*토론 규칙
- 반대할 때는 '근거 부족'을 지적
- 감정 표현은 근거가 될 수 없음

고등학교 프로그램 : "판단의 책임은 사고의 깊이에서 나온다"

*교육 목표
- 복합 문제 분석 능력 강화
- 논리와 윤리의 결합
- 사회적 판단 역량 형성

*핵심 역량
- 비판적 사고
- 다각적 분석
- 의사결정 능력

*프로그램 구성

영역	내용
논리	연역·귀납
판단	정책·기술 분석
토론	복합 쟁점 토론
성찰	판단 과정 기록

고등학교 수업 시나리오 : "이 선택이 최선일까"

*사례
- 편리함 vs 사회적 약자에 대한 배려
- 효율성 vs 형평성

- 전쟁 vs 평화
- 자유 vs 책임

*과제
- 선택지 2~3개 제시
- 각 선택의 장단점 분석
- 최종 판단 + 논리적 근거 제시

*평가 기준
- 결론이 아니라 사고 과정
- 논리의 일관성

교육 방식의 변화

일방적인 전달 중심의 교육은 끝났다.

오늘날의 학생들은 수업을 잘하는 유능한 교사의 강의를 인터넷 강의 플랫폼을 통해 언제든지 선택하고, 결제하고, 반복해서 학습할 수 있는 환경에 놓여 있다. 이러한 상황에서 정규교육의 교사가 굳이 수십 명의 학생을 교실에 앉혀 놓고 동일한 내용을 같은 속도로 전달하는 방식은 더 이상 교육의 핵심 역할이 될 수 없다.

더 나아가 AI 기술의 발전은 교육 환경을 근본적으로 변화시키고 있다. 학생들은 AI 도구를 활용해 개념의 원리를 스스로 탐색하고, 이해가 되지 않는 부분에 대해 질문과 답변을 반복하며 학습할 수 있다. 이는 단순한 정보 검색을 넘어, 개인의 이해 수준과 속도에 맞춘 학습을 가능하게 한다. 이러한 환경에서는 과거와 같은 일방적인 강의 중심 수업은 그 효율성과 필요성을 점점 잃어갈 것이다.

특히 학생 수가 빠르게 감소하는 상황에서, 교육의 방향은 양적 관리에서 질적 성장으로 전환되어야 한다. 이제 교사의 역할은 지식을 전달하는 '강의자'가 아니라, 학습을 설계하고 학생의 성장을 돕는 조력자이자 안내자로 변화해야 한다. 이를 위해서는 소규모 그룹 중심 수업과 개별 맞춤형 교육을 강화하는 것이 필수적이다.

▲학생이 직접 자신의 생각을 정리해 발표하는 수업, ▲조별 활동을 통해 이해가 빠른 학생이 그렇지 않은 학생을 도우며 함께 성장하는 수업, 그리고 ▲집단 토론을 통해 정답이 정해지지 않은 문제의 해법을 탐색하는 수업은 이러한 변화의 대표적인 사례다. 이 과정에서 학생들은 단순히 지식을 습득하는 데 그치지 않고, ▲설명하는 능력, ▲질문하는 능력, ▲다른 방식과 다른 관점을 이해하는 능력을 함께 기르게 된다.

이처럼 새로운 교육방식은 일부 학생만을 선별해 키워내는 것이 아니라, 학교가 책임지고 모든 학생의 성장을 돕는 공간으로 기능해야 한다는 관점에서 출발한다. 다음에서는 이러한 교육방식의 변화를 실제 교실에서 어떻게 구현할 수 있는지, 구체적인 수업 시나리오를 통해 살펴보고자 한다.

- 시민이 상상한 새로운 수업 시나리오 -

저출생으로 인해 학급 규모가 급격히 축소되면서, 교사 1인당 수업하는 학생 수는 평균 10명 수준으로 줄어들었다. 이는 교육 위기가 아니라, 교육을 근본적으로 전환할 수 있는 역사적 기회이다. 대규모 강의식 수업이 불가피했던 과거와 달리, 이제 학교는 학생 한 명 한 명의 이해 수준과 사고 과정을 살필 수 있는 환경을 갖추게 되었다.

이 시나리오는 이러한 조건을 전제로, 발표-협력-개별 지원-집단 토론이 하나의 수업 안에서 유기적으로 이루어지는 소규모 그룹 수업 모델을 보여준다.

초등학교: 지구의 자전, 달의 모양, 계절의 이유

*수업 주제
"왜 낮과 밤이 바뀌고, 달의 모양은 달라지며, 계절이 생길까?"

*수업 구성 (학생 10명)
- 3~4명씩 소그룹 구성
- 각 그룹에 간단한 역할 부여 (설명자, 기록자, 질문자)

*수업 흐름
- 10분 정도의 교사의 간단한 설명을 듣는다.
- 탐색 단계 (AI + 자료 활용)를 가진다.
- 학생들은 태블릿이나 교실 스크린을 통해 지구의 자전과 공전, 달의 위치 변화를 시각 자료로 살펴본다.
- 이해가 빠른 학생은 스스로 추가 질문을 던지고, 어려워하는 학생은 AI 도구를 활용해 반복 설명을 듣는다.

*학생 발표

- 각 그룹에서 한두 명씩 나와 "우리가 이해한 지구의 움직임"을 그림이나 말로 설명한다.
- 완벽한 설명이 아니라, 자신의 언어로 설명하는 것이 목표다.

*또래 가르침 시간

- 개념을 잘 이해한 학생이, 아직 헷갈려 하는 친구 옆에 앉아 직접 그림을 그리며 설명한다.
- 교사는 이 과정을 방해하지 않고 관찰한다.

*교사 개별 지원

- 끝까지 이해하지 못한 학생에게 교사가 다가가, 다른 방식의 설명이나 실험 도구를 활용해 돕는다.

*집단 토론

- "만약 지구가 자전하지 않는다면 어떻게 될까?"
- 정답보다 상상을 말하게 하며, 사고를 확장한다.

*이 수업의 핵심

지식을 외우는 시간이 아니라, 함께 이해에 도달하는 경험을 만드는 수업.

중학교: 2차 함수

*수업 주제

- "2차 함수의 그래프는 왜 포물선 모양일까?"

*수업 구성 (학생 10명)

- 수준이 섞인 2~3명 소그룹
- 문제 해결 중심 수업

*수업 흐름

- 문제 제시

"공을 던졌을 때 궤적은 왜 직선이 아니라 곡선일까?"

*소그룹 탐구

- 각 그룹은 간단한 데이터나 그래프를 바탕으로 원인을 추론한다.
- AI 도구를 활용해 그래프를 직접 조작해본다.

*학생 발표

- 각 그룹은 자신들이 생각한 이유를 그래프로 설명한다.
- 틀린 설명도 허용된다.

*또래 설명 시간

- 함수 개념을 잘 이해한 학생이, 그래프를 이해하지 못한 친구에게 직접 설명한다.
- 설명하는 학생 역시 자신의 이해를 더 깊게 다진다.

*교사 개입

- 교사는 공통적으로 막히는 지점을 짚어주며, 개념을 정리한다.
- 정답을 바로 말하기보다, 질문으로 사고를 유도한다.

*집단 토론

"모든 곡선 운동은 2차 함수로 설명할 수 있을까?"

수학이 현실을 설명하는 도구임을 인식하게 한다.

*이 수업의 핵심

문제를 푸는 능력이 아니라, 왜 그런 수식이 나오는지를 설명하는 힘을 기른다.

고등학교: 한국의 시

*수업 주제
"이 시는 무엇을 말하고 있는가?"

*수업 구성 (학생 10명)
- 시를 읽으며 자신의 생각을 정립하는 방식

*수업 흐름
- 시 낭독
학생들이 돌아가며 시를 소리 내어 읽는다.

*개인 해석 정리
- 각자 느낀 감정, 떠오른 장면, 이해되지 않는 구절을 적는다.

*학생 발표
- 두세 명이 자신의 해석을 발표한다.
- 서로 다른 해석이 자연스럽게 등장한다.

*또래 대화
- 시 해석이 풍부한 학생이, 감정 표현이 어려운 학생과 대화를 나눈다.
"왜 그렇게 느꼈는지"를 묻고 듣는다.

*교사 개별 지원
- 말하기를 어려워하는 학생에게 교사가 질문을 던지며 참여를 돕는다.

*집단 토론
- 이 시와 관련된 기존의 문제들을 모두 살펴보고 그 정답을 찾아보는 훈련을 한다.
- 문학에서 논리와 감정이 어떻게 공존하는지를 토론한다.

- 위의 수업 방식의 목적은 우수한 학생 몇 명을 선별하는 것이 아니다.
- 모든 학생이 이해에 도달할 수 있도록 학교가 책임지는 구조를 만드는 것이다.
- 발표, 협력, 개별 지원, 토론이 하나의 수업 안에서 자연스럽게 연결될 때, 학교는 더 이상 강의실이 아니라 성장의 공동체가 된다.

2) 개인 맞춤형 AI 평생학습플랫폼

지금까지는 초·중등 교육에서의 변화를 이야기하였다면, 이제는 전체 시민들을 대상으로 한 학습의 변화를 제안하고자 한다. AI 기술이 교육방식에 활용한다면 이제는 개인 맞춤형 학습과 효율적인 학습이 가능해질 것이다.

그렇다면 개인 맞춤형 AI 평생학습플랫폼이란 무엇인가.

기존의 획일화된 교육 시스템에서 벗어나, 학습자 개개인의 학습 스타일, 능력, 관심사를 정밀하게 분석하고 이에 최적화된 학습 경로를 제공하는 것을 의미한다.

현재 교육과정은 급변하는 기술 환경에 대응하기에 많은 한계점을 보이고 있다. 전통적인 일괄적 교육 모델은 개별 학습자의 고유한 잠재력과 학습 속도를 충분히 고려하지 못하고 있다. AI 기술은 이러한 교육의 패러다임을 근본적으로 변화시킬 수 있는 혁신적인 솔루션을 제공한다.

어린이, 청소년, 시민들의 학습이 바로 AI에 기반한 개인 맞춤형 학습으로 변화하는 것이 바로 교육 혁신의 핵심 패러다임인 것이다.

기존 학습 프로그램의 한계

많은 도시에서 평생학습 프로그램이 활성화되어 있고 시민들이 이를 활용하고 있다. 그럼에도 현재의 학습 프로그램에는 한계가 존재한다.

첫째, 기존 교육 시스템은 여전히 표준화된 교육과정에 의존하고 있어 학생 개개인의 학습 속도와 능력을 고려하지 못하고 있다. 대부분의 강의, 학교에서는 획일화된 수업 방식을 고수하며, 시민들의 개별적인 학습 요구를 충분히 반영하지 못하고 있다.

둘째, 교육 자원의 불균형 문제가 존재한다. 사교육에 대한 의존도가 높아 경제적 배경에 따른 교육 격차가 심화되고 있으며, 이는 학습 기회의 불평등으로 이어지고 있다. 초중고등학교 뿐만 아니라 시민 교육 역시 마찬가지이다. 특히 개인의 잠재력을 발견하고 계발할 수 있는 맞춤형 학습 환경도 부족한 실정이다.

AI 기술의 도입은 이러한 한계를 극복할 수 있는 핵심 솔루션이 될 수 있다. 개인별 학습 데이터를 분석하고, 실시간으로 최적화된 학습 경로를 제시할 수 있는 AI 시스템은 기존 교육의 구조적 한계를 획기적으로 개선할 수 있는 잠재력을 가지고 있다. 또한 학습자료와 강의자, 각종 지식의 연결을 AI가 대신해줌으로써 경제적 불평등에 따른 지식 격차 문제도 해결할 수 있다. 개인화된 학습 지원, 실시간 학습 진단, 맞춤형 콘텐츠 제공 등의 AI 기반 접근은 기존 교육 시스템의 한계를 뛰어넘을 수 있는 혁신적인 대안이 될 수 있다.

AI 교육의 진정한 가치는 **학습의 개인화, 최적화, 그리고 평등한 교육 기**

회 제공에 있다. 도시는 이를 통해 교육의 새로운 지평을 열어가야 한다. 개인의 잠재력을 최대한 끌어올리는 맞춤형 AI 학습 시스템은 더 이상 먼 미래의 이야기가 아니라 바로 지금 실현 가능한 현실이다.

개인 맞춤형 AI학습 플랫폼의 운영 방식
: 내가 원하는 학습과 내가 필요로 하는 학습은?

삶을 살아가다보면 시민들에게 학습의 필요성이 제기된다. 당장 이직을 해야 하는 상황에 놓인다거나, 학부모로서 아이들의 교육에 궁금증이 생긴다거나, 아이들 스스로가 학교 수업이 이해가 안되서 더 배우고 싶다거나, 자아실현을 위한 새로운 학습 필요성이 제기되는 등 다양한 현실에서 학생들과 시민들은 평생교육의 필요성을 느끼게 된다.

이때 시민들은 AI툴을 활용하거나 평생학습 플랫폼에 들어가게 된다. 그러나 AI툴과 평생학습 플랫폼은 친절하지 않다. 내가 바라는 것, 나에게 필요한 것을 파악하기에는 아직 많이 부족하다.

그래서 개인맞춤형 AI 평생학습플랫폼이 필요하다.

개인 맞춤형 AI 학습플랫폼은 정교한 데이터 수집 및 분석에 기반하고 있다. 플랫폼이 학습자와 대화를 나누고 학습자의 데이터를 자연스럽게 파악하면서 구체적인 맞춤형 학습 방향을 제공한다. 기존에 있는 도시와 대학 등의 평생 학습 프로그램을 탐색하고 구체적인 학습 방향, 학습 방법들을 알려준다.

AI 기반 콘텐츠 추천 엔진은 수집된 데이터를 머신러닝 알고리즘으로 분석한다. 개인의 학습 스타일, 강점, 약점을 정밀하게 진단하고, 이에 최적화된 학습 자료와 난이도를 동적으로 조정할 수 있다. 예를 들어, 수학에 어려움을 겪는 학습자에게는 보다 세분화되고 점진적인 학습 경로를 제시한다.

실시간 적응형 추천 시스템은 학습자의 진행 상황을 지속적으로 모니터링하며 학습 경로를 실시간으로 최적화한다. 학습자가 특정 개념을 어려워하면 즉시 보충 자료를 제공하고, 빠르게 이해하는 부분은 심화 학습 콘텐츠로 전환한다.

이러한 개인 맞춤형 AI 학습플랫폼은 단순한 기술적 도구를 넘어 학습자 개개인의 잠재력을 극대화하는 혁신적인 교육 솔루션이다. 이를 통해 교육의 최적화를 구현할 수 있는 것이다.

개인 맞춤형 AI 학습플랫폼의 핵심 요소
: 모니터링과 맞춤형 설계, 그리고 개인정보 보호

개인 맞춤형 AI 학습 플랫폼의 핵심 강점은 바로 실시간 학습 진도 모니터링과 동적 피드백 시스템이다. 이 시스템은 학습자의 매 순간을 정밀하게 분석하고, 즉각적인 대응을 가능하게 한다.

실시간 모니터링 시스템은 학습자의 학습 과정을 미시적으로 추적한다. 단순히 정답률만을 측정하는 것이 아니라, 문제 해결 과정, 학습 시간, 집중도, 오답 패턴 등 다양한 데이터 포인트를 종합적으로 분석한다. 예를 들어, 수학 문제를 풀면서 학습자가 특정 단계에서 오래 머무르거나 반복적인 실수를 보인다면, AI 시스템은 즉시 해당 개념에 대한 추가 설명이나 보충 학습 자료를 제공한다.

또한, 학습의 이수 과정, 성과, 진도 등의 지표를 수집하면서 학습자의 수준을 평가하고 간단한 질문까지 제안하면서 학습자의 이해도를 파악하고 추가 학습 방향까지 구체적으로 제안해준다.

적응형 학습 경로 설계는 이러한 실시간 모니터링 데이터를 기반으로 이루어진다. 학습자의 현재 수준, 학습 속도, 이해도에 따라 학습 경로가 동적으로 조정된다. 예를 들어, 영어 학습에서 문법은 빠르게 이해하지만 회화에 어려움을 겪는 학습자의 경우, AI 시스템은 회화 중심의 심화 콘텐츠와 맞춤형 연습 문제를 제공한다.

피드백 시스템은 단순한 정오 판단을 넘어 심층적인 학습 코칭 기능을 수행한다. 학습자의 오답에 대해 단순히 '틀렸다'고 알리는 것이 아니라, 오답의 근본적인 원인을 분석하고 개선 방향을 제시한다. 이를 통해 학습자는 자신의 학습 과정을 더욱 효과적으로 이해하고 개선할 수 있는 것이다.

이러한 실시간 모니터링과 적응형 설계는 교육의 패러다임을 근본적으로 변화시킨다. 더 이상 학습은 획일화된 과정이 아니라, 개인의 고유한 학습 여정이 된다.

참고)

AI 학습 플랫폼 구현을 위한 기술적 방안 : 알고리즘 및 자료 생성

AI 기반 개인 맞춤형 학습 플랫폼의 성공적인 구현을 위해서는 첨단 데이터 처리 및 인공지능 기술의 통합적 접근이 필수적이다. 빅데이터 처리 기술은 이러한 플랫폼의 핵심 기반 기술로, 대규모 학습자 데이터를 실시간으로 수집하고 분석할 수 있는 능력을 제공한다.

머신러닝 알고리즘은 학습자 데이터의 복잡한 패턴을 인식하고 예측 모델을 생성하는 핵심 메커니즘이다. 특히 딥러닝 기반 알고리즘은 학습자의 학습 행동, 성과, 진도를 다차원적으로 분석하여 고도로 개인화된 학습 경로를 설계할 수 있다. 예를 들어, 클러스터링 알고리즘을 통해 유사한 학습 특성을 가진 학습자 그룹을 식별하고, 이를 기반으로 맞춤형 학습 전략을 수립할 수 있다.

자연어 처리(NLP) 기술은 개인화된 학습 자료 생성의 핵심 엔진이다. 고급 언어 모델을 활용하여 학습자의 수준과 학습 스타일에 완벽히 부합하는 맞춤형 학습 콘텐츠를 자동으로 생성할 수 있다. 학습자의 질문에 친절하게 답하면서 정교한 학습 방향을 제안할 수 있는 것이다. 예를 들어, 학습자의 이해도에 따라 난이도와 설명 방식을 동적으로 조정하는 지능형 콘텐츠 생성 시스템을 구축할 수 있다.

클라우드 기반 인프라는 이러한 복잡한 AI 학습 시스템의 확장성과 유연성을 보장한다. 탄력적인 컴퓨팅 자원을 통해 대규모 데이터 처리와 실시간 학습 분석을 가능하게 하며, 개인정보 보호를 위한 보안 메커니즘도 동시에 제공한다.

한편, 개인정보 보호는 AI 학습 플랫폼의 신뢰성을 결정하는 중요한 요소이다. 학습자의 학습 정보가 모두 플랫폼에 담기기 때문에 학습자는 데이터 유출에 대해 민감할 수 밖에 없다. 따라서, 플랫폼은 데이터 암호화, 익명화 기술, 엄격한 접근 제어 메커니즘을 통해 학습자의 민감한 정보를 안전하게 보호하면서도 효과적인 개인화된 학습 서비스를 제공해야 한다.

데이터 보안을 위해 다음과 같은 다층적 보호 전략을 수립해야 한다.

참고)

다층적 보호전략을 위한 기술적 방안

- 암호화 및 접근 제어
- 엔드-투-엔드 데이터 암호화
- 다중 인증(Multi-Factor Authentication) 시스템 도입
- 역할 기반 접근 제어(RBAC) 메커니즘 구현
- 개인정보 보호 전략
- 데이터 익명화 및 가명화 기술 적용
- 국내 개인정보보호법 기반의 엄격한 데이터 관리 정책
- 학습자 동의 기반의 데이터 수집 및 활용 프레임워크
- 보안 모니터링
- 실시간 이상 징후 탐지 시스템
- 정기적인 보안 감사 및 취약점 평가
- AI 기반 보안 위협 예측 및 대응 메커니즘

이러한 기술적 접근은 단순한 기술 구현을 넘어 AI 교육생태계의 신뢰성과 지속가능성을 보장하는 핵심 전략이 될 것이다.

- 시민이 상상한 AI 평생학습 플랫폼 -

영미씨는 경기도 광명시에 있는 한 연구기관에서 행정 업무를 맡고 있다. 회의 자료를 정리하고, 사업 보고서를 작성하고, 각종 예산 문서를 다루는 것이 주된 일이다. 문제는 최근 들어 업무 환경이 빠르게 변하고 있다는 점이었다.

"요즘은 왜 이렇게 데이터, AI, 자동화 이야기가 많지…?"

회의 때마다 들리는 'AI 활용', '데이터 기반 행정', '자동화 시스템'이라는 말들이 영미씨를 조금씩 불안하게 만들고 있었다.

어느 날 퇴근길, 휴대폰 알림 하나가 떴다.
"광명시 개인 맞춤형 AI평생학습 플랫폼 시범 서비스 오픈"

호기심 반, 필요성 반으로 영미씨는 앱을 실행하였다.
"영미님, 어떤 도움이 필요하신가요?"
플랫폼은 예상보다 친절하였다.

"지금 어떤 고민이 있으신가요?"
영미씨는 반신반의하며 입력하였다.

"행정 업무에 AI를 어떻게 쓰는지 알고 싶어요. 너무 어렵지 않게요."

AI는 몇 가지 질문을 던졌다.
"하루에 문서 작업은 얼마나 하나요?"
"엑셀이나 통계는 어느 정도 다루시나요?"
"단기 역량 향상인가요, 장기 커리어 준비인가요?"

영미님 맞춤 학습 경로

1주차: 행정 업무에서 쓰이는 AI 개념 이해
2주차: 보고서 자동 요약·초안 작성 실습
3주차: 엑셀 데이터 분석 자동화
4주차: 공공기관 AI 활용 사례 분석

"이 정도면… 해볼 만하겠는데?"
퇴근 후 20분, 아이가 숙제하는 옆에서 영미씨는 짧은 영상과 실습 과제를 따라갔다. 이해가 안 되는 부분에서는 AI가 말을 걸었다.
"이 부분에서 조금 오래 머무르셨어요. 다른 예시로 설명해드릴까요?"

동시에 AI는 다른 도시에서 진행하고 있는 평생학습프로그램을 소개하였다. 연구기관이 많은 도시에서 행정업무를 보는 사람들을 위해 무료로 온라인강의 프로그램을 개설한 것이다. 영미 씨는 이 프로그램을 이수하기로 마음 먹고 신청하였다. AI플랫폼에 "신청해줘"라고 쓰면 자연스럽게 신청이 완료되고, 수업 당일에 알림까지 뜬다.

2달 후, 영미씨는 보고서 자료를 훨씬 빠르게 정리하고 있었다. 강의 프로그램을 이수한 것과 AI의 도움으로 보고서를 자동화하는 방법을 배운 것이다.
"어? 이거 예전엔 한 시간 걸리던 건데… 10분이면 끝나네"

영미씨는 이틀 꼬박 하던 보고서 업무를 2시간만에 마치고, 새로운 업무를 시작하였다. 연구기관의 새로운 기획프로젝트에 함께 하기로 했고, 이를 위해서는 과학적 지식이 필요하였다.

AI플랫폼에 다시 물었다.

"내가 기계공학 프로젝트를 맡았어. 동역학에 대해 쉽게 배우는 방법이 없을까?"

AI플랫폼은 대학에서 저렴한 가격에 개설된 시민 대상의 동역학 프로그램을 소개시켜줬다. 지난 행정 수업에 이 수업까지 들으면 포인트가 쌓인다. 포인트가 쌓이면 대학 강의도 무료로 추가로 들을 수 있다.

3달 후 영미씨는 동역학 수업을 마치고 간단한 테스트를 봤다. AI가 내준 문제이다. AI는 약한 부분을 지적하면서 새로운 강의를 제안하였다. 이 강의는 기존의 포인트로 지급하면 되기 때문에 무료다. 이 강의까지 들으면 영미 씨는 이제 연구기관의 프로젝트 참여가 어렵지 않을 것이다. 직접 실험을 하는 것이 아니기 때문에 과학자들의 단어를 이해하기만 해도 충분하기 때문이다.

영미 씨는 이제 AI플랫폼을 통해 틈틈이 한달에 이틀은 간단한 자격증 공부를 하고 있다. AI플랫폼에서 내용을 알려주고 시험을 치면서 자격증을 준비하는 것이다. 무료로 공부할 수 있어서 좋다.

한편, 영미씨의 고등학생 아들 준수는 요즘 학교 과학 시간이 조금 버거웠다. 유전자, DNA, 염기서열… 교과서 글자는 많고, 수업 속도는 빠르기만 하였다.

"엄마, 이거 도대체 무슨 말이야?"

영미씨는 잠시 고민하다가 말하였다.

"엄마가 쓰는 AI 학습 플랫폼, 너도 한번 써볼래?"

준수의 계정으로 로그인하자 AI는 전혀 다른 방식으로 대화를 시작하였다.

"준수는 그림으로 설명해주는 게 좋을까요, 이야기로 설명해줄까요?"

"음… 영상이랑 이야기요."

그날 준수의 학습 화면에는 만화 같은 설명이 등장하였다.

DNA는 긴 도서관 책장처럼, 유전자는 그중 하나의 책으로 비유되었다.
이해가 되자 AI는 난이도를 조금 올렸다.

"그럼, 부모의 유전자가 어떻게 섞이는지 직접 실험해볼까?"
준수는 가상의 유전자 실험을 하며 문제를 풀었다. 틀릴 때마다 AI는 말하였다.
"이건 계산이 아니라 개념 문제야. 다시 그림으로 볼까?"

1주일 후 준수의 화면에는 다른 메시지가 떴다.
"유전자 단원 이해도 높음. 생명공학 응용 파트로 확장할까요?"
같은 플랫폼, 전혀 다른 학습.
누가 정해준 커리큘럼도 아니고, 누군가에게 뒤처질 필요도 없었다.

영미씨는 생각하였다.
"이게 진짜 평생학습이구나. 누군가를 따라가는 게 아니라, 나한테 맞춰지는 학습."

준수는 친구에게 말하였다.
"과학이 처음으로 이해되는 느낌이야."

이 변화는 거창하지 않았다. 학원을 더 다니지도 않았고, 특별한 시험이 있는 것도 아니었다.
다만, 도시가 제공한 하나의 플랫폼이 시민의 일상에 조용히 스며들었을 뿐이다.

영미씨는 업무에서 자신감을 얻었고, 준수는 학습에 대한 흥미를 되찾았다.

각자의 삶에서, 각자의 속도로.

AI는 앞에 서서 끌고 가는 교사가 아니라, 옆에서 조용히 방향을 제시하는 동반자였다.

그리고 그날 저녁, 영미씨는 이렇게 생각하였다.

"AI 학습플랫폼이 선생님 같고 친구 같네."

맞춤형 AI 학습 플랫폼 구현 전략
: 계획 수립 및 파일럿 프로그램(Pilot Program)

위의 시나리오와 같은 AI 평생학습 플랫폼의 성공적인 구현을 위해서는 체계적이고 단계적인 접근이 필수적이다. 전체 구현 전략을 구상하면 다음과 같다.

- 시민이 상상한 구현 전략 -

- **1단계: 기반 인프라 구축 (1년)**
  - 클라우드 기반 AI 학습 플랫폼 인프라 개발
  - 지역 교육기관과의 협력 네트워크 구축
  - 초기 데이터 수집 및 기본 알고리즘 개발
  - LLM(자연어처리, Large language model) 모델 구축 및 테스트

- **2단계: 파일럿 프로그램 운영 (1년 6개월)**
  - 중·고등학교 10개교 대상 시범 운영
  - 다양한 학습자 그룹에 대한 맞춤형 AI 학습 시스템 테스트
  - 도시의 기존 평생학습사이트와 연계
  - 실시간 데이터 수집 및 알고리즘 성능 평가

- **3단계: 고도화 및 확산 (2년)**
  - 파일럿 프로그램(본격 도입 전에, 소규모로 먼저 시험 운영해보는 실증 프로그램) 및 피드백 기반 시스템 고도화
  - 전국의 교육기관, 평생교육플랫폼으로 단계적 확대
  - 지속적인 알고리즘 개선 및 학습 모델 최적화

파일럿 프로그램의 핵심은 실제 학습자들로부터 수집되는 피드백이다. 다음과 같은 다각도의 피드백 수렴 메커니즘을 구축한다.

- 시민이 상상한 피드백 메커니즘 -

- 정량적 성과 지표: 학습 효율성, 만족도, 학업 성취도 측정
- 정성적 피드백: 학생, 교사, 학부모 대상 심층 인터뷰 및 설문조사
- 실시간 모니터링 데이터: AI 시스템의 추천 및 학습 경로 효과성 분석

시민 참여형 플랫폼 개발을 위해 다음 전략을 수립한다.

- 시민이 상상한 플랫폼 개선 방향 -

- 온라인 커뮤니티 플랫폼을 통한 지속적인 의견 수렴
- 정기적인 시민 간담회
- 플랫폼 개선 제안 공모전 실시

이러한 전략적 접근을 통해 도시는 단순한 기술 도입을 넘어 진정한 시민 중심의 AI 교육 생태계를 구현할 수 있을 것이다.

시민이 주인되는 플랫폼 구축

광명시 AI 학습 플랫폼의 성공적인 구현을 위해서는 지역 교육기관과의 긴밀한 협력과 시민의 적극적인 참여가 필수적이다. 이는 단순한 기술 도입을 넘어 진정한 교육 혁신을 이루기 위한 핵심 전략이다.

지역 교육기관 협력 전략의 첫 번째 핵심은 포괄적인 협력 네트워크 구축이다. 초·중·고등학교, 교육청, 그리고 지역 연구기관들과의 긴밀한 협력 체계를 수립하여 AI 학습플랫폼의 효과성을 높이고자 한다. 이를 통해 실제 교육 현장의 요구와 전문가의 인사이트를 플랫폼 개발에 직접 반영할 수 있다.

협력의 구체적인 메커니즘으로는 다음과 같은 접근이 가능하다.

- 시민이 상상한 플랫폼 개선 방향 -

- 정기적인 교육혁신 라운드테이블 개최
- 공동 연구 프로젝트 진행
- 교사 대상 AI플랫폼 활용 교육 및 워크숍 실시

시민 참여 모델은 AI 학습 플랫폼의 지속가능성을 담보하는 핵심 요소이다. 도시는 다음과 같은 참여 채널을 마련하여 시민의 목소리를 적극적으로 수렴해야 한다.

- 시민이 상상한 플랫폼 개선 방향 -

- 온라인 커뮤니티 플랫폼 운영
- 교육 관련 의견 및 제안 접수
- 사용자 경험 공유 및 피드백 수렴
- 정기적인 시민 간담회 개최
- 분기별 교육 혁신 현황 공유
- 시민들의 직접적인 의견 청취
- 교육 혁신 아이디어 공모전
- 창의적인 시민 제안 발굴
- 우수 제안에 대한 포상 및 실제 적용

이러한 협력과 참여 전략은 도시의 평생학습 생태계의 지속적인 혁신과 발전을 위한 토대가 될 것이다.

4차 산업혁명 시대에 기술의 빠른 진화는 지속적인 학습을 필수불가결한 과제로 만들고 있다. AI 기반 평생학습플랫폼은 이러한 도전에 대응하는 혁신적인 솔루션이다. 이러한 플랫폼은 개인의 학습 요구와 산업 트렌드를 실시간으로 분석하여 맞춤형 학습 경로를 제공할 수 있다.

AI 추천 알고리즘은 개인의 기존 지식, 학습 스타일, 경력 목표를 종합적으로 고려하여 최적화된 교육 콘텐츠를 제안한다. 산업계와 연계된 실무 중심 재교육 프로그램을 통해 전문가들은 끊임없이 변화하는 기술 환경에 신속하게 적응할 수 있다.

이러한 접근은 단순한 기술 습득을 넘어 평생에 걸친 학습 문화를 조성하고, 개인의 지속적인 성장과 혁신을 지원한다.

AI 평생학습플랫폼은 개인의 잠재력을 최대한 끌어올리고, 공정하고 효과적인 학습 기회를 제공하는 미래형 교육 모델로 자리 잡을 것으로 기대된다. 기술과 인간의 지혜가 조화롭게 결합된 미래형 교육 모델은 대한민국 평생학습의 새로운 패러다임을 제시할 수 있다.

3) AI 리더터시 교육을 위하여

AI 리터러시란 기본적으로 AI툴 사용법을 시작으로 AI의 작동 원리, 사회적 영향, 윤리적 함의를 포괄적으로 이해하는 능력을 의미한다.

더 이상, AI를 외면할 수 없는 시대에 봉착한 만큼 다양한 연령층을 위한 맞춤형 AI 리터러시 교육 프로그램 개발이 필수적이며, AI 리터러시 교육을 확대해야 한다.

특히 어린이부터 노년층까지 포용적인 접근이 중요하며, AI의 잠재력과 위험성을 균형 있게 이해할 수 있는 교육 전략이 필요하다. AI 윤리와 사회적 영향에 대한 깊이 있는 이해는 기술 발전과 인간 가치의 조화를 위한 핵심 과제이다.

AI도서관

AI툴(tool, 프로그램) 사용법을 배우는 것은 다양한 AI 프로그램을 직접 경험하고 체험할 수 있는 공간을 제공하면서 시작된다. 기존의 도서관을 AI 도서관으로 전환하여, AI 프로그램의 종류와 사용법을 쉽게 배울 수 있는 공간으로 탈바꿈한다면 지금 이순간에도 생겨나고 있는 AI 프로그램을 쉽게 배울 수 있을 것이다.

- 시민이 상상한 AI도서관 시나리오 -

AI도서관의 설계도

"조용히 읽는 공간에서, 직접 만지고 실험하는 학습 공간으로"

AI도서관은 책을 빌리는 곳이 아니라, 미래를 연습하는 공간이다.

*공간 철학

- AI도서관은 지식을 '보관하는 장소'가 아니라, 지식을 '실행해보는 장소'로 전환된다.
- 책 중심의 정적 공간에서 벗어나, 시민이 AI를 직접 써보고, 실패해 보고, 다시 시도하는 실험형 학습 인프라가 된다.

*AI 체험 존 (AI Experience Zone)

- 최신 AI 툴을 설치 없이 바로 체험
- 텍스트·이미지·영상·음성 AI 툴 실습
- 'AI로 보고서 써보기', '이미지 만들어보기' 등 즉시 결과가 나오는 구성

*AI 학습 존 (AI Learning Zone)

- 소규모 테이블 기반 학습 공간
- 노트북·태블릿·대형 모니터 배치
- 강의 + 실습 병행 가능한 구조
- 개인·그룹 학습 모두 대응

*AI 창작·실험 존 (AI Lab & Studio)
- 영상·이미지·콘텐츠 제작
- 생성형 AI 기반 디자인·영상 편집 실습
- 마이크·카메라·편집 환경 구축

*AI도서관에서 진행될 강의·프로그램 구성
- AI 기초 체험 과정 (입문) (AI가 낯선 시민 누구나)
- AI가 무엇인지 아주 쉽게 이해
- 텍스트 AI로 글 써보기
- 이미지 AI로 포스터 만들어보기

*생활·업무 활용 과정(직장인, 공공기관 종사자, 시민단체 등)
- 보고서·기획안 작성 AI 활용
- 회의 정리, 요약, 메일 자동화
- 엑셀·데이터 정리 AI 활용
- 행정·업무 사례 중심 실습

*창작·콘텐츠 제작 과정(청년, 창작자, 소상공인)
- AI 이미지·영상 제작
- SNS 콘텐츠 자동 생성
- 브랜드·홍보물 제작 실습
- 1인 창작·1인 기업 지원

*AI 시민 교양·윤리 과정(전 시민)
- AI와 개인정보
- AI 편향과 차별
- AI 시대의 시민 권리
- AI를 감시하고 질문하는 법

AX 교육 프로그램

결국 AI의 발전은 AX, 즉 AI Transformation으로 이어진다. 각자 자신의 영역에 AI를 도입하면서 업무의 효율성을 높이는 것이다.

AI 리터러시 확산을 위해서는 일반 대중이 쉽게 이해할 수 있는 포괄적인 교육 접근법이 필수적이다. 기초 AI 이해 과정은 복잡한 기술적 개념을 일상적 언어로 번역하여, 모든 시민이 AI의 작동 원리와 잠재적 영향을 이해할 수 있도록 설계되어야 한다. 이것에 기초하여 AI를 각자의 영역(Domain, 도메인)에 적용하는 것을 배우는 것이 바로 AX 교육 프로그램이다.

AX 교육프로그램의 성공적인 구현을 위해서는 우선 탄탄한 이론적 기반과 실무적 접근이 핵심이다. 먼저, 머신러닝, 딥러닝, 신경망 등 AI의 기초 이론 교육은 학습자들에게 기술의 근본 원리를 이해시키는 중요한 토대가 될 것이다.

동시에 최신 AI 트렌드와 혁신적인 기술 발전에 대한 지속적인 학습도 필수적이다. 생성형 AI, 강화학습, 자연어 처리 등 빠르게 진화하는 기술 영역에 대한 최신 지식을 제공해야 한다.

AX 교육 프로그램에서 무엇보다 중요한 것은 실습이다. 실무 중심의 AI 응용 기술 훈련은 이론을 실제 문제 해결로 연결하는 핵심 요소이다.

온오프라인 강의를 통해 기초 이론과 최신 트렌드를 학습한 후 실제 프로젝트를 통해 프로그램을 개발해본다. 오프라인 워크숍과 스터디를 통해 집단의 힘으로 프로그램을 만들어 볼 수 있다.

실제 데이터를 활용한 프로젝트 기반 학습, 산업별 AI 활용 사례 연구, 실전 코딩 및 알고리즘 개발 등을 통해 학습자들의 실무 역량을 강화할 수 있다. 실제 데이터셋(data set, 예시 데이터)이 제공되고 새롭게 개발된 인공지능 모델링 시뮬레이터, 실시간 코딩 환경, 가상 프로젝트 플랫폼 등은 학습자들에게 실무 경험을 제공할 수 있다. 이러한 도구들은 이론적 지식을 실제 문제 해결 능력으로 전환하는 핵심 메커니즘으로 작용한다.

산업별 AI 활용 사례 학습은 이론을 실제 맥락에 연결하는 중요한 전략이다. 금융, 의료, 제조업 등 다양한 분야에서 AI가 어떻게 혁신을 추진하는지 구체적인 사례를 통해 설명함으로써, AI의 실질적인 가치를 보여줄 수 있다. 특히 산업별 AI 활용 시나리오를 재현하는 고급 시뮬레이션은 학습자들이 복잡한 현실 문제를 안전하고 효과적으로 탐구할 수 있게 한다.

한편, AX 교육프로그램의 중요한 구성요소는 바로 윤리와 AI이다. 윤리적 AI 사용에 대한 깊은 이해를 습득하는 것을 넘어, AI의 사회적 영향과 잠재적 윤리적 딜레마를 완전히 이해하는 것이 필수적이다.

윤리적 AI 사용 교육은 기술의 잠재적 편향, 개인정보 보호, 알고리즘의 공정성 등 중요한 주제를 다룬다. 학습자들은 AI 기술이 사회에 미치는 광범위한 영향을 비판적으로 분석하고, 책임감 있는 AI 개발과 활용 방안을 모색해야 한다. 특히 데이터에 대해서도 법을 정확히 알고 활용할 필요가 있다.

특히 AI 윤리와 데이터 프라이버시 교육은 기술적 이해와 함께 반드시 강화되어야 한다. 알고리즘의 잠재적 편향, 개인정보 보호, 책임있는 AI 개발 등 중요한 윤리적 고려사항을 깊이 있게 다루어, 시민들이 AI 기술을 비판적으로 이해하고 평가할 수 있는 능력을 배양해야 한다.

3. AI 연구도시

21세기 세계 각국은 인공지능(AI)을 국가경쟁력의 핵심 인프라로 인식하고 있다. 산업의 생산성 향상이나 기술혁신을 넘어, AI는 도시의 구조와 사회의 운영원리까지 근본적으로 바꾸는 전환기술로 자리 잡았다. 이러한 흐름 속에서 제안되고 있는 개념이 바로 AI 연구도시다. AI 연구도시는 인공지능 기술을 중심으로 연구개발, 산업혁신, 인재양성, 시민참여, 그리고 도시 운영 전반이 결합된 지식 순환형 혁신도시를 뜻한다. 단순히 산업단지나 과학기술단지를 조성하는 수준이 아니라, **도시 전체를 하나의 실험실로 보고 기술과 사회가 동시에 성장하는 구조**를 지향한다.

AI 연구도시의 기본 정신은 '집적'이 아닌 '연결'에 있다. 과거의 산업도시는 공장과 인력을 한곳에 모아 효율성을 극대화하였다면, AI 연구도시는 데이터와 지식, 그리고 인간을 네트워크로 연결하여 창의성을 극대화한다. 도시 내 연구기관, 대학, 기업, 시민이 실시간으로 데이터를 공유하고 문제를 함께 해결함으로써 도시 전체가 하나의 지능적 유기체로 작동한다.

이러한 AI 연구도시는 여러 측면에서 전략적 필요성이 높다.

첫째, AI 핵심기술과 응용산업의 연결 거점이다. AI 알고리즘, 반도체, 로봇, 자율주행, 의료·바이오, 기후·에너지 등 국가전략기술 간의 융합이 빠르게 이루어지고 있으나, 분야별 연구개발은 여전히 분절되어 있다. 연구도시는 이러한 기술을 융합하고 실증할 수 있는 공동 플랫폼이 된다.

둘째, 인재양성의 현장형 교육생태계다. AI 연구도시는 대학, 연구소, 기업이 함께 교육과정을 설계하고, 학생이 연구와 창업을 동시에 경험할 수 있는 학습-연구-산업 일체형 환경을 제공한다.

셋째, AI 윤리와 공공성의 실험장이다. 기술의 발전이 사회적 신뢰와 책임성 위에서 작동하도록, 시민참여형 데이터 거버넌스와 윤리적 AI 검증체계를 도시에 내재화한다.

AI 연구도시의 구조를 구체적으로 살펴보면 다음과 같다. 우선 연구개발 인프라가 도시의 중심축을 이룬다. 고성능 GPU 및 초고속 네트워크를 기반으로 한 공공 AI 데이터센터, AI 반도체 실증시설, 로봇·자율주행 실험구역, 디지털트윈 기반 도시모델링센터 등이 핵심 시설로 구축된다. 이러한 인프라는 단순한 장비 집합이 아니라, 누구나 접근할 수 있는 공유 자산으로 설계되어야 한다. 중소기업과 스타트업, 대학 연구실, 공공기관이 동일한 환경에서 데이터를 분석하고 AI 모델을 훈련할 수 있도록 지원하는 것이 중요하다.

다음으로 산학연 융합 생태계가 도시의 두 번째 축이다. AI 연구도시는 물리적·제도적으로 기업과 연구기관, 대학이 연결되어 있어야 한다. 대학의 연구성과가 곧바로 기업의 시제품 개발로 이어지고, 산업 현장의 문제가 다시 연구과제로 환류되는 순환형 구조가 만들어져야 한다. 이를 위해 도시 내에는 공동연구센터, 기술사업화 허브, 창업캠퍼스, 테스트베드형 산업단지가 연속적으로 배치된다. 또한 정부와 지자체가 산업은행, 모태펀드 등과 협력해 AI 연구·창업 전용 펀드를 조성함으로써 안정적 투자환경을 보장해야 한다.

세 번째 축은 **사람 중심의 교육·문화 생태계**다. AI 연구도시는 단순히 전문가를 양성하는 공간이 아니라, 시민 모두가 AI를 이해하고 활용할 수 있는 사회적 학습의 장이 되어야 한다. 초·중·고등학교와 대학, 직업훈련 기관이 유기적으로 연결되어 AI 기초교육부터 심화과정, 실무 재교육까지 이어지는 평생학습 체계를 만들어야 한다. 동시에 문화예술, 도시디자인, 시민참여 프로젝트를 통해 기술이 인간의 삶을 풍요롭게 만드는 방향으로 발전해야 한다.

AI 연구도시 조성을 위한 정책 방향은 명확하다. 첫째, **데이터·연산 인프라의 공공화와 국산화**다. 고성능 GPU 클러스터와 AI 반도체 실증환경을 국가 인프라로 구축하여 누구나 접근할 수 있도록 해야 한다. 둘째, **산학연 협력 플랫폼화**다. 정부 주도의 프로젝트가 기본이 되면서 민간이 주도하고 공공이 촉진하는 개방형 협력모델도 필요하다. 셋째, **인재-연구-창업-고용의 선순환 구조**를 만들어야 한다. 교육과 연구, 산업이 단절되지 않도록 클러스터 내 일자리와 연구기회를 통합 설계해야 한다. 마지막으로, **윤리와 지속가능성의 내재화**다. 에너지 효율적 데이터센터 구축, 공정한 데이터 이용, 알고리즘의 투명성, 사회적 책임을 포함한 AI 거버넌스 체계를 도시 설계 단계부터 포함시켜야 한다.

AI 연구도시는 기술개발의 공간이자 사회혁신의 실험실이다. 여기서는 기술이 인간의 삶을 향상시키는 수단으로 작동하며, 연구가 산업으로, 산업이 다시 사회로 순환한다. 동시에 시민은 도시의 사용자이자 공동 연구자로서 AI의 발전 과정에 직접 참여한다. 이는 기술이 인간을 대체하는 것이 아니라, 인간의 창의력과 공동체적 지혜를 확장하는 방향으로 나아가야 한다는 철학을 반영한다.

결국 AI 연구도시는 미래의 도시가 나아가야 할 새로운 패러다임을 제시한다. 그것은 '지식이 머무는 도시'가 아니라 '지식이 살아 움직이는 도시'다. 데이터와 알고리즘, 인재와 기업, 연구와 시민이 함께 만들어가는 AI 연구도시는 기술의 발전과 사회의 공존이 동시에 가능한 새로운 문명의 기반이 될 것이다. 그리고 이는 단지 과학기술정책의 영역을 넘어, 인간과 도시의 미래를 재설계하는 국가적 과제이기도 하다.

시민이 주인되는

AI 미래도시: 100가지 상상력

-시민 363명의 의견을 듣다-

/ 2부 /

AI로 실현하는 국민주권

I. AI미래도시의 4대 원칙 : 공동체, 국민주권, 투명성, 개방성

1. AI(인공지능)이란 무엇인가

인공지능(AI, Artificial Intelligence)은 인간의 지적 활동을 모방하거나 확장하도록 설계된 기술 체계를 말한다. 즉, 인간이 가진 고유의 능력으로 여겨지는 학습, 추론, 인식, 이해, 의사결정 등의 사고 과정을, 컴퓨터가 수행하도록 하는 것이다.

인공지능(AI) 개념의 최초는 1950년대부터 시작되었다. 2015년 출시된 영화 〈이미테이션 게임(The Imitation Game)〉에 등장하는 수학자가 인공지능의 첫 제안자였다. 영화는 영국의 수학자 앨런 튜링이 2차 세계대전 당시 독일의 암호를 해독하는 기계를 만들어 2차 세계대전 승리에 기여하는 과정을 그리고 있다. 영화 속 주인공인 앨런 튜링이 바로 최초로 기계는 생각할 수 있다고 주장하며 인공지능의 개념을 제안한 과학자였다. 어떻게 보면 인공지능은 컴퓨터의 시작과 함께 출범한 셈이다.

앨런 튜링은 당시 인공지능을 판별하는 기준으로 튜링테스트(Turing Test)을 제안하였다. 그 테스트는 70년이 지난 오늘날까지도 인공지능 성능을 결정짓는 기준으로 사용되고 있다.

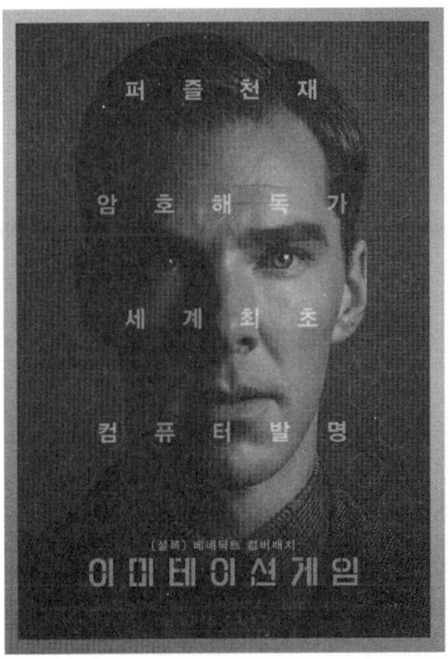

튜링테스트는 총 4단계로 구성되어 있다. ▲1단계-텍스트기반 대화 단계, ▲2단계 - 이미지 및 음성 처리 단계, ▲3단계-사회생활이 가능한 단계의 상호작용, ▲4단계-창발성을 발휘하는 단계 순이다. 오늘날과 비교한다면, 2022년 처음 출시된 ChatGPT가 바로 1단계 텍스트 기반의 대화단계에 해당된다고 볼 수 있다. 표준적인 튜링테스트는 심문자 1인과 답변자 1인, 답변용 컴퓨터가 참여하는 3자 시험 방식이다. 심문자가 던진 질문에 대해 사람과 컴퓨터가 각각 답변을 제시하도록 하고, 심문자가 이 가운데 어느 것이 사람 답변인지 구별하지 못하거나 컴퓨터 답변을 사람 답변으로 착각하면 시험을 통과하는 것이다.

2025년 4월 미국 샌디에이고 캘리포니아대(UCSD) 연구진은 4가지 인공지능 모델을 대상으로 튜링 테스트를 진행한 결과, 오픈에이아이(OPEN AI)의 생성형 거대언어모델(LLM, Large Language Model) 지피티4.5(ChatGPT 4.5)가 사람보다 훨씬 더 높은 비율(73%)로 '사람 같다'는 평가를 받았다고 사전출판논문 공유집 아카이브에 발표하였다. 즉, 컴퓨터의 답변을 사람 답변으로 착각한 비율이 무려 73%에 달하였다는 것이다.

튜링테스트	
1단계	**텍스트 기반의 대화 평가** 하나가 컴퓨터와 하나가 사람일 때, 대화는 텍스트로만 이루어지고 어느 쪽이 컴퓨터인지 판별할 수 없다면 컴퓨터는 시험을 통과
2단계	**이미지 처리 등 기능 평가** 이를테면, 출력된 숫자나 글자를 있는 그대로 입력란에 입력하고 확인을 받는 시험. 결국 이미지 등의 인식 여부를 결정한다.
3단계	**1:1 상호작용 평가** 시각 및 청각 기능을 동시에 평가하는 단계로 화상전화등이 가능해야 함.
4단계	**그룹간 대화 및 창발성 단계** 여럿이 대화하는 것이 가능한 단계로 사회구성원으로서 역할을 수행할 수 있는지를 평가하는 단계.

그렇다면 '인공지능'이라는 단어는 언제 시작되었을까.

인공지능, 즉, Artificial Intelligence, AI 단어가 처음 만들어진 것은 다트머스 회의 때였다. 미국의 한 사립대학인 다트머스컬리지(Dartmouth College) 존 매카시 교수가 주최한 회의가 다트머스 회의였다. 그는 생각하는 능력을 갖춘 기계를 연구하자는 제안을 던졌고, 이 회의에서 존 매카시가 제안한 인공지능이라는 단어를 처음 사용하기 시작하였다.

이후 1950년대부터 본격적으로 '기계가 생각하고 판단할 수 있는가' 라는 질문을 던지면서 다양한 방식으로 인공지능 연구를 발전시켜 왔다. 2022년 발표된 챗지피티(ChatGPT)는 70년 연구의 결실이라고 볼 수 있다.

인공지능은 크게 두 가지 지적 흐름으로 성장해왔다. 하나는 기호주의

(Symbolic AI)와 또 하나는 연결주의(Connectionism)이다.

기호주의는 인간이 사고를 할 때 기호(symbol)와 규칙(rule)에 토대하여 진행된다는 주장에 기초하고 있다. 즉, 인간의 사고를 기호와 규칙의 조합으로 설명할 수 있다는 것이다. 이것은 카네기멜론대학교(CMU)의 두 학자 엘런 뉴웰(Allen Newell)과 허버트 사이먼(Herbert Simon)이 개발한 논리이론가(로직 티오리스트, Logic Theorist, 1956) 프로그램에서 시작되었다. 사람이 세계를 이해하고 문제를 해결하는 과정이 논리적 규칙에 의해 진행된다고 보고, 이러한 규칙을 기계 내부에 명시적으로 입력해 인공지능을 구현하고자 한 것이다.

기호주의 AI는 지식기반(Knowledge Base)과 추론엔진(Inference Engine)으로 구분된다. 방대한 지식에 기반하여, 'A라면 B다', '이 조건이 충족되면 다음 단계로 넘어간다' 등의 논리 규칙을 조합해서 결론을 도출하는 것이다. 초기 AI 연구자들은 이러한 방식을 통해 인간처럼 생각하는 기계, 즉 범용 인공지능이 가능하다고 믿었다. 이 기호주의적 접근은 1950년대 수준 컴퓨터 연산 능력으로 구현할 수 있는 가장 합리적인 방식이었다. 또한, 실제로 수학공식 증명과 같은 구조화된 문제에서 탁월한 성과를 보였다. 그러나 현실 세계의 방대한 지식, 비구조적인 문제 해결에는 적용이 불가능하였다. 논리로 모든 것을 이해하고 해석하지 못하기 때문이다. 따라서 기호주의 AI는 AI 연구의 첫 번째 황금기를 여는 계기가 되었지만, 동시에 '첫 번째 AI 겨울'을 촉발하는 계기가 되기도 하였다.

기호주의 AI가 AI에 끼친 영향은 지대하였다. 기호주의 AI의 대표적 산물이 바로 범용 문제 해결기(General Problem Solver, GPS)였다.

GPS는 다음과 같은 알고리즘으로 문제를 해결하자는 아이디어를 제공하였다.

① 현재 상태(current state)와 목표 상태(goal state)를 비교한다.
② 둘 사이의 차이점(diff)을 분석한다.
③ 차이를 줄이기 위한 연산자(operator)를 선택한다.
④ 이를 반복하여 목표에 도달한다.

이 방식은 오늘날 AI와 알고리즘에서 널리 사용되는 ▲휴리스틱 탐색(heuristic search),▲목표에 기반한 추론(goal-based reasoning)의 원형을 제공한다. 여기서 휴리스틱이란 '가장 그럴듯한 방향으로 탐색을 압축해주는 전략'를 의미한다. 그리고 추론이라는 단어는 영어로 리즈닝(reasoning, 논리적 단계를 거쳐 해석·해석을 도출하는 행위)를 의미한다. 정리하면, 오늘날 AI알고리즘 중 일부를 기호주의AI가 제공하였다는 것이다.

한편, 기호주의가 한계에 봉착하자 사람의 뇌를 근원적으로 탐색하고 모방하려는 연구가 새롭게 시도되었다. 그것이 바로 연결주의였다. 연결주의는 인간의 뇌에 대한 연구 성과로부터 시작되었다.

인간의 뇌는 약 860억개의 뉴런(신경세포, Neuron)과 수백조 개의 시냅스(synapse, 연결)로 이루어져 있다. 과학자들은 이 뇌구조에 착안하여 인간의 지능을 '간단한 처리 단위(노드·뉴런)들이 서로 연결되고 각 뉴런의 활성화 패턴을 만들어내는 과정'이라고 정의하고 있다.

뉴런은 뇌의 기본 정보 처리 단위이다. 한 개의 뉴런은 수상돌기(Dendrite, 입력신호를 받아들이는 가지 구조)-세포체(cell body, 입력신호를 통합하여 발화할지 결정)-축삭(Axon, 전기신호를 다른 뉴런에 전달)로 구성되어 있고, 시냅스를 통해 다른 뉴론에게 정보가 전달된다. 여기서 주목해야 할 부분은 뉴런의 동작 방식이 '모 아니면 도', 즉, '0 아니면 1' 이라는 것이다.

뉴런은 일정 임계값(Threshold)을 넘어야 강하게 '발화(fire)'되어 뇌 세포가 활동을 한다. 그러나 임계값 미만이면 아무 신호도 전달하지 않는다.

여기서 아이디어를 얻어 만들어진 개념이 바로 퍼셉트론이었다. 랭크 로젠블랫(Frank Rosenblatt)이 제안한 퍼셉트론은 Perception(지각)이라는 영어단어에서 파생된 것이다. 즉, 퍼셉트론은 '지각(perception)하는 단위'라는 의미를 가지고 있다. 일종의 뉴런인 셈이다.

이 퍼셉트론이 바로 연결주의의 시초였다. 기호주의의 한계를 극복하려는 시도로 등장한 퍼셉트론(Perceptron)은 AI 발전의 초석을 이루었다.

뇌의 구조에 의거한 퍼셉트론은 기본적으로 입력데이터, 가중치(weight), 임계값(threshold), 출력(0/1)으로 구성되어 있다. 기계는 일정 값 이상이면 1, 일정 값 미만이면 0으로 규정하여 끊임없이 학습한다. 이 과정에서 가중치와 임계값을 찾아 이것을 방정식에 넣으면 기계가 결론을 도출하는 것이다.

개와 고양이 구별 학습 과정으로 단순하게 설명하면 다음과 같다. 개가 1, 고양이가 0이라고 하였을 때 개와 고양이 사진 수십만장을 입력데이터에 넣고 무엇이 1인지 무엇이 0인지를 알려준다, 그러면 기계가 개의 특징과 고양이의 특징에 따라 가중치와 임계점을 찾고 이것으로 방정식을 만든다. 그러면 사용자가 어떤 사진을 넣었을 때 기계가 방정식을 풀면서 그것이 개인지, 고양이인지를 파악할 수 있다는 것이었다.

간단히 식으로 표현하면 다음과 같다.

$$output = \begin{cases} 1 & \text{if } w_i x_i \geq \theta \\ 0 & else \quad \text{(위의 식이 만족하지않으면)} \end{cases}$$

이 방식은 단순히 코가 긴 것은 개, 털이 많은 것은 고양이 등 '단순한 논리적 사고'로 AI를 만들겠다는 기호주의AI의 한계를 극복하는 훌륭한 방법이었다.

생물학적 뉴런	인공신경망 뉴런
수상돌기 → 입력	입력 벡터 (x_i)
시냅스 가중치	가중치 (w_i)
세포체에서 통합	합 ($\sum x_i w_i$)
임계값 초과 → 발화	활성화 함수 (σ)
축삭을 통해 다음 뉴런 전달	다음 layer(층계)로 전달

연결주의는 '규칙과 논리'를 중심으로 사고를 설명한 기호주의와 완전히 다른 길을 걷게 된다. 그리고 연결주의가 오늘날 AI 주요 알고리즘의 기반이 되었다.

그러나 인공지능이 매년 꾸준히 발전한 것은 아니었다. AI 개발의 한계를 부딪히면서 정체된 시기가 있었는데, 'AI의 겨울'이라고 불린다.

첫 번째 겨울은 바로 1970년대 초반에 왔다. 기호주의는 세상의 모든 지식을 규칙으로 적어 넣을 수 없다는 문제에 봉착하였을 때다. 즉, 상식, 자연어(우리가 일상적으로 쓰는 언어), 현실 지식, 그림 등을 처리하지 못한 것이다.

연결주의 역시 한계에 부딪힌 시기가 있었다. 기계가 데이터를 통해 스스로 학습한다는 점에서 혁명적이었지만, 단층(하나의 계산식)으로는 풀 수 없는 문제가 있었다. 대표적으로 컴퓨터 중앙처리장치(CPU) 설계, 메모리, 통신 장비 등에 많이 사용되는 XOR 문제가 있다. XOR 문제란 둘 중 하나만 1이면 결과값이 1이고, 둘다 1이거나 0이면 결과값이 0으로 나오는 것을 뜻한다. 하나의 계산식으로 구성된 퍼셉트론이 이 단순한 문제를 해결하지 못하면서 한동안 연구가 더 진보하지 못하였다. 사실상 1970~1980년 초반까지 연결주의 관련 신경망 논문은 거의 사라졌다.

한편, 기호주의 AI는 꾸준히 발전을 거듭하였고, 1980년대에 들어서서는 방대한 양의 데이터를 빠르게 처리하기 위한 방향에서 발전하였다. 특정 분야의 전문가들의 단순 업무를 도와주는 측면에서 AI가 활용된 셈이다. 대표적으로 DEC(디지털장비사, Digital Equipment Corporation, 1998년 컴팩(compaq)에 인수)의 XCON(eXpert CONfigurer 또는 RI) 등이 있었다. 고객 주문에 따라 복잡한 컴퓨터 시스템의 하드웨어 구성이나 제품 선택을 자동화하는 프로그램이었다.

AI의 핵심은 데이터를 기반으로 한 학습 알고리즘에 있다. 초기 인공지능은 사람이 만든 규칙을 기계에 입력하는 규칙 기반 전문가 시스템 형태로 작동하였다. 그러나 1990년대 이후 기계학습(Machine Learning)

이 발전하면서, AI는 주어진 데이터를 통해 스스로 패턴을 찾아내고 예측하는 능력을 갖추게 되었다. 2010년대 이후 등장한 딥러닝(Deep Learning)은 인간의 뇌 신경망 구조를 모방한 인공신경망(Artificial Neural Network)에 기반하여 이미지 인식, 음성 인식, 자연어 처리 등 다양한 영역에서 혁신적인 성과를 거두었다.

AI는 보통 약인공지능(ANI)과 강인공지능(AGI)으로 구분된다. 약인공지능은 특정 문제 해결에 특화된 형태로, 우리가 일상에서 접하는 챗봇, 추천 시스템, 자율주행 차량의 알고리즘 등이 이에 해당한다. 반면 강인공지능은 인간과 동일한 수준의 사고와 학습 능력을 지닌 범용 지능을 말하며, 아직 실현되지 않은 미래의 목표로 남아 있다. 강인공지능의 가능성은 기술 발전을 넘어 인간의 정체성과 윤리, 의식의 본질에 대한 근본적인 질문을 제기한다.

오늘날 AI는 산업과 사회 전반을 근본적으로 변화시키고 있다. 제조업에서는 예측 유지보수를 통해 생산성을 높이고, 의료 분야에서는 영상 데이터를 분석하여 진단의 정확도를 향상시키며, 교육에서는 개인의 수준과 성향에 맞춘 맞춤형 학습을 가능하게 한다. 농업에서는 작물 생육을 실시간으로 분석하고, 교통 분야에서는 교통 흐름을 예측하여 혼잡을 줄이는 데 활용된다. 이처럼 AI는 효율성과 편의를 향상시키지만 동시에 일자리의 변화, 개인정보 보호, 알고리즘 편향, 감시 사회화와 같은 사회적 문제를 야기하기도 한다.

AI의 본질은 인간 지능의 단순한 모방이 아니라 인간의 능력을 확장하고 사회적 가치를 창출하는 데 있다. 기술이 발전할수록 중요한 것은 AI

가 얼마나 똑똑한가가 아니라, 그것이 인간과 사회를 위해 어떻게 설계되고 활용되는가이다. 인공지능이 인간의 존엄성을 해치지 않으면서 공정하고 투명하게 작동하기 위해서는 기술 개발 과정에서 윤리적 기준과 공공성이 함께 고려되어야 한다.

AI는 결국 인간 사회를 비추는 거울과 같다. 그것은 인간이 만든 도구이자 인간의 가치관을 반영하는 산물이다. 인공지능의 발전이 진정한 의미를 가지려면, 기술이 인간의 행복과 공동체의 지속가능한 발전을 위한 방향으로 나아가야 한다. 인공지능이 인간의 협력자이자 동반자로서 작동할 때, 우리는 기술이 주도하는 사회가 아니라 인간 중심의 미래 사회를 만들 수 있다.

2. AI도시 설계 필수요소 : 공동체정신, 그리고 국민주권 철학

1) AI도시란 무엇인가

AI도시란 **인공지능 기술을 도시 운영과 생활 전반에 통합하여, 도시의 효율성과 지속가능성을 높이고 시민의 삶의 질을 향상시키는 새로운 형태의 도시**를 말한다. 이는 단순히 스마트 기술이 도시에 적용되는 수준을 넘어, 도시의 의사결정과 정책 집행 과정 전반에 데이터와 알고리즘이 작동하는 구조를 의미한다. 다시 말해 AI도시는 인간 중심의 도시 운영에 인공지능이 결합되어, 도시가 스스로 학습하고 적응하며 진화하는 하나의 지능적 생태계로 발전하는 단계라 할 수 있다.

스마트시티가 주로 사물인터넷(IoT), 빅데이터, 센서 네트워크를 활용해 도시의 기능을 자동화하고 관리 효율성을 높이는 데 초점을 맞추었다면, AI도시는 이러한 데이터 기반 위에 학습과 예측 능력을 더한다. 도시가 더 이상 단순한 물리적 공간이 아니라, 데이터와 알고리즘, 인간의 의사결정이 상호작용하는 지능적 공간으로 변모하고 있는 것이다. 예를 들어 교통체계에서는 실시간 교통량과 날씨, 이벤트 데이터를 분석해 신호 체계를 자동 조정하고, 에너지 분야에서는 소비 패턴을 학습하여 전력 사용을 최적화한다. 복지 행정에서는 시민의 생활 데이터를 분석해 복지 사각지대를 조기에 감지하고, 재난 관리에서는 센서와 위성 데이터를 결합하여 위험 상황을 실시간 예측한다. 이처럼 AI도시는 단순한 기술 집약형 도시가 아니라, 데이터로부터 스스로 판단하고 대응하는 '적응형 도시'로 진화한다.

AI도시는 환경과 지속가능성의 측면에서도 중요한 역할을 할 수 있다. 최근 논문 추세를 보면 AI를 활용하여 기후변화 대응, 탄소중립, 자원 순환 관리 등 복잡한 도시 문제를 해결하는 방안이 제안되고 있다. 예를 들어 도시 열섬 현상을 완화하기 위한 최적의 녹지 분포를 계산하거나, 대기오염 예측 데이터를 기반으로 실시간 교통 제어를 수행하는 것 등이 대표적이다. 이러한 시스템은 도시의 탄소 배출을 줄이고 에너지 효율을 높이는 데 기여하며, 궁극적으로 지속가능한 도시 운영을 가능하게 한다.

한편 AI도시는 사회적 불평등 문제를 심화시킬 위험을 내포하고 있다. 데이터가 편향되어 있다면, 인공지능의 판단 역시 불공정하게 작동할 수 있다. 예컨대 복지 지원, 주택 배정, 도시 재생과 같은 공공정책 분야에서 알고리즘의 설계가 특정 계층이나 지역에 불리하게 작용할 수 있는 것이다. 따라서 AI도시는 기술의 혁신뿐 아니라 사회적 신뢰와 윤리적 검증을 기반으로 설계되어야 하며, 공정성·투명성·책임성의 원칙이 도시 시스템 전반에 반영되어야 한다.

2) 과학자들이 지적한 AI의 위험성

2025년 8월 비공개 국제 전문가 회의가 열렸다. 오직 초대된 사람들만 참석할 수 있는 회의였다. 오픈AI(OpenAI), 구글 딥마인드(Google DeepMind), 앤트로픽(Anthropic), AI 안전 연구소, OECD 등에서 18명이 모였다. 이들은 AI가 끼칠 사회적 영향에 대해 깊은 논의를 하였다. 그 끝에 나온 결과물은 'AGI(범용 인공지능, Artificial General Intelligence)의 사회계약 서밋(Summit)'이었고, 4개의 초안이 마련되었다. AI로 인해 세계가 어떻게 변화할 것인지에 대한 대략적인 그림을 그린 것이다.

맨 처음에는 이렇게 적혀있었다.
"AI는 국가 내에서 증가하는 부와 소득 불평등을 악화시켜, 많은 노동자 계층과 중산층 사람들과 가정의 경제적 여건을 더욱 어렵게 만들 가능성이 있다."
"AI is likely to exacerbate increasing wealth and income inequality within countries, worsening economic conditions for many working and middle-class people and families."

이대로 둔다면 AI가 불평등을 심화시킬 것이라는 것이었다.
많은 AI과학자들이 예측해온 것이지만, 이렇게 공개적으로 과학자들이 스스로 밝힌 것은 처음이었다.
두 번째 선언문은 다음과 같았다.

"AI는 AI 인프라에 접근할 수 있는 국가와 그렇지 못한 국가 사이의 불평등을 심화시킬 것이며, 이는 혜택에 대한 접근뿐만 아니라 충격에 대응할 수 있는 능력 측면에서도 마찬가지다."
"AI will increase inequality between countries that have access to AI infrastructure and those that don't- both in terms of access to benefits as well as ability to respond to shocks"

이대로 둔다면, 기술의 발전이 인류를 행복하게 하는 대신, 인류를 불행하게 할 수 있다는 위험 신호를 던진 것이다.

최근 국제회의와 연구 보고서에서 공통적으로 강조하는 점은, 인공지능이 국가 내부와 국가 간 불평등을 동시에 심화시킬 수 있다는 것이다. AI 인프라와 자본, 인재를 확보한 소수 국가와 대기업은 혜택을 독점하는 반면, 그렇지 못한 다수 국가는 기술적 격차뿐 아니라 경제적·사회적 격차에서도 더욱 불리한 위치에 놓이게 된다. 이는 단순히 소득 차원에서의 불평등을 넘어, 충격에 대응할 수 있는 사회적 회복력의 차이까지 확대시킬 수 있다. 즉, AI를 보유한 나라와 그렇지 못한 나라 사이의 격차는 단순한 기술 수준의 문제가 아니라 사회적 안전과 존엄의 문제로 확장된다.

국가 내부에서도 문제는 심각하다. AI는 특정 분야의 일자리를 빠르게 대체할 수 있으며, 이러한 변화는 주로 중산층과 노동계층에 집중적인 타격을 줄 가능성이 크다. 예컨대 사무직, 운송업, 단순 반복 노동과 같은 직군은 AI와 자동화 기술의 발전으로 인해 빠르게 축소될 수 있다. 그러나 새로운 일자리가 창출된다고 하더라도, 해당 일자리를 수행하기 위해 요구되는 역량은 기존의 노동자들이 단기간에 습득하기 어렵다. 이로인해 대규모 실업과 소득 불안정이 발생하고, 이는 곧 사회적 갈등과 분열로 이어질 수 있다.

문제는 현재 대부분의 국가에서 이러한 충격을 흡수할 수 있는 충분한 안전망과 재교육 체계가 마련되어 있지 않다는 점이다. 결과적으로 AI로 인한 노동시장 충격은 단순한 경제적 문제를 넘어 사회적 불안과 정치적 양극화를 촉발할 수 있다.

또 다른 중요한 위험은 권력의 집중이다. 최첨단 AI 시스템을 개발하고 운영할 수 있는 능력은 막대한 자본과 인재, 컴퓨팅 자원을 필요로 한다. 현재와 같은 구조에서는 소수의 글로벌 대기업과 일부 선진국에 AI 기술력이 독점적으로 집중될 수밖에 없다. 이는 시장에서의 독점 문제를 넘어 민주주의와 세계 질서 전반에 영향을 미칠 수 있는 심각한 사안이다. 특정 기업이 사회 전반의 의사결정과 정보 흐름을 좌우하거나, 특정 국가가 글로벌 거버넌스에서 압도적인 우위를 점하게 된다면, 이는 곧 민주적 통제와 투명성이 훼손되는 결과로 이어진다. AI가 권력 집중을 강화하는 도구가 될 경우, 기술은 더 이상 인류 전체의 공공재가 아니라 일부 세력의 이익을 극대화하는 수단으로 전락하게 된다.

현재의 거버넌스 체계는 AI 위험을 관리하기에 현저히 부족하다. 인공지능의 발전 속도는 기존 규제와 제도의 정비 속도를 훨씬 앞지르고 있으며, AI가 초국적 차원에서 영향을 미치는 특성상 개별 국가 단위의 규제로는 대응하기가 어렵다. 데이터와 알고리즘은 국경을 넘나들며, 하나의 AI 시스템은 전 세계 수많은 사용자에게 동시에 영향을 줄 수 있다. 그러나 현행 국제 제도는 그러한 초국적 리스크를 관리할 만한 통합적 장치를 마련하지 못하였다. 이는 곧 책임성과 감독의 공백을 낳고, AI가 초래할 수 있는 사회적 위협을 방치하는 결과를 초래한다.

결국 시민의 참여와 통제가 보장되지 않은 AI도시는 알고리즘과 일부 정치엘리트에 의해 통제된 도시로 변질될 위험이 있다. 큰 고민 없이 도입한 AI가 내 일자리를 뺏고 내 개인정보를 공개하여 나의 삶에 피해를 끼칠 수 있다.

그렇다면 이를 막기 위한 대안은 없을까.

그래서 제안하는 것이 바로 공동체성과 국민주권 철학이다.

3) 공동체성과 국민주권

인간 사회는 본질적으로 공동체를 기반으로 발전해 왔다. 고대의 마을 단위에서부터 근대 국가, 현대의 글로벌 사회에 이르기까지 공동체는 인간의 삶을 지탱하는 토대였다. 도시가 진정한 의미의 인간 중심 도시가 되기 위해 무엇보다 필요한 것은 바로 공동체성였다.

공동체성이란 단순히 사람들이 물리적으로 모여 산다는 의미를 넘어선다. 그것은 **구성원 간의 연대, 상호 책임, 신뢰와 협력의 원리를 포함**한다. 전통 사회에서는 혈연과 지연, 현대 사회에서는 제도와 계약이 이러한 공동체성을 지탱해 왔다.

그러나 기술은 이 전통적 원리에 새로운 변화를 야기하고 있다. 특히 AI가 도입된다면, 알고리즘이 개인의 행동을 예측하고, 플랫폼이 사회적 관계를 매개하며, 데이터가 권력의 원천이 될 것이다. 그러면, 자연스럽게 AI가 주는 위험에 노출되게 된다.

그래서 도시에는 공동체성이 필요하다. 구성원간의 연대와 책임, 신뢰와 협력이 바탕이 되어 협력하는 공동체 구성원들에 의해 AI와 기술이 통제되어야 하는 것이다.

동시에 국민주권 철학이 함께 결합되어야 한다.

민주주의의 근본은 국가 권력이 국민으로부터 나온다는 헌법적 원리, 즉, 국민주권철학에 있다. 국민주권은 시민이 단순한 수용자가 아닌 능동적 참여자로 서도록 만드는 원리이다.

국민은 단순한 기술의 소비자가 아니라, 데이터 제공자이자, 거버넌스의 주체이다. 따라서 궁극적으로 AI 시스템이 작동하는 사회적 환경을 규정하는 주권자로 역할을 할 수 있어야 한다. 만약 AI가 사회 의사결정을 자동화하거나 특정 집단이 데이터와 알고리즘을 독점할 경우, 국민주권은 쉽게 훼손될 수 있다. 따라서 **국민주권형 철학은 AI 시대의 민주적 통제와 참여를 재정립하는 핵심 토대**가 된다.

공동체성과 국민주권의 결합은 AI 활용에서 투명성과 책임성을 확보하는 기반이 된다. 예컨대 공공 데이터 활용 과정에서 시민들이 의사결정 과정에 참여하고, 알고리즘이 어떤 기준으로 판단을 내리는지 설명받을 권리를 갖는 것은 민주적 공동체의 핵심 원리와 직결된다.

더 나아가 AI가 불평등을 심화시키지 않고 사회적 연대를 강화하도록 하기 위해 국민주권형 철학이 필요하다. AI와 기술 운용과 사용에 대한 권한은 오로지 국민으로부터 나온다는 철학에 바탕하여 도시가 운영되어야 하는 것이다. 결국 AI와 공동체성, 그리고 국민주권형 철학은 필수불가결한 관계를 형성한다.

지금 상태라면 AI는 공동체의 연대를 해체할 수도 있다. 그러나 시민이 공동체성과 국민주권철학에 기반하여 올바른 도시 설계를 한다면, 또, 민주적 참여를 확대하는 방향으로 AI도시를 설계한다면, 도시는 오히려 시민 주권이 전면적으로 실현되고 공동체정신이 살아숨쉬는 도시로 변모할 수 있다.

따라서, AI 미래도시는 기술적 편의와 효율만을 강조하는 공간이 아니라, 반드시 공동체성과 주권이 결합된 시민 중심의 공간으로 설계되어야 한다.

3. 국민주권에 기반한 투명성, 개방성

인류는 언제나 더 나은 도시를 꿈꿔왔다. 도시는 단순히 건물과 길의 집합이 아니라, 사람들의 삶과 공동체의 질서를 담는 그릇이다. AI는 교통,

환경, 의료, 교육, 행정 등 도시 전반에 새로운 가능성을 열어준다.

그러나 AI미래도시의 핵심은 단순히 기술적 진보를 구현하는 데 있지 않다. 도시에 AI를 도입하는 이유는 본질적으로 시민의 안전과 권리를 보장하고, 공동체적 가치를 강화하며, 민주적 거버넌스를 실현하는 도시를 만드는 데 있다. 따라서 AI미래도시는 시민주권, 투명성, 개방성이라는 세 가지 원칙 위에서 설계되어야 한다. 이 원칙들은 단순한 구호가 아니라, 실제 도시 운영의 철학적·제도적 기반이 되어야 하며, 장기적 로드맵 속에서 구체적으로 구현되어야 한다.

1) 시민주권

도시 철학의 핵심은 결국 공동체성이다. 공동체성은 '함께 살아간다'는 의미이며, 기술은 이를 강화하여야 한다. AI는 공동체성을 파괴하는 도구가 아니라, 더 튼튼히 묶는 도구가 되어야 한다. 이를 위해서는 국민주권 철학이 필요하다.

국민주권철학은 '모든 권력은 국민으로부터 나온다'는 민주주의의 원칙을 한 단계 발전시킨 것이다. '국민이 곧 권력이며, 정치는 국민이 한다'는 국민 중심, 국민 주권의 철학을 의미한다. 국민이 주인되는 대한민국, 시민이 주인되는 도시를 실질적으로 구현하기 위해서는 무엇보다 국민주권 철학이 필요하다.

도시의 설계와 운영에서 AI가 주도하는 것이 아니라, 시민이 방향을 결정해야 한다. AI는 의사결정을 돕는 도구이지, 시민 위에 군림하는 주체가 될 수 없다. 따라서 AI도시는 시민주권형 도시로 정의되어야 한다.

시민주권형 도시는 데이터와 알고리즘의 힘이 아닌, 시민 참여와 주권의 힘으로 작동한다. 도시를 움직이는 코드는 기술이 아니라 시민이다. 이 원칙이 흔들리면, AI도시는 감시사회나 통제사회로 전락할 위험이 있다. 그러므로 시민주권은 AI도시의 안전장치이자 기본 설계 원리가 되어야 한다.

2) 투명성

투명성은 AI미래도시의 두 번째 조건이다. AI는 블랙박스처럼 이해하기 어려운 경우가 많다. 그러나 도시 운영에서 AI가 쓰인다면, 그 원리와 결과는 시민에게 투명하게 공개되어야 한다. 투명성이 보장되어야 시민이 신뢰할 수 있기 때문이다.

투명하지 않은 AI는 권력 집중을 불러온다. 투명성은 단순한 공개를 넘어 시민이 이해할 수 있는 방식의 설명을 의미한다. 이는 곧 설명가능한 AI와 연결된다. 설명 가능한 AI만이 민주적 도시와 어울린다. 불투명한 알고리즘은 공동체성을 해친다. 따라서 투명성은 AI미래도시의 필수 원칙이다.

3) 개방성

세 번째 조건은 개방성이다. 도시 데이터와 인프라는 특정 집단에 독점되어서는 안 된다. 개인정보가 배제된 개방된 데이터는 시민 참여를 가능하게 한다. 이를테면 도로마다 출퇴근 차량수, 소요시간, 신호등 체계 등의 공공데이터는 시민들이 직접 효과적인 교통통제시스템을 개발하는 가능성을 만들어준다. 이것이 일부에게만 공개된다면 데이터 활용도가 떨어질 뿐만 아니라 데이터가 특정 지역 또는 특정 시민에게 유리하게 운용될 가능성이 생긴다.

또한 개방성은 시민의 창의성을 불러일으킨다. 개방성은 기업, 학계, 시민단체, 개인 모두가 도시 문제 해결에 기여할 수 있게 한다. 전기차의 비율, 온도의 변화, 미세먼지의 농도 등 다양한 공공데이터는 시민들에게 기후문제 해결을 위한 상상력을 제공한다. 따라서 개방성은 민주주의와 혁신의 동력이다.

4) AI미래도시 건설 원칙과 방향

시민과 함께하는 AI도시만이 진짜 미래도시다. 따라서 방향은 분명하다. 철학은 **공동체성**이고, 원칙은 **시민주권**이며, 방법은 **투명성과 개방성**이다.

AI미래도시에서 중요한 것은 철학적 원칙을 잊지 않는 것이다. 공동체와 시민주권, 투명성과 개방성 등 철학 없는 기술은 위험하다. 기술에 철학을 불어넣는 것은 시민의 몫이다.

이제 방향을 제시해야 한다. AI,미래도시는 어떻게 만들어져야 할까?

첫째, 도시 설계 단계에서부터 **최대한 많은 시민의 참여**를 제도화해야 한다. 공청회, 타운홀 미팅, 온라인 플랫폼, 설문조사 등을 통해 의견을 모을 수 있다. AI도시는 전문가의 전유물이 아니라, 시민 모두의 논의 주제다.

둘째, **데이터 거버넌스를 시민이 통제**해야 한다. 데이터는 도시의 혈액과 같다. 시민이 동의하지 않은 데이터 수집은 민주적이지 않다. 데이터 주권은 곧 시민주권이다. 따라서 공공데이터 수집과 관련된 내용을 시민들에게 전체 공개하고 시민들이 직접 판단할 수 있도록 해야 한다.

셋째, **AI 의사결정에 대한 검증 절차**를 마련해야 한다. 정치인 몇 명, 공무원 일부, 전문가 몇 명이 열람하는 것이 아니라, 시민이 직접 AI 의사 결정 과정을 열람하고 확인할 수 있도록 해야 한다. 시민들이 직접 AI 알고리즘의 공정성과 효과를 평가해야 한다.

넷째, **교육과 시민 역량 강화가 필요**하다. 시민이 AI를 이해하지 못한다면, 주권도 행사하기 어렵다. 학교와 평생교육에서 AI 리터러시 교육을 강화해야 한다. 머신러닝, 딥러닝, LLM, 생성형 AI, 인코더와 디코더, 퍼셉트론 등 AI의 기본적인 개념들과 알고리즘을 시민이 이해할 수 있도록 해야 한다. AI시대를 살아가는 시민은 기술적 문해력을 갖춰야 한다.

다섯째, **기술기업과의 균형**이 필요하다. 기업은 AI 기술을 공급하지만, 도시 운영의 주체는 시민이다. 기업의 이해가 아닌 시민의 필요가 우선되어야 한다. 무작정 기업에 의존하지 않고 시민이 판단하고 시민이 결정할 수 있도록 해야 한다. AI미래도시는 민주주의의 새로운 실험장이 될 수 있다. 투명성, 개방성, 시민주권은 그 실험의 조건이다.

미래의 도시는 기술만으로 정의되지 않는다. 미래의 도시는 시민의 손길로 완성된다. AI는 시민의 주권을 보조하는 도구다. 시민 없는 AI도시는 껍데기에 불과하다. 이 모든 것은 "시민이 주인이다"는 전제에서 출발한다.

시민주권 전제에 따라 AI미래도시를 설계해나간다면 시민이 주인되는 새로운 미래도시를 건설할 수 있을 것이다.

II. AI 국민 주권 정치 행정 플랫폼

1. AI와 국민주권 철학

1) AI와 국민주권

'철학의 수준이 사회의 수준이다.'

19세기 프랑스 역사가 알렉시스 드 토크빌(Alexis de Tocqueville)은 '모든 국민은 자신들의 수준에 맞는 정부를 가진다.' (Toute nation a le gouvernement qu'elle mérite.)는 내용을 그의 저서 〈미국의 민주주의〉에 담았고, 이탈리아 사상가 안토니오 그람시(Antonio Gramsci)는 한 사회의 지배계급은 단순히 폭력이나 법으로만 다스리는 것이 아니라, 자신들의 철학, 가치관, 이데올로기를 피지배계급이 '당연한 것'으로 받아들이게 만듦으로써 지배력을 유지한다고 주장한 바 있다. 결국, 우리 사회를 지배하는 철학이 무엇이냐에 따라 우리 사회, 공동체의 모습이 결정된다고 볼 수 있다.

'정치는 정치인이 하는 것', '나와는 상관없는 것'이라는 냉소와 방관의 철학이 만연한 사회는 결코 발전할 수 없다. 한 사람이라도 더 정치에 무관심할 수록, 사회의 발전은 그만큼 더뎌질 수밖에 없다. 한 사람이라도 정치에 더 관심있고 주인답게 참여할수록 사회는 더욱 발전하게 될 것이다.

따라서, 우리가 지향해야 할 철학은 단 하나, '국민이 주인이고 정치의 주인'이라는 **주권재민**의 철학이다. "시민이 주인되는 도시, 국민이 주인되는 대한민국"은 단순한 슬로건이 아닌, 사회 전 분야에서 실현되어야 할 시대적 과제다.

시민주권의 철학을 시스템으로 구현할 강력한 도구가 바로 'AI 기반 도시 운영시스템'이다. AI 기술을 더 이상 기술자의 전유물이 아니라, 국민주권을 실현하고 민주주의를 확장하고 공동체를 복원하는 핵심 인프라로 활용할 필요가 있다.

2) AI, 직접민주주의를 현실화하다

한국의 지방자치 제도는 오랜 군사독재 시기를 극복하고 시민의 힘으로 되찾아온 민주주의의 성과이다. 과거 독재정권 시절에는 도지사, 시장조차 대통령이 임명하였고, 지방행정은 시민과 단절된 폐쇄적 구조 속에서 운영되었다. 김대중 대통령 등 민주 재야 인사들의 목숨을 건 단식 투쟁, 그리고 수많은 시민들의 민주화 요구가 축적되며 비로소 지방선거가 부활하였고, 시민은 자신들의 손으로 시장을 직접 선출하는 권리를 되찾았다. 지방의회가 구성되어 집행부를 견제하는 구조도 마련되었다.

그러나 지난 30여 년 동안 지방자치가 발전하는 과정에서 또 하나의 역설이 등장하였다. 선출된 지방 권력과 지방의회가 시민에게 개방된 공간이 아니라, **새로운 권력 집단으로 굳어지기 시작한 것**이다. 행정과 의회, 지역의 특정 이익집단이 서로 얽혀 폐쇄적 의사결정 구조를 형성하면서, 정작 지방자치의 본질인 '시민참여'는 제도적으로만 존재할 뿐 현실에서는 철저히 배제되었다.

많은 지방정부에서 실질적 정책 결정은 시민이 아닌 공무원 중심으로 이루어진다. 각종 위원회는 형식적으로 구성되지만, 대부분은 행정의 입장과 이해를 대변하는 친행정적 전문가들로 채워진다. 회의록은 제대로 공개되지 않고, 중요한 정책 선택은 시민이 모르는 사이에 결정된다. 용역사업은 특정 인맥과 네트워크를 통해 반복적으로 배분되며, 지방의회는 집행부를 견제하기보다는 지역 이권 구조에 결합해 시민의 목소리보다 정치적 이해관계에 따라 움직이는 경우도 적지 않다. 이렇듯 지방자치가 본래 의미를 상실하고 시민을 주변부로 밀어내는 현상은 다시금 **도시 민주주의의 후퇴**는 구조적 문제로 이어지고 있다.

바로 이 지점에서 AI 기반 도시 정치 시스템이 등장해야 한다. AI는 단순히 행정 효율을 높이는 기술이 아니라, 도시 정치의 투명성·참여성·책임성을 회복시키는 새로운 민주주의 도구가 될 수 있다. 특히 AI플랫폼은 지금까지 전문가 중심, 공무원 중심으로 묶여 있던 도시의 의사결정 구조를 시민 중심·데이터 중심·분산형 거버넌스 구조로 전환하는 핵심 기제가 된다.

AI 기반 도시 정치 시스템이 지향하는 첫 번째 원칙은 모든 의사결정을 시민에게 다시 돌려주는 것, 즉 시민을 **참여자**가 아닌 도시 운영의 주인으로 재위치시키는 것이다. 이는 단순히 **시민 의견을 듣는다**는 수준의 참여가 아니라, 정책 형성 과정 자체에 시민이 직접 개입하는 구조적 개혁을 의미한다.

과거에는 전문가 선정, 위원회 구성, 정책 선택 과정 등이 공무원과 특정 전문가들의 결정으로 이루어졌다면, 이제는 시민의 참여 방식이 혁신되어야 한다.

블록체인 기반 온라인 투표 시스템 전면 도입

우선, 시 의사결정의 직접민주주의를 확대하기 위해 **AI 기반의 온라인 투표 시스템**을 전면적으로 도입해야 한다. 블록체인과 AI 기술을 활용해 보안성과 투명성을 갖춘 이 시스템은 시민이 시공간의 제약 없이 자신의 의사를 표현하는 통로가 될 수 있다.

지금까지 아무리 시의회가 존재하더라도 기본적으로 기관 운용, 예산 사용, 용역 과제 등 주요 의사결정은 사실상 공무원들이 결정하는 구조였다. 특히 용역 사업의 경우에는 기득권 네트워크, 특정 업체의 장악, 정경유착 등 여러 문제가 제기되어 왔다.

기존의 행정은 **전문가**라는 이름 뒤에 숨어 시민의 의사와 괴리되는 경우가 많았다. 공무원들이 협력적이고 친분있는 전문가들을 불러서 위원회를 구성하여 **형식적 민주주의**를 갖춘 후 실제는 공무원들이 바라는 방향으로 위원회가 운영되도록 하여 사실상 공무원들의 의사에 의해 결정해 왔다. 모든 시정을 **직접민주주의**로 결정하기에는 물리적 한계가 있다는 판단에서 이렇게 운영되어 온 것이다.

그러나 AI 기반 온라인 시스템이 도입되면 '공무원과 전문가의 벽'을 허물 수 있다. **'정치인', '전문가'가 아닌 '시민'이 결정하는 행정**이 가능해지는 것이다.

우선, 주요 정책과 예산안에 대해 분기별 1회 이상의 주민투표 실시가 가능해진다. 시정의 큰 그림을 시민이 직접 결정하게 함으로써, **행정은 시민의 '대리인'**이라는 본연의 위치로 돌아가게 된다. 이는 대의민주주의의 한계를 보완하고 주권자로서의 효능감을 극대화하는 장치로 활용될 수 있다.

지방의회와 지방의회 상임위 등의 회의 과정 전체를 생중계하고, 의사결정 과정 때마다 시민들의 의견을 반영하는 것도 가능하다. 모든 위원회의 주민 방청 및 참여도 보장할 수 있다. 시정의 중요한 결정이 이루어지는 각종 위원회 회의는 화상회의와 온라인 AI 플랫폼, 블록체인 기반한 투표 시스템 등을 통해 실시간 주민이 직접 논의하고 확인하고 결정하도록 한다. '전문가'들만의 밀실 행정이 아닌, 시민의 입장에서 토론하고 결정하는 숙의의 장이 되는 것이다.

각종 용역 및 입찰의 주민 결정제도 도입될 수 있다. 수백억 원의 예산이 투입되는 용역 사업을 소수의 전문가나 공무원들이 결정하는 것이 아니라, AI에 기반한 효율적인 의사 결정 시스템에 의거하여 결정하는 것이다.

AI 기술에 활용한 온라인 투표를 통해 시민이 직접 우선순위와 업체를 결정하여 전문가와 공무원 결정 비율을 줄이고 시민의 참여 비율을 높여, 관료주의와 이권 카르텔을 차단하는 것이다. 시민들은 모든 업체의 발표·제안서 평가 과정을 생중계하여 시민들이 스스로 낸 세금이 어디 업체에게 투자되는 것이 옳은지를 판단한다. 평가 기준·점수·근거를 AI가 자동 기록하여 조작 불가능하게 보관한다.

주민이 직접 동장, 동사무소 소장, 시청 과장, 시청 부장, 시청 부시장 등을 승진시키고 선출할 수도 있다. AI플랫폼의 투표시스템을 통해 주민들과 소통하는 공무원들을 직접 선출하고 승진할 수 있는 것이다. 공무원들의 활동을 AI플랫폼으로 확인하고 공무원 승진 기준을 시민 중심의 민원 처리 성과로 두고 직접 시민들이 승진하는 것도 결정할 수 있다.

시민에게 필요한 공무원은, 책상에 앉아 보고서만 잘 쓰는 공무원이 아니라, 현장에서 **시민의 아픔과 요구를 해결하기 위해 발로 뛴 공무원**이다. AI플랫폼을 통해 민원 처리 결과와 그에 따른 승진 결과는 시민에게 **투명하게 공개**될 수 있다.

예산의 전면 공개와 예산주권주의 실현

AI가 도입되면 예산에 대한 주권을 시민이 직접 행사하는 것, 즉 **예산주권주의의 실현**이 가능해진다.

예산은 단순한 숫자의 집합이 아니라, 한 도시가 어떤 가치를 우선시하고, 누구의 삶을 먼저 돌볼 것인지를 결정하는 가장 직접적인 정치적 선택이다.

따라서 예산 결정 과정은 본질적으로 시민의 권한 영역에 속하며, 시민은 그 과정에 법적·제도적으로 참여해야 할 주체다.

그러나 지금까지 지방정부의 예산은 시민에게 닫힌 영역으로 남아 있었다. 예산 편성과 심의는 소수의 공무원과 지방의회 중심으로 이루어졌고, 시민은 예산안이 이미 확정된 이후 형식적인 설명회나 방청석에서 결과를 '구경'하는 존재에 머물렀다. 예산서와 결산서는 공개되어 있었지만, 전문 용어와 복잡한 구조로 인해 일반 시민이 이해하기는 사실상 불가능하였다. 그 결과 예산은 시민의 삶과 밀접하게 연결되어 있음에도 불구하고, 시민의 통제와 선택 바깥에서 운용되어 왔다.

AI 국민주권 정치행정 플랫폼은 이 구조를 근본적으로 바꿀 수 있는 조건을 제공한다. 우선 지방자치단체의 예산을 AI를 활용해 알기 쉽게 전면 공개하는 것이 가능해진다. 시민 누구나 AI플랫폼을 통해 '우리 시의 올해 전체 예산 규모는 얼마인지', '그중 몇 퍼센트가 교통·복지·안전·교육에 사용되는지', '기금의 총규모는 얼마인지', '순세계잉여금은 얼마나 발생하였는지'를 직관적으로 확인할 수 있다. 단순한 문서 공개가 아니라, AI가 예산 데이터를 해석해 요약하고 시각화함으로써 시민의 이해를 전제로 한 공개가 이루어진다.

더 나아가 AI는 예산 참여를 일회성 이벤트가 아니라 지속적인 민주적 과정으로 확장한다. **모든 선출직 공직자는 분기별 1회 이상 시민 대상 예산 설명회를 생중계로 개최**하여, ▲왜 이 예산이 필요하였는지 ▲어떤 지역과 분야에 어떤 근거로 투입되었는지 ▲해당 예산이 시민의 삶에 어떤 변화를 가져올 것으로 기대되는지를 직접 설명해야 한다. 이 과정은 단순한 발표가 아니라, 시민의 공직자에 대한 공개적 검증의 장이 된다.

AI는 이러한 설명회 과정에서 제기되는 **시민의 질문과 의견을 실시간으로 수집·분석**한다. 개별 민원으로 흩어지던 시민의 목소리는 AI를 통해 구조화된 데이터로 전환되고, 지역·연령·생활 영역별로 정리되어 다음 분기 예산 편성과 조정 과정에 반영된다. 시민의 의견은 더 이상 '참고 사항'이 아니라, 예산 결정의 하나의 근거 데이터로 작동하게 된다.

AI는 예산 민주주의의 핵심적인 한계를 넘어서는 도구가 된다. 과거에는 예산 선택지가 지나치게 복잡하고 전문적이라는 이유로 시민 참여가 제한되었지만, AI는 **다양한 예산 배분 시나리오를 시각화해 시민에게 제시**할 수 있다. 예컨대 "복지 예산을 5% 늘릴 경우 어떤 분야의 지출이 줄어드는가?", "교통 인프라에 투자할 경우 중장기적으로 어떤 효과가 발생하는가?"를 시민이 직접 비교·검토할 수 있도록 돕는다. 시민은 추상적인 찬반이 아니라, 구체적인 정책 옵션을 놓고 선택하게 된다.

이러한 구조 속에서 예산은 더 이상 행정의 전유물이 아니다. 예산은 시민의 삶을 설계하는 공공 자원이며, 시민은 그 사용 방향을 결정하는 주권자로 자리매김한다. AI 기반 예산 공개와 참여 시스템은 시민을 '예산의 수혜자'가 아니라 예산의 공동 설계자이자 감시자로 전환시킨다.

결국 예산의 전면 공개와 예산주권주의의 실현은 단순한 투명성 강화 정책이 아니다. 이는 도시 민주주의의 작동 방식을 근본적으로 바꾸는 제도적 전환이며, **'정치는 국민이 한다'**는 명제를 가장 현실적인 방식으로 구현하는 장치다. AI는 이 과정에서 시민과 예산 사이에 존재하던 정보의 장벽과 전문성의 장벽을 허물고, 예산을 다시 시민의 손으로 되돌려 놓는 핵심 도구로 기능하게 된다.

모든 공직자의 활동 100%를 공개하는 투명성 혁신

'지방 권력의 세계'를 해체하기 위해선 우선 '보이지 않는 권력'을 드러내야 한다. 지금까지 지방정치는 형식적으로는 민주적 절차를 갖추고 있었지만, 실제 작동 방식은 시민의 시야 밖에서 이루어지는 경우가 많았다. 시장의 일정과 의사결정 과정, 시의원의 발언과 표결 행태, 각종 위원회의 논의 내용, 예산 편성과 심의의 실질적 논리는 시민에게 충분히 공개되지 않았다. 시민은 결과만 통보받을 뿐, 그 과정에 접근할 권한을 거의 갖지 못하였다.

이로 인해 선출직 공직자의 활동은 선거 기간에만 집중적으로 조명되고, 임기 동안 어떤 판단을 내렸고 어떤 이해관계 속에서 결정을 하였는지는 시민이 제대로 알기 어려웠다. 책임은 선거 때만 묻고, 권한은 임기 내내 독점하는 구조가 고착된 것이다. 이러한 불투명성은 지방 권력을 시민과 분리된 또 하나의 '별도 세계'로 만들었고, 행정과 정치에 대한 불신을 구조적으로 확대시켜 왔다.

AI 기반 기록·중계 시스템은 이 구조를 근본적으로 바꿀 수 있는 기술적·제도적 조건을 제공한다. 시장, 시의회, 각종 위원회, 예산 관련 회의 등 지금까지 시민에게 닫혀 있던 정치적 활동을 유튜브 등 공공 플랫폼을 통해 실시간으로 생중계하고, 모든 발언과 논의 과정을 AI가 자동 기록·분석·보관하는 것이 가능해진다. 시민은 특정 시점에 현장에 있지 않더라도 언제든지 과거의 회의와 발언, 결정의 흐름을 확인할 수 있게 된다.

이러한 변화는 단순한 정보 공개를 넘어선다. 시민은 더 이상 누가 결정하였는지 모르는 결과를 받아들이는 존재가 아니라, 누가 어떤 논리로 무엇을 결정하였는지를 확인하고 평가하는 주체가 된다. 이는 선출직 공직자에게 막강한 도덕적 책임성과 정책적 정당성을 요구하는 새로운 정치 질서를 형성한다. 공개된 권력은 필연적으로 책임을 동반할 수밖에 없다.

이재명 대통령이 국무회의를 전면 공개한 사례는 이러한 변화가 더 이상 추상적인 이상이 아님을 보여준다. 중앙정부에서 가능해진 회의 공개와 투명성은 지방정부에서도 동일하게 적용되어야 한다. 시장과 국·소장들이 참여하는 주요 정책 회의 역시 시민에게 열려야 하며, '전문성'이라는 이름으로 회의를 비공개로 운영해 온 기존 관행은 재검토되어야 한다. 지방행정의 전문성은 시민을 배제하기 위한 근거가 아니라, 시민에게 더 정확히 설명하고 설득하기 위한 책임으로 전환되어야 한다.

AI 기반 회의 공개 플랫폼은 이 전환을 기술적으로 뒷받침한다. 이 플랫폼은 ▲누가 어떤 의견을 제시하였는지, ▲어떤 근거와 데이터로 정책안이 채택되었는지, ▲어떤 반대 의견과 대안이 제시되었는지를 실시간으로 기록하고 공개한다. 회의의 결과만이 아니라, 결정에 이르는 사고 과정과 갈등 구조까지 시민 앞에 드러남으로써 행정의 불투명성은 구조적으로 해소된다.

더 나아가 이 시스템은 시민 참여를 단순한 '시청' 수준에 머물게 하지 않는다. 회의가 생중계되는 동시에, 시민은 AI플랫폼을 통해 즉각적인 의견 제출과 설문조사에 참여할 수 있다. 특정 정책안에 대한 찬반, 우려 사항, 대안 제안이 실시간으로 수집되고, 그 결과가 회의 진행 과정에서 참고 자료로 활용되는 구조도 가능하다. 시민은 화면 너머의 방관자가 아니라, 의사결정 과정에 동시적으로 개입하는 참여자가 된다.

특히 시민은 자신의 의견이 어떻게 반영되는지를 직접 목격하게 된다. 생중계 화면과 연동된 AI플랫폼을 통해 시민 의견의 분포와 주요 쟁점이 시각화되고, 행정 책임자가 이를 어떻게 검토하고 반응하는지가 공개된다. 이는 시민에게 강력한 정치적 효능감을 제공하며, '내 의견이 실제로 도시 운영에 영향을 미친다'는 경험을 축적하게 만든다.

결국 회의의 전면 공개와 AI 기반 기록·참여 시스템은 지방정치를 근본적으로 재구성한다. 밀실에서 이루어지던 결정은 공개된 토론으로 전환되고, 책임지지 않던 권력은 시민 앞에서 설명해야 하는 권력으로 바뀐다. 이는 단순한 투명성 강화 정책이 아니라, 지방 권력을 시민의 통제 아래 다시 위치시키는 민주주의의 구조적 복원이다.

이러한 시스템이 정착될 때, 지방정부는 더 이상 시민 위에 군림하는 존재가 아니라 시민과 함께 문제를 해결하는 공적 플랫폼으로 기능하게 된다. AI는 이 과정에서 권력을 감추는 도구가 아니라, **권력을 드러내고 책임지게 만드는 민주주의의 핵심 인프라**가 된다.

AI 국민주권 정치행정시스템으로 시민이 주권자로!

궁극적으로 AI 국민주권 정치행정시스템은 단편적인 제도 개혁이 아니라, 도시 정치의 작동 원리 자체를 바꾸는 구조적 전환이다. 이 시스템은 ▲회의 공개 ▲의사결정 기록 ▲시민 투표 ▲예산 주권 ▲정책 모니터링 ▲사업용역 선정 및 평가 ▲AI예산정책분석 등을 하나의 통합 AI 정치플랫폼으로 묶어낸다.

이 플랫폼은 단순한 행정 홈페이지나 민원 처리 시스템이 아니다. 이는 시민이 도시 운영의 실질적 권한을 직접 행사하는 새로운 디지털 민주주의 인프라다. 이 공간에서 시민은 더 이상 의견을 제출하고 결과를 기다리는 객체가 아니라, 정책의 우선순위를 조정하고, 예산의 배분 방향을 결정하며, 주요 사업의 성과를 평가하는 도시 운영의 설계자(Designer)로 기능한다.

이렇게 되면, AI는 이 과정에서 시민민주주의를 위협하는 기술이 아니라, 오히려 위기에 빠진 도시 정치를 복원하는 도구가 된다. AI국민주권 정치행정시스템은 기술 효율성을 이유로 민주주의를 축소하는 구조가 아니라, 이제 기술을 통해 민주주의를 확장하고 심화하는 구조다. 과거 독재 시절의 임명제 시장, 민주화 이후의 선출직 중심 지방자치를 거쳐, 이제는 그 진화를 넘어 시민 직접참여형 AI 민주주의 단계로 나아가야 할 시점이다.

시민은 예산과 정책을 선택하는 과정에서 **나에게 무엇이 이익인가**를 넘어, **우리에게 무엇이 필요한가**를 고민하게 된다. 개인의 선택은 공동체의 결정으로 이어지고, 시민은 **너를 위해 나를 바쳐 더 큰 우리로 나아가는** 공동체적 민주주의를 학습하게 된다. 민주주의는 교과서 속 가치가 아니라, 일상 속에서 반복적으로 체득되는 경험이 된다.

이 시스템을 통해 우리는 **시민주권**이라는 철학이 선언적 구호에 그치지 않고, 어떻게 실제 사회를 변화시키는지 증명할 수 있다. 도시는 AI 시민주권 도시로 자리매김할 수 있으며, 이는 향후 한국 지방민주주의 전반을 재구성하는 중요한 전환점이 될 것이다.

AI 직접민주주의는 기술의 진보가 아니라, **민주주의의 진화**다. 그리고 그 진화의 중심에는, 다시 시민이 서게 된다. AI가 만든 직접민주주의의 도구를 통해 시민이 주권자가 되는 것이다.

3) 너무나 쉽고 편한 행정서비스

현재 공공 행정 서비스는 부처별, 목적별로 수십 개의 웹사이트와 앱으로 흩어져 있다. 시민들은 필요한 정보를 찾거나 민원을 신청하기 위해 여러 곳을 헤매야 하는 불편함을 겪는다.

AI는 이 모든 분산된 지자체 사이트와 데이터를 단일화된 AI플랫폼으로 통합할 수 있다. 시민은 더 이상 복잡한 행정 조직도를 외울 필요 없이, 하나의 창구에서 모든 정보를 검색하고 민원을 처리할 수 있게 된다. 이는 단순한 '사이트 통합'을 넘어, 중복되는 행정 절차를 제거하고 부서 간 칸막이를 허무는 '행정의 근본적인 효율화'를 가능하게 한다. 시민의 시간과 노력을 획기적으로 절약하는 것은 물론, 불필요한 행정 비용을 줄여 그 혜택을 다시 시민에게 돌려줄 수 있다.

만능 AI행정비서

단순히 정보를 통합하는 것을 넘어, 도시 자체의 특화된 거대 언어 모델(LLM)을 구축할 수 있다. 이 **도시 LLM**은 시정 전반을 학습한 만능 AI행정비서 역할을 수행한다.

이 AI 행정비서는 복잡한 법규, 수천억 원에 달하는 예산안, 방대한 정책 자료를 모두 학습한다. 시민 누구나 AI플랫폼에 접속해 "나 지금 출산하였는데, 받을 수 있는 혜택 전부 알려줘" 혹은 "우리 동네 주차장 건설 예산은 얼마나 잡혀있어?"라고 자연어(우리말)로 질문하면, AI는 즉시 관련 정보를 분석해 가장 정확하고 알기 쉬운 답변을 제공한다.

더 이상 시민이 공무원처럼 정책 문서를 뒤지거나 어려운 법률 용어와 씨름할 필요가 없다. 예산과 정책을 누구나 쉽게 알고, 신청까지 원스톱으로 할 수 있게 된다. 이는 정보 접근의 평등을 실현하고, 시민과 행정 사이의 정보 격차를 완전히 해소하는 핵심 기술이 될 것이다.

복지신청주의? 선제적 복지

또한, AI 시스템은 행정 서비스의 패러다임을 근본적으로 전환한다. 바로 **'복지 신청주의'의 극복**이다.

신청주의 제도 때문에 혜택을 받을 자격이 충분함에도 불구하고, 그 사실을 모르거나, 절차가 복잡하거나, 혹은 정보 접근성이 낮아 신청하지 못하는 시민이 혜택을 누리지 못한다. 이로 인해 정작 도움이 절실한 이들이 복지 사각지대에 놓이게 된다.

하지만 AI 국민주권 정치 행정 시스템은 더 이상 시민이 찾아오길 기다리지 않는다. 시스템이 철저한 정보보호 및 시민 동의 하에 공공 데이터를 분석하여, 특정 시민에게 필요한 복지 혜택이나 행정 서비스를 **'먼저' 파악하고 제안**한다.

예를 들어, 출생신고 데이터가 입력되는 즉시, AI가 자동으로 부모에게 출산 지원금, 첫만남이용권, 부모 급여 신청을 안내하고 원클릭으로 처리까지 돕는다. 소득과 재산 정보의 변동을 감지해 위기 가구에 긴급 생계 지원을 먼저 제안하고, 건강보험 데이터를 분석해 독거노인에게 필요한 돌봄 서비스를 연결한다.

이는 **찾아가는 선제적 복지**로의 근본적인 전환이며, 기술을 통해 복지 사각지대를 원천적으로 제거하는 진정한 **시민을 위한 도시**의 시작이다.

국민주권형 데이터 거버넌스

앞서 언급된 모든 AI 행정 시스템(플랫폼, 행정AI비서, 선제적 복지)이 성공적으로 작동하기 위한 가장 핵심적인 전제 조건은 바로 '데이터 거버넌스(Data Governance)'의 확립이다.

AI 국민주권 정치 행정 시스템의 연료는 '데이터'이다. 그러나 현재 행정 데이터는 각 부서의 필요에 따라 개별적으로 수집되고, 서로 다른 형식으로 저장되어 있으며, 부서 간의 벽에 막혀 '사일로(Silo, 조직이나 부서가 서로 정보를 공유하지 않고, 각자 고립된 채 일하는 구조)'화 되어있다. 행정의 효율화는 이 사일로를 무너뜨리는 것에서 시작해야 한다.

데이터 거버넌스는 이 모든 데이터를 '시민'이라는 중심축을 기준으로 통합하고, 표준화하며, 안전하게 관리하고, 활용 방안을 결정하는 총체적인 관리 체계이다.

첫째, 데이터의 통합과 표준화가 필요하다. 동일한 시민을 대상으로 하는 복지 데이터, 교통 데이터, 민원 데이터가 서로 연계되지 않는다면 선제적 복지는 불가능하다. 데이터 거버넌스는 모든 데이터의 형식을 표준화하고 연계하여, AI가 도시 전체의 상황을 입체적으로 분석할 수 있게 만든다.

둘째, 데이터의 품질 관리가 필요하다. **도시 LLM**이 정확한 답변을 하려면 학습하는 데이터가 깨끗해야 한다. **쓰레기가 들어가면 쓰레기가 나온다**(Garbage In, Garbage Out)는 말처럼, 부정확하거나 오래된 데이터는 AI의 판단을 흐리게 한다. 데이터 거버넌스는 데이터의 품질과 최신성을 보장하여 AI 시스템 전체의 신뢰도를 담보한다.

마지막으로, 가장 중요한 **데이터 보안**이다. AI가 시민의 삶에 깊숙이 개입하는 만큼, 민감한 개인정보보호와 데이터 보안은 시스템의 존폐를 결정하는 최우선 과제다. 데이터 거버넌스는 누가, 언제, 어떤 목적으로 데이터에 접근하는지 투명하게 기록하고 엄격하게 통제한다. 또한, 데이터 활용 과정에서 발생할 수 있는 편향성(Bias)을 사전에 차단하고 모든 행정 데이터의 **윤리적 활용**을 보장하는 강력한 안전장치를 구축해야 한다.

궁극적으로 데이터 거버넌스는 **데이터 주권**을 시민에게 돌려주는 철학이다. 시민은 자신의 데이터가 행정에 어떻게 활용되는지 명확히 인지하고, 불필요한 정보 제공을 거부하거나 수정할 권리를 보장받아야 한다. 이는 **시민이 주인**이라는 철학을 데이터 차원에서 구현하는 것이며, 기술 만능주의가 아닌 **신뢰**에 기반한 AI미래도시를 만드는 핵심 초석이다.

- 시민이 상상한 AI 국민주권 정치행정플랫폼 -

광명, 어느 평범한 하루
— 시민 선미씨의 일상

아침 8시 40분.
광명에 사는 선미씨는 출근 준비를 마치고 집을 나서며 스마트폰을 켠다. 화면에는 오전 9시에 열리는 광명시장-국장단 조례 생중계가 이미 연결되어 있다. 예전 같았으면 시민과는 무관한 '관청 안의 일'이었을 회의다. 하지만 이제는 다르다. 선미씨는 지하철을 타고 이동하면서 자연스럽게 회의 영상을 시청한다.
오늘 회의의 안건은 여름철 침수 대응과 생활폐기물 처리 예산 조정이다.

AI플랫폼 화면 한쪽에는 회의 발언이 실시간 자막으로 정리되고, 누가 어떤 근거로 어떤 의견을 내는지가 한눈에 보인다. 어떤 국장이 잘 일을 하고 어떤 국장이 일을 못하는지 한눈에 확인이 가능하다. 회의 중반, 시민 의견을 묻는 간단한 설문이 열린다.
"침수 대응 예산을 우선 확대하는 데 동의하십니까?"
선미씨는 잠시 고민한 뒤 '동의'를 누른다. 그녀의 선택은 수천 명의 시민 의견과 함께 실시간으로 집계되어 회의 자료로 전달된다.
출근길은 바쁘지만, 선미씨는 더 이상 정치가 먼 이야기라고 느끼지 않는다. 시정은 그녀의 일상 속에 자연스럽게 들어와 있다. 내일도 아마 선미씨는 오늘 회의 결과 확인을 위해 광명시 조례 생중계를 켤 것이다.

오후 2시.
업무를 마친 잠깐의 휴식 시간, 선미씨는 이어폰을 끼고 광명시 생활폐기물 관리 업체 선정 라이브 방송에 접속한다. 예전 같으면 몇몇 공무원과 전문가만 참여했을 결정이다. 그러나 지금은 시민이 직접 판단하는 절차가 되었다.

각 업체의 발표가 끝나자, AI플랫폼이 예산 시나리오를 보여준다. A업체를 선택할 경우 비용은 줄지만 처리 속도가 느려지고, B업체를 선택하면 예산은 조금 늘어나지만 환경 성과가 개선된다.

"내 세금이 어떻게 쓰일지 내가 직접 고를 수 있네."

선미씨는 설명을 찬찬히 살펴본 뒤, 시민투표에 참여한다. 그녀의 투표는 일부 전문가 평가와 함께 최종 선정 결과에 반영될 것이다. 밀실도, 특혜도 없다. 모든 과정은 기록되고 공개된다.

오후 5시 30분.

퇴근길에 선미씨의 휴대폰에 알림이 하나 도착한다.

"기초연금 지급액 조정이 확정되었습니다. 오늘부터 자동 지급이 시작됩니다."

최근 열린 예산 공개 설명회에서 시민들이 의견을 모았던 사안이다. AI가 시민 의견과 재정 데이터를 분석해 조정안을 제안하였고, 시는 이를 반영하였다. 선미씨는 곧바로 아버지에게 전화를 건다.

"아빠, 기초연금 오른 거 오늘 입금된대."

"방금 문자 왔다. 오늘 바로 들어왔더라."

아버지의 목소리에는 안도와 고마움이 섞여 있다. 복잡한 신청도, 기다림도 없다. 필요한 지원은 알아서 먼저 찾아온다. 선미씨는 '행정이 시민의 삶을 따라온다'는 말의 의미를 실감한다.

저녁 8시. 집에 돌아온 선미씨는 식탁 옆에 앉아 있는 아이와 마주한다.

"엄마, 내일 학교에서 광명시 예산이랑 청소년 예산 사용에 대해 발표해야 해."

아이의 태블릿 화면에는 청소년 예산 참여 플랫폼이 열려 있다. 학교 운동장 개선, 청소년 문화공간 조성, 급식 질 개선 등 여러 예산 항목이 정리돼 있다. 선미씨는 아이와 함께 예산 항목을 하나씩 살펴보며 이야기를 나눈다.

"이 예산은 어른들만 정하는 게 아니야. 너희도 시민이니까."

아이는 고개를 끄덕이며 발표 자료에 이렇게 적는다.

'광명에서는 시민이 예산을 결정합니다.'

하루가 저물 무렵, 선미씨는 생각한다.

오늘 그녀는 특별한 정치 활동을 한 것이 아니다. 회의를 보고, 투표하고, 알림을 받고, 아이와 이야기를 나눴을 뿐이다. 하지만 그 모든 순간에 시민으로서의 권리가 자연스럽게 작동하였다. 광명에서의 하루는 이렇게 흐른다.

정치는 뉴스 속 사건이 아니라, 생활 속 경험이 된다.

AI는 권력을 숨기는 기술이 아니라, 시민의 손에 권력을 다시 쥐여주는 도구가 된다.

그리고 선미씨는 안다. 이 도시에서 자신은 더 이상 방관자가 아니라, 오늘도 조용히 도시를 함께 운영한 주권자라는 것을.

Ⅲ. AI로 바꾸는 교통체계

1. 도시의 혈맥을 관리하는 '지능형 교통 운영체제'

도시는 '이동'으로 정의된다. 시민의 출퇴근, 물류의 흐름, 긴급 차량의 신속한 이동은 도시의 생명력을 유지하는 혈맥과도 같다.

그러나 오늘날 도시는 만성적인 교통 정체, 예측 불가능한 사고, 비효율적인 대중교통 시스템으로 인해 막대한 사회적 비용과 스트레스를 유발한다. 반면, 지방 중소도시는 낮은 인구 밀도와 비효율적인 대중교통 노선으로 인한 교통 소외 문제를 겪고 있다.

교통 문제는 단순히 거리와 시간의 문제가 아니다. **시민의 이동권**과 **삶의 질**에 대한 문제다. 도시는 시민이 원하는 시간에 원하는 곳으로 안전하고 편리하게 이동하는 것을 보장하도록 끊임없이 노력해야 한다.

수도권의 교통체증은 이미 세계적 수준의 심각성을 보이고 있다. 수도권에는 국토의 12% 면적에 인구 약 2,600만 명이 집중되어 있으며, 서울 중심지로의 통근 수요가 폭발적으로 증가하면서 출퇴근 시간대 주요 간선도로의 평균 속도는 20km/h 이하로 떨어지는 구간이 넓게 분포한다. 강남-도심, 광화문-여의도, 구리-강남, 안양·광명-서울 진입부 등은 매일 출근 시간마다 정체가 반복되는 대표적인 혼잡 축으로 꼽힌다. 이러한 교통문제는 단순히 일시적 현상이 아니라 직주 불균형(일하는 곳과 사는 곳이 떨어져 있는 상태), 차량 등록 대수 증가, 도시 확장 속도와 인프라 투자 간 불균형, 방사형·순환형 도로망의 구조적 한계가 복합적으로 작용한 결과이다. 특히 경기도에서 서울로 출근하는 인구는 이미 170만 명을 넘어섰고, 수도권 전체 차량 이동량도 지난 10년 사이 30% 이상 증가해 구조적 혼잡을 더욱 고착화하고 있다.

특히 서울시내와 광명시 등 경기도 주요 도시는 수도권 교통체증의 고통을 가장 집중적으로 받는 도시들이다. 경기도의 많은 도시들이 서울과 경계를 맞대고 있으면서 서울로 진입할 수 있는 교통축이 제한적이기 때문에, 매일 아침 '입구 병목(Gate Bottleneck)'이 발생한다. 특히 하안·철산·광명동-서울 구로·금천 방향으로 이어지는 축은 전국적으로도 상위권의 혼잡도를 보이며, 광명 시민의 서울 통근율이 40% 이상이라는 점은 이러한 교통 압력을 더욱 심화시키는 요인이다. 도로가 단순히 막히는 것이 아니라, 버스까지 병목에 갇히는 구조적 상황이 반복되면서 대중교통 지연까지 이어지는 악순환이 발생하고 있다.

특히 광명시 문제의 핵심은 서울 진입로가 극도로 제한된 상태에서 인구·업무·생활 이동 수요가 빠르게 증가한 것이다. 소하·하안-가산디지털

단지 축은 출근 시간에 속도가 10km/h 이하로 떨어지는 구간이 많고, 광명대로와 서부간선도로 진입부는 수년째 고질적 병목 현상을 해결하지 못하고 있다. 여기에 광명시 자체적인 도시개발(광명뉴타운, 광명·시흥 신도시 예정지, 소하동 재개발, 광명역세권 확장 등)이 진행되면서 교통수요는 앞으로도 꾸준히 증가할 것으로 전망된다. 즉, 광명은 현재도 수도권 평균 이상으로 혼잡도가 심각한데, 향후 신규 인구 유입과 단절된 교통망 구조가 지속될 경우 '수도권 교통 체증의 최전선'이자 '서울 남서부 병목의 핵심 원인 도시'로 기능할 가능성이 높다.

이 문제를 해결할 핵심 열쇠는 바로 'AI 기반 지능형 교통 운영체제(Intelligent Traffic OS)'다. AI는 더 이상 개별 차량의 자율주행에만 머무르지 않는다. 도시의 각 특성에 따라 모든 교통 흐름을 실시간으로 지휘하며, 시민 개개인에게 최적화된 이동을 서비스하는 도시의 '교통 두뇌' 역할을 수행할 수 있다.

AI 기반 지능형 교통 운영체제(Intelligent Traffic OS)는 수도권 같은 도시에서 AI는 '흐름 최적화'를 위한 지능형 지휘자 역할을 수행한다. 도시의 교통 문제는 도로가 부족해서라기보다, 한정된 자원을 효율적으로 배분하지 못해 발생한다. AI는 도시 전역의 CCTV, 내비게이션 데이터, 노면 센서 정보를 실시간으로 통합 분석한다. 이를 통해 차량 흐름에 맞춰 1초 단위로 신호 주기를 최적화하는 '지능형 신호 시스템'을 운영, 교차로의 병목 현상을 획기적으로 줄인다. 또한, 30분 뒤의 교통 상황을 예측해 선제적으로 차량을 우회시키고, 돌발 사고를 즉각 감지해 긴급 차량의 골든타임을 확보한다. 이는 기존 인프라의 효율을 극대화해 교통체증을 해소하는 가장 현실적인 방안이다.

AI기반 지능형 교통운영체제는 지방에서도 유용하게 활용될 수 있다. 지방에서 AI는 **운영 효율화**와 **이동권 보장**이라는 두 마리 토끼를 잡는 열쇠다. 인구 밀도가 낮은 지방에서는 고정된 노선 버스의 승객이 적다 보니 배차간격이 길고 정류장이 줄어들어 교통이 필요한 주민들은 불편을 겪는다. 그러니 대부분의 국민들이 자가용이 없으면 지방에 살 수 없다고 호소한다. AI는 **수요응답형 교통(DRT 버스 등)** 시스템의 핵심 두뇌가 된다. 주민이 앱이나 전화로 이동을 호출하면, AI가 실시간으로 여러 승객의 수요를 묶어 가장 효율적인 최적의 경로를 생성하고 차량을 배차할 수 있다. 택시의 경우 승객 한 팀만이 승차하는데 비해 AI의 도입으로 다양한 위치의 승객들이 이용할 수 있는 다인승 차량을 활용할 수 있게 된다. 이는 불필요한 예산과 에너지 낭비를 막는 동시에, 비용이 저렴해진다. 버스와 같은 비용을 지불하고도 병원 방문, 장보기 등 주민의 기본적인 이동권을 보장하는 효율적인 교통 복지를 실현할 수 있다.

AI가 교통 파트에 도입된다면 대도시에겐 **속도와 효율**을, 지방에겐 **이동권과 지속가능성**을 제공하는 필수 요소가 될 수 있을 것이다. 이미 대한민국에 교통 관련 데이터는 넘쳐난다. 문제는 어떻게 최대한 활용할 것인가이다. 인프라 지역별 특성에 맞는, 데이터 기반의 AI 교통 시스템 도입은 더 이상 선택이 아닌, 모든 시민의 삶의 질을 높이기 위한 시대적 과제다.

AI 기반 지능형 교통 운영시스템은 단순히 속도를 높이는 기술이 아니다. 이는 도시의 비효율을 제거하고, 시민의 안전을 보장하며, 교통 약자를 포함한 모든 시민에게 공평한 **이동의 자유**를 돌려주는 **시민주권**의 실현이다. 기술이 어떻게 시민의 삶을 더 안전하고, 더 평등하고, 더 편리하게 만들 수 있는지 증명하는 가장 강력한 사례가 될 것이다.

2. AI, 막힌 흐름을 뚫는 '실시간 지휘자'가 된다

중국 대도시에 인구가 밀집하다보니 교통문제가 심각하게 대두되고 있다. 중국에서 교통혼잡이 가장 심각한 도시 중 하나가 바로 중국 저장성 항저우시였다. 항저우는 알리바바(Alibaba) 본사가 있는 IT산업 중심지로, 2000년대 이후 인구와 차량이 폭발적으로 늘었다. 교통 빅데이터 플랫폼 Amap(高德地图)의 2016년 보고서에서 항저우시는 '중국 내 가장 혼잡한 도시 Top 10'에 포함되었고, 출퇴근 시간의 차량 평균 속도 20 km/h 이하, 일부 구간은 10 km/h 미만이라고 조사되었다.

교차로 신호가 고정주기 방식이라 실제 흐름을 반영하지 못해 체증이 연쇄적으로 발생하였으며, 병원 응급차, 소방차가 교차로를 통과하지 못해 평균 출동시간이 10분 이상 걸리기도 하였다. 따라서 2016년 항저우시 정부는 공식적으로 '지능형 교통관리시스템이 필요하다'고 선언하였다.

오늘날 항저우시는 이제 교통신호등이 수시로 변한다. 항저우시 정부가 Alibaba Cloud(알리바바 클라우드)와 협업해 도심 교통관리용 AI플랫폼인 'ET City Brain'을 구축한 것이다. 실시간 카메라·차량 GPS 등 각종 센서 데이터를 통합하여 신호등 제어 및 병목구간을 예측하고 있으며, 긴급차량 우선 통행을 위한 신호 변경 기능을 포함해, 구급차·소방차 대응시간을 단축시키고 있다. 시티브레인은 중국 항저우의 모든 차량을 모니터링해서 교통체증을 15% 줄이는데 기여하였다고 밝혔다.

현재의 신호 시스템은 정해진 시간표에 따라 기계적으로 작동할 뿐, 실제 교통 흐름을 반영하지 못한다. 따라서 출퇴근 시간은 매우 복잡하고 많은 시민들이 길거리에서 많은 시간을 소요하고 있다.

이를 해결하기 위해 중국 항저우시 사례와 같이 세계는 AI를 도입하고 있다. AI는 도시 전역의 CCTV, 노면 센서, 차량 데이터를 실시간으로 분석하여 이 정적인 시스템을 동적으로 바꿀 수 있다.

첫째, 지능형 신호 제어(Adaptive Signal Control)다. AI는 특정 교차로의 차량 흐름과 대기 시간을 실시간으로 분석하여, 1분 1초 단위로 신호 주기를 최적화한다. 불필요한 대기 시간을 줄여 도시 전체의 정체를 최소화하는 것이다.

둘째, 긴급차량 우선 신호(Emergency Vehicle Preemption)다. AI가 구급차나 소방차의 이동 경로를 감지하면, 해당 경로의 모든 신호를 즉시 녹색으로 변경한다. 이는 시민의 생명을 구하는 '골든타임'을 기술로 확보하는 것이다.

셋째, 병목 현상 예측 및 선제적 우회다. AI는 30분 뒤 특정 구간에서 발생할 정체를 미리 예측한다. 그 전에 신호 주기를 변경하거나 내비게이션 앱을 통해 차량을 선제적으로 우회시켜 교통혼잡을 원천 차단한다.

3. AI, 시민의 발을 맞추는 '수요응답형 대중교통'

핀란드 헬싱키에는 자가용 소유를 없애려는 혁신 대중교통 실험이 이미 10년전 부터 시작되고 있다. 바로 쿠수플루스(kutsuplus)이다. 원하는 출발지와 목적지의 주소를 표시하고 탑승 인원수를 기입하는데 여기 아기 유모차, 휠체어 포함이 가능하다. 버스가 도착할 예정인 근처 버스 정류장으로 걸어가는 법이 지도에 상세히 표시된다. 약속된 시간에 약속된 장소에서 버스를 타면 된다. 차량 안에 설치된 스크린에서는 승객들의 목적지가 도착할 순서대로 보여지며, 몇 분 후에 자신의 목적지에 다다를지 확인할 수 있다. 자신의 차례가 되면 도착 정류장에 내린다. 스마트폰 화면의 지도는 도착 정류장에서 승객이 최종 목적지까지 걸어가는 방법을 자세히 표시해 준다.

쿠수플루스 시스템의 알고리즘은 첫째, 승객의 출발지에서 목적지까지 최단 거리로 운행하고, 둘째, 방향과 목적지를 공유하는 여러 명의 승객을 조합하는 것을 충족시키도록 디자인되었다. 쿠수플루스 차량은 미니 밴 크기의 버스로 아기까지 포함해 총 9명의 승객을 태울 수 있다. 또한 버스 안에는 무료 WiFi가 설치되어 승객이 차량 안에서 목적지까지의 지도를 확인할 수 있도록 돕는다.

현재 한국의 택시서비스(카카오T 등)는 대개 1명만을 위해 사용되고 있다. 그러나 쿠수플러스는 여러명의 승객을 같이 태우는 구조로 공공교통이라는 점에서 버스에 가깝다. 수요자 중심의 버스시스템인 것이다. 이용료도 상대적으로 저렴하다.

고정된 노선과 시간표는 대중교통 소외지역을 만들고 비효율을 야기한다. 이때, AI는 획일적인 공급자 중심의 교통을 시민 중심의 '수요응답형 교통(DRT)'으로 진화시킬 수 있다.

시민이 앱으로 출발지와 목적지를 호출하면, AI는 실시간으로 최적 경로를 계산하여 가장 가까운 차량을 배차한다. 이는 교통이 불편한 신도시 외곽이나 심야 시간대 시민의 이동권을 획기적으로 보장한다. 또한, 데이터 기반 노선 및 배차 최적화다. AI는 날씨, 요일, 대형 행사 등 복합적인 데이터를 분석해 버스 배차 간격을 실시간으로 조절한다. 승객이 없는 곳을 빈 차로 도는 낭비를 줄이고, 시민이 필요한 곳에 자원을 집중 투입하여 운영 효율성을 극대화한다.

한편, 헬싱키에는 2층에 아이들의 놀이공간이 있는 버스가 있다. 이 육아친화적인 버스는 장거리 이용을 어려워하는 아이들을 위해 더없이 매력적인 이동수단이다. 아이들이 많은 도시에 육아친화적인 공동버스가 도입된다면 많은 아이들과 부모들이 굳이 자가용을 이용하지 않아도 이동을 할 수 있는 권리가 보장될 수 있다.

4. AI, 사고를 예방하는 '도시의 파수꾼'

자율주행의 시대가 도래하고 있다. 이미 많은 자동차에는 LiDar(라이다, 레이저(Light)를 쏘아 반사 시간을 측정해 물체의 거리와 형태를 3차원으로 인식하는 센서), Radar(레이더, 전파(Radio wave)를 쏘아 물체의 거리·속도·방향을 감지하는 센서)에 기반한 전면, 후면의 영상정보를 활용하여 자동으로 운전을 하거나 위험을 감지할 때 비상벨이 울리거나 차량이 멈춰선다. 자율주행기술이 인간의 눈보다 더 빠르고 정확하게 위험을 감지하는 것이다. 이미 수많은 자동차에는 자율주행기술이 도입되어 있다.

그러나 아직 위험을 감지하는 교통시스템은 부족하다. 우선적으로 도입이 필요한 시스템은 바로 AI 기반 실시간 위험 감지 시스템이다. 도시의 모든 CCTV는 AI의 '눈'이 된다. 횡단보도의 무단 횡단자, 교차로 내 정지 차량, 도로 위 낙하물, 신호 위반 차량을 AI, 자율주행기술이 24시간 실시간으로 감지하여 즉시 관제 센터와 주변 차량에 경고하는 시스템을 의미한다.

또한 예측 기반 도로 인프라 관리도 가능하다. AI는 도로 표면 이미지를 분석하여 포트홀, 미세 균열 등 도로 파손 위험을 사전에 예측한다. 사고가 발생하기 전에 선제적으로 유지보수를 시행하여, 시민의 안전을 확보하고 예산을 절감할 수 있는 것이다.

5. AI, 모든 이동을 통합하는 '단일 모빌리티 플랫폼 (MaaS)'

AI 교통 혁신의 최종 목표는 시민들이 별도의 교통수단을 소유하지 않아도 도시 전체를 자유롭게 이동할 수 있는 'MaaS(Mobility as a Service)' 기반의 단일 모빌리티 플랫폼을 구축하는 것이다. 이는 자동차 중심의 이동 방식을 넘어, 도시의 모든 교통수단을 하나의 통합 서비스로 연결하는 새로운 교통 운영 체계다.

MaaS 플랫폼에는 스마트 주차 및 편의 서비스가 구축된다. AI는 도시 전역의 공영·민영 주차장 데이터를 실시간으로 수집·분석하고, 시민의 앱에 정확한 빈 주차 구역을 즉시 제공한다. 주차 공간을 찾기 위해 도심을 배회하는 **탐색 교통**(Search Traffic)을 획기적으로 줄여 연료 낭비, 불필요한 운행 거리, 교통 혼잡을 동시에 감소시킬 수 있다.

또한 도시의 모든 이동수단을 하나의 서비스로 통합하고, AI가 상황·사람·도시를 고려해 **가장 좋은 이동 방법**을 추천·운영하는 시스템이 가능하다. AI가 도시 교통의 **운영체계(OS)** 역할을 수행하면서 시민이 앱에 목적지만 입력하면, AI가 지하철, 버스, DRT(수요응답형 교통), 공유 자전거, 공유 킥보드, 택시, 자율주행 셔틀 등 모든 교통수단을 실시간으로 조합해 최적의 이동 경로·시간·비용을 자동 추천해준다. 더 나아가 환승 예약·결제·정산까지 하나의 플랫폼에서 모두 처리해 시민은 교통수단을 **이동의 조각**이 아니라 하나의 통합된 서비스로 경험하게 된다.

예컨대 시민이 앱에서 목적지를 선택하면, AI는 집 근처 공유 자전거까지의 이동 경로, 자전거 탑승 후 가장 빠른 지하철역 연결, 지하철 하차 후 맞춤형 DRT 호출, 필요 시 버스·택시·자율주행 셔틀 연계를 자동으로 제안하고, 모든 이동을 **단일 이동권**으로 통합해준다. 이로써 시민은 교통수단을 바꾸는 과정에서의 불편함을 느끼지 않고, 마치 **도시 전체가 하나의 거대한 교통망**처럼 이동할 수 있게 된다.

이러한 AI 기반 MaaS 플랫폼이 구축되면 집부터 목적지까지 하나의 앱으로 해결되는 교통 혁신이 가능해진다. 이는 교통 혼잡 감소, 탄소 배출 절감, 자가용 의존도 완화, 고령층·학생 등 이동 약자의 이동권 보장 등 광범위한 효과를 가져오며, 궁극적으로 도시 전체의 이동 효율성을 극대화하는 핵심 정책으로 자리 잡게 된다.

이렇게 AI 기반 지능형 교통 운영시스템은 모든 시민에게 공평한 **이동의 자유**를 돌려줌으로써 **시민주권**을 실현할 수 있다.

Ⅳ. AI로 지키는 시민의 안전

인공지능(AI) 기술의 발전은 도시 안전 관리의 새로운 패러다임을 제시할 수 있다. 전통적인 안전 시스템의 한계를 극복하고, 예방적이고 지능적인 대응 체계를 통해 시민들의 삶의 질을 획기적으로 향상시킬 수 있는 가능성이 열린 것이다.

1. AI기반 재난 예측 및 대응 시스템

1) 재난 대응 환경 : 광명 신안산선 사고가 주는 교훈

지금 이순간에도 수많은 재난과 사고가 발생하면서 사람의 생명을 위협하고 있다. 세월호 참사와 이태원 참사, 오송차도 참사 등 대규모 사고는 우리에게 안전이 무엇보다도 귀중한 가치라는 점을 새삼 인식시켜주고 있다.

지난 2024년 3월 광명시 신안산선 공사현장 붕괴 사고는 재난 대응 시스템의 근본적인 한계를 보여준다. 0시 30분에 공사 현장에서 붕괴가 우려된다는 신고가 접수되었으나 15시에 터널이 붕괴되었을 때 현장 노동자가 남아있었고, 18시에야 주민들에게 대피명령이 내려왔다. 이 사고는 대표적으로 초기 대응 지연이라는 현행 재난 대응 시스템의 치명적 약점을 드러낸다.

도시의 재난 대응 체계는 세 가지 근본적인 문제를 안고 있다. 첫째, 사전 예방 및 모니터링 인프라가 부족하다. 신안산선과 같은 대형 공사 현장의 구조물 안전을 실시간으로 모니터링하고 붕괴 위험을 사전에 감지할 수 있는 시스템이 없다.

둘째, 초기 대응이 지연된다. 신안산선 붕괴 사고 당시 위험 신고 접수 후 실제 대피명령까지 17시간 30분이 소요되었다는 것은 의사결정 구조와 대응 프로세스에 심각한 문제가 있음을 보여준다. 여러 기관 간의 소통 부재와 명확한 대응 매뉴얼의 부재가 원인이었다.

셋째, 광명시 등 많은 도시에 지형적 특성상 집중호우 시 침수 위험이 높은 지역이 많다. 특히 광명천 주변 저지대와 철산동 일대는 과거에도 침수 피해가 반복되었으나, 이를 사전에 예측하고 선제적으로 대응할 수 있는 시스템이 미비하다. AI 기술의 도입은 도시가 직면한 이러한 재난 대응의 한계를 극복할 수 있는 혁신적인 해결책이 될 수 있다.

도시의 재난 예측 능력을 획기적으로 향상시키기 위해서는 AI 기반 통합 예측 시스템이 필수적이다. 이 시스템은 다양한 센서 데이터와 기상 정보를 실시간으로 분석하여 재난을 사전에 예측하고 조기 경보를 발령할 수 있다.

시스템의 핵심 기능은 다음과 같다. 첫째, 침수 위험 예측 시스템이다. 서울시가 2021년부터 운영 중인 '스마트 침수 예측 시스템'이 대표적인 사례이다. 서울시는 주요 하천의 수위 센서, 하수관로 수위 센서, 배수펌프장 가동 현황, 그리고 기상청의 실시간 강우 예측 데이터를 통합 분석하여 침수를 예측하고 있다.

둘째, AI는 과거 침수 이력이 있는 저지대, 하천 주변 지역 등의 시간대별 침수 위험도를 30분 단위로 예측한다. 위험도가 높아지면 해당 지역 주민들에게 자동으로 긴급 문자를 발송하고, 지하주차장 차량 이동을 안내하며, 배수펌프장을 선제적으로 가동한다.

셋째, 구조물 안전 실시간 모니터링 시스템이다. 싱크홀이나 붕괴사고 재발을 방지하기 위해, 대형 공사 현장과 주요 노후 건축물에 IoT 센서를 설치하여 구조물의 진동, 균열, 기울기, 지반 침하 등을 24시간 모니터링한다. AI는 이러한 데이터를 실시간으로 분석하여 붕괴 위험도를 평가할 수 있다.

특히 중요한 것은 자동 대피명령 발령 시스템이다. 붕괴 우려 신고가 접수되면, AI가 즉각적으로 센서 데이터를 분석하여 위험도를 평가하고, 일정 기준 이상일 경우 자동으로 현장의 모든 인원에게 긴급 대피명령을 발령한다. 인간의 판단과 의사결정을 기다리는 시간을 최소화하여 골든타임을 확보하는 것이다. 과거 강남 지하주차장 사고, 오송차도사고 당시 센서가 작동하고 인근에 자동 긴급 문자가 발송되었다면 인명피해까지 발생하진 않았을 것이다.

넷째, 산사태 위험 예측 시스템이다. 산지 주변 지역은 집중호우 시 산사태 위험이 있다. 강우량, 토양 수분 센서, 지형 정보를 통합하여 산사태 위험도를 예측하고, 위험감지 센서에 따라, 등산로 폐쇄 및 인근 주민 대피 등의 조치를 사전에 시행한다.

2) 통합 재난 대응 플랫폼

오송지하차도 참사에서 드러난 주요 문제는 여러 기관 간의 소통 부재였다. 당시, 하천관리를 담당하는 기관과 주요 지자체들의 소통이 원활하지 못하면서 결국 도로를 통제하지 못하였고, 수많은 사람들이 차도에 갇힌 채 익사하고 말았다. 현재 하천관리, 소방, 경찰, 지자체, 유관기관이 각각 별도의 시스템으로 운영되어 정보 공유와 협업에 한계가 있다. 이를 해결하기 위해 통합 재난 대응 플랫폼이 필요하다. 플랫폼의 핵심 기능은 다음과 같다.

첫째, 실시간 정보 통합 대시보드이다. 하천관리를 담당하는 행안부와 환경부, 소방서, 경찰서, 지자체 재난안전과, 광역 재난안전본부 등 모든 유관기관이 하나의 플랫폼에서 실시간으로 정보를 공유한다. 재난 발생 시 각 기관이 어떤 자원을 어디에 배치하였는지, 현재 상황이 어떻게 진행되고 있는지를 모두가 동시에 파악할 수 있다.

둘째, AI 기반 자원 배치 최적화 시스템이다. 재난 발생 시 AI는 재난의 종류, 규모, 위치를 자동으로 판단하고 필요한 자원(소방차, 구급차, 경찰, 장비, 의료진 등)을 계산한다. 각 기관의 가용 자원과 현재 위치, 이동 시간을 실시간으로 고려하여 최적의 배치 계획을 수립하고, 자동으로 출동 명령을 생성한다.

셋째, 시민 대피 안내 시스템이다. 재난 발생 지역의 모든 시민에게 스마트폰 앱, 문자, 재난방송 등 다중 채널로 긴급 알림을 전송한다. AI는 개인의 현재 위치를 고려하여 가장 안전한 대피 경로를 개인별로 안내한다. 광명 신안산선 사고처럼 대피명령이 늦어지는 상황을 방지할 수 있다.

2. AI기반 스마트 응급의료 시스템

응급의료에서 가장 중요한 것은 단 하나, 시간이다. 그러나 현실에서는 병상 부족, 병원 간 정보 단절, 반복적인 수용 거부, 교통 지연 등으로 인해 수많은 응급환자가 병원을 전전하다 골든타임을 놓치는 일이 반복되고 있다. 이러한 문제는 개별 병원이나 구급대의 노력만으로 해결할 수 없는 도시 시스템의 문제다.

이에 따라 모든 도시는 AI 기반 스마트 응급의료 시스템을 핵심 도시 인프라로 구축하여야 한다. 이 시스템은 응급환자 발생 순간부터 병원 도착, 치료 개시까지의 전 과정을 하나의 지능형 흐름으로 통합해, 사람의 판단을 보조하고 도시 차원의 대응 속도를 극대화하는 것을 목표로 한다. AI 기반 스마트 응급의료 시스템은 의료 기술의 문제가 아니라, 도시가 시민의 생명을 어떻게 책임질 것인가에 대한 대답이다.

'당신이 쓰러지는 순간부터, 도시는 이미 움직이고 있었다.'
AI를 통해 사람의 생명을 가장 빠르게 살릴 수 있도록 도시 전체를 하나의 유기체로 만들어야 한다.

1) AI 기반 스마트 병원 연계 시스템

실시간 응급실 정보 통합 플랫폼

AI 기반 응급의료 시스템의 출발점은 병원 정보의 실시간 통합이다. 응급의료의 지연은 대개 의료 기술의 부족이 아니라, 어느 병원이 어떤 환자를 수용할 수 있는지에 대한 정보가 분절되어 있다는 데서 발생한다. 도시

내 병원은 물론 인근 권역의 종합병원과 전문병원까지 포함해, 응급실의 실제 수용 능력을 하나의 흐름으로 파악하지 못하는 구조에서는 골든타임을 지키기 어렵다.

실시간 응급실 정보 통합 플랫폼은 이러한 한계를 근본적으로 해소하는 장치다. 이 플랫폼은 응급실 가용 병상 수, 현재 진료 가능한 진료과와 전문의 당직 현황, 대기 환자 수와 중증도 분포, CT·MRI·혈관조영 장비와 같은 특수 의료 장비의 가용 여부를 실시간으로 수집·통합한다. 개별 병원이 각자 관리하던 정보를 도시 차원에서 하나의 화면으로 연결함으로써, 응급의료의 현재 상태가 즉각적으로 가시화된다.

이 시스템이 구축되면 구급대와 상황실은 더 이상 병원에 일일이 전화를 걸어 수용 가능 여부를 확인할 필요가 없다. 응급환자가 발생한 순간, **도시 전체의 응급의료 수용 능력을 한눈에 파악하고, 가장 적절한 병원을 즉시 판단할 수 있다.** 이는 응급의료 대응 속도를 획기적으로 단축시키는 동시에, 의료진과 구급대의 불필요한 소모를 줄이는 효과를 가져온다.

이와 같은 방식은 이미 해외에서 실효성이 입증되고 있다. 덴마크는 국가 차원의 응급의료 데이터 플랫폼을 구축해 병원 응급실 가용 정보를 실시간으로 통합 관리하고 있으며, 이를 통해 심정지 환자의 병원 도착 전 치료 개시율을 크게 향상시켰다. 병원이 환자를 기다리는 구조에서, 시스템이 먼저 병원을 준비시키는 구조로 전환한 것이다.

결국 실시간 응급실 정보 통합 플랫폼은 단순한 정보 공유 시스템이 아니다. 이는 응급의료를 개별 병원의 대응 역량에 맡기는 방식에서 벗어나,

도시 전체가 하나의 응급의료 네트워크로 작동하도록 만드는 핵심 인프라다. 응급환자가 병원을 찾아 헤매는 도시가 아니라, 병원이 먼저 응급환자를 맞이할 준비를 하는 도시로 전환하는 것, 그 출발점이 바로 이 통합 플랫폼이다.

자동 응급환자 신고 시스템 (웨어러블 연계)

응급 상황의 상당수는 병원이나 공공장소가 아니라, 일상의 공간에서 갑작스럽게 발생한다. 특히 심혈관질환, 뇌졸중, 중증 만성질환을 앓고 있는 고위험 환자의 경우, 증상이 시작되는 순간 스스로 구조를 요청하지 못하는 상황이 빈번하다. 이때 구조 요청의 지연은 곧 생존 가능성의 급격한 저하로 이어진다. 이러한 한계를 보완하기 위해 필요한 것이 **웨어러블 기기와 연계된 자동 응급환자 신고 시스템**이다.

이 시스템은 개인이 착용한 웨어러블 기기를 통해 심박수, 혈압, 산소포화도와 같은 주요 생체 신호를 상시 모니터링한다. AI는 이 데이터를 지속적으로 분석하며, 정상 범위를 벗어나는 급격한 변화나 위험 패턴을 감지한다. 심장이 갑자기 멈추거나 혈압이 급격히 저하되는 경우, 또는 의식 소실이 의심되는 상황이 발생하면 AI는 이를 단순한 이상 신호가 아니라 즉각적인 응급 상황으로 판단한다.

응급 상황이 감지되면 시스템은 별도의 사용자 조작 없이 자동으로 긴급 구조 요청을 전송한다. 119에 바로 연락이 이루어지며, 동시에 착용자의 실시간 위치 정보와 함께 최소한의 기초 건강 정보가 함께 전달된다. 이는 구급대가 현장에 도착하기 전부터 환자의 상태를 예측하고, 필요한 장비와 처치를 준비할 수 있도록 돕는다. 동시에 착용자 본인과 사전에 등록된 보호자에게도 즉시 알림이 전달되어, 가족이나 주변인의 대응 역시 병행될 수 있다.

이러한 자동 신고 시스템의 핵심은 '빠름'뿐 아니라 **'확실함'**에 있다. 환자가 쓰러진 뒤 누군가 발견해 신고해 주기를 기다리는 구조에서 벗어나, **도시와 시스템이 먼저 환자의 이상을 인지하고 움직이는 구조**로 전환되는 것이다. 이는 응급의료 대응의 출발점을 병원이나 구급차가 아니라, 시민의 몸과 일상 속으로 확장시키는 변화라 할 수 있다.

이와 같은 접근은 이미 해외에서 효과를 입증하고 있다. 싱가포르의 MyResponder 시스템은 시민, 웨어러블 기기, 응급의료 서비스가 하나의 네트워크로 연결된 대표적인 사례다. 이 시스템은 심정지와 같은 응급상황이 발생하였을 때 자동 감지 정보와 위치 정보를 활용해, 인근의 응급대응 인력과 시민 자원봉사자, 구급대가 동시에 움직일 수 있도록 설계되어 있다. 그 결과 구조 요청부터 초기 대응까지 걸리는 시간이 크게 단축되었고, 생존율 향상에도 기여하였다는 평가를 받고 있다.

결국 웨어러블 연계 자동 응급환자 신고 시스템은 기술 편의의 문제가 아니다. 이는 응급 상황에서 개인의 무력함을 최소화하고, 도시가 시민의 생명을 선제적으로 보호하는 구조를 만드는 핵심 장치다. 사람이 도움을 요청할 수 없을 때에도, 시스템이 대신 손을 들어 구조를 부르는 도시. AI 기반 응급의료가 지향해야 할 모습은 바로 여기에 있다.

2) AI 기반 응급처치 지원 및 원격 의료 시스템

실시간 바이탈 모니터링 및 이상 징후 분석

AI 기반 응급처치 지원 시스템의 가장 핵심적인 기능은 **환자의 상태를 실시간으로 읽고, 변화의 방향을 예측하는 능력**에 있다. 응급의료 현장에서 가장 위험한 순간은 환자의 상태가 갑자기 악화되는 시점이지만, 기존의 응급 대응은 이러한 변화를 사전에 포착하는 데 구조적인 한계를 갖고 있었다. 구급대원은 환자의 혈압이나 맥박을 일정 간격으로 확인하고, 경험과 직관에 의존해 상태 변화를 판단할 수밖에 없었다. 그러나 급변하는 응급 상황에서 이러한 방식은 항상 충분하지 않았다.

AI 기반 실시간 바이탈 모니터링 시스템은 이러한 한계를 근본적으로 바꾼다. 구급차에 탑재된 고급 의료 장비는 환자의 혈압, 맥박, 체온, 산소포화도, 심전도와 같은 주요 생체 신호를 초 단위로 측정한다. 중요한 것은 이 데이터가 단순히 기록되는 데 그치지 않는다는 점이다. AI는 이 수치들을 개별적으로 보는 것이 아니라, 시간의 흐름 속에서 나타나는 변화 패턴과 신호 간의 상관관계를 지속적으로 분석한다.

예를 들어 혈압이 아직 정상 범위에 있더라도, 맥박의 불규칙성 증가와 산소포화도의 미세한 저하, 심전도 파형의 변화가 동시에 관찰된다면, AI는 이를 단순한 일시적 변동이 아니라 상태 악화의 초기 신호로 해석할 수 있다. 인간의 눈에는 아직 '괜찮아 보이는' 수치일지라도, AI는 수많은 응급 사례 데이터를 학습한 결과를 바탕으로 위험의 방향성을 먼저 감지한다.

이러한 분석을 통해 AI는 환자의 상태가 언제, 어떤 방식으로 악화될 가능성이 있는지를 예측하고, 위험 신호가 포착되는 즉시 응급구조사에게 경고를 전달한다. 이 경고는 단순한 알림이 아니라, "현재 추세상 ○○ 위험이 증가하고 있다"는 형태로 제공되며, 동시에 필요한 조치에 대한 제안이 함께 제시된다. 예컨대 산소 공급량을 조정해야 하는지, 추가적인 심전도 확인이 필요한지, 특정 응급처치를 준비해야 하는지를 명확하게 안내한다.

이 과정에서 중요한 변화는 응급의료의 기준이 '사후 대응'에서 **'사전 개입'**으로 이동한다는 점이다. 과거에는 환자의 상태가 명확히 악화된 이후에야 조치가 이루어졌다면, AI 기반 시스템에서는 악화가 현실화되기 전에 개입이 가능해진다. 이는 응급처치의 성공 확률을 높일 뿐 아니라, 환자가 병원에 도착하였을 때 이미 중증 상태로 악화되어 있는 상황을 예방하는 데 결정적인 역할을 한다.

또한 실시간 바이탈 분석은 응급구조사의 판단 부담을 크게 줄여준다. 긴박한 상황 속에서 여러 수치를 동시에 해석하고 결정을 내려야 하는 부담은 응급구조사에게 큰 스트레스 요인이다. AI는 이 복잡한 계산과 비교를 대신 수행함으로써, 구조사가 환자의 전반적인 상태와 현장 대응에 더욱 집중할 수 있도록 돕는다. 이는 인간의 역할을 축소하는 것이 아니라, 오히려 인간의 판단이 가장 필요한 지점에 역량을 집중시키는 방향의 기술 활용이다.

결과적으로 실시간 바이탈 모니터링 및 이상 징후 분석 시스템은 응급의료의 '감각'을 바꾼다. 응급 대응은 더 이상 순간적인 판단과 경험에만 의존하지 않는다. 도시가 축적한 데이터와 AI의 분석 능력이 응급 현장에 결합되면서, 구급차 안에서는 환자의 현재 상태뿐 아니라 다가올 위험까지 함께 관리하는 의료 행위가 이루어진다. 이는 구급차를 단순한 이송 공간이 아니라, 환자의 생존 가능성을 실질적으로 끌어올리는 지능형 치료 공간으로 전환시키는 첫 번째 단계다.

원격 의료 지원 시스템

응급의료에서 가장 큰 격차는 장비의 차이가 아니라 판단의 접근성에서 발생한다. 대형 병원과 전문의가 밀집한 지역에서는 신속하고 정확한 의료 판단이 가능하지만, 현장이나 이송 과정에서는 응급구조사의 제한된 인력과 경험에 의존할 수밖에 없는 경우가 많다. 특히 발생 빈도가 낮은 특수 응급 상황이나 복합 질환의 경우, 초기 판단의 미세한 차이가 치료 결과를 크게 좌우한다. 이 구조적 한계를 극복하기 위해 등장한 것이 **AI 기반 원격 의료 지원 시스템**이다.

원격 의료 지원 시스템은 구급차와 병원 응급실의 전문의를 실시간으로 연결한다. 응급 상황이 발생하면, 구급차 내부의 영상·음성·의료 데이터가 즉시 병원으로 전송되고, 응급의학과 전문의 또는 해당 분야 전문의가 현장 상황을 직접 확인한다. 전문의는 환자의 표정, 호흡 상태, 피부 색 변화와 같은 비정형 정보까지 종합적으로 파악하며, 응급구조사에게 즉각적인 지시와 판단을 제공한다. 이는 단순한 전화 자문을 넘어, 전문의의 눈과 판단이 현장에 함께 존재하는 구조를 만든다.

이 시스템의 핵심은 '원격'이라는 물리적 거리의 해소가 아니라, 의료 판단 시점의 전진에 있다. 기존 구조에서는 전문적인 판단이 병원 도착 이후에야 본격적으로 이루어졌다면, 원격 의료 지원 시스템에서는 그 판단이 이송 과정부터 개입한다. 예컨대 중증 외상 환자의 경우, 출혈 조절 방식이나 기도 확보 여부, 특정 약물 투여 시점에 대한 판단이 병원 도착 전부터 조율된다. 이는 치료의 시작점을 앞당기는 효과를 가져오며, 골든타임을 실질적으로 확장한다.

AI는 이 과정에서 **전문의와 응급구조사를 연결하는 조정자 역할**을 수행한다. 실시간 바이탈 데이터와 현장 정보가 자동으로 정리·요약되어 전문의에게 전달되고, AI는 환자의 상태 변화 추세와 주요 위험 요인을 시각화해 보여준다. 이를 통해 전문의는 제한된 시간 안에 핵심 정보를 빠르게 파악할 수 있고, 보다 정확한 판단을 내릴 수 있다. 응급구조사 역시 복잡한 상황 설명에 시간을 소모하지 않고, 전문의의 지시에 집중할 수 있다.

원격 의료 지원 시스템은 특히 희귀하거나 복합적인 응급 상황에서 강력한 효과를 발휘한다. 중독 사고, 특수 외상, 소아 응급, 고령 다질환 환자와 같은 사례는 현장 경험만으로 판단하기 어렵고, 잘못된 초기 대응이 치명적인 결과로 이어질 수 있다. 이때 전문의의 실시간 개입은 응급구조사의 판단 부담을 줄이고, 대응의 정확도를 크게 높인다. 이는 개인의 숙련도에 따라 달라지던 응급 대응의 질을, 도시 차원에서 일정 수준 이상으로 끌어올리는 역할을 한다.

또한 원격 의료 지원은 의료 자원의 공간적 불균형을 완화하는 수단이기도 하다. 모든 지역에 모든 전문의를 상시 배치하는 것은 현실적으로 불가능하다. 그러나 원격 시스템을 통해 전문의의 판단을 공유한다면, 의료 자원의 물리적 집중이 곧 의료 접근성의 격차로 이어지는 구조를 완화할 수 있다. 이는 대도시뿐 아니라 중소도시, 외곽 지역에서도 일정 수준 이상의 응급의료 대응을 가능하게 한다는 점에서 중요한 의미를 갖는다.

더 나아가 이 시스템은 응급의료의 책임 구조를 변화시킨다. 응급 대응은 더 이상 현장 인력 개인에게만 귀속되지 않는다. 전문의, 응급구조사, AI 시스템이 하나의 팀으로 작동하며, 판단과 책임이 공동으로 형성된다. 이는 응급의료를 개인의 헌신에 의존하는 영역에서, **도시가 조직적으로 책임지는 공공 시스템**으로 전환시키는 과정이다.

결국 AI 기반 원격 의료 지원 시스템은 응급의료를 '이송 중심'에서 '치료 중심'으로 이동시킨다. 구급차는 환자를 병원으로 옮기는 공간이 아니라, 병원의 의료 판단이 이미 시작되는 장소가 된다. 전문의의 지식과 경험은 더 이상 특정 건물 안에 고정되지 않고, 도시 전역으로 확장된다. 이는 응급의료 기술의 발전이 아니라, 도시가 시민의 생명을 보호하는 방식이 한 단계 진화하였음을 보여주는 신호다.

응급 상황에서 가장 두려운 것은 '도움이 늦을지 모른다'는 불확실성이다. 원격 의료 지원 시스템은 이 불확실성을 줄인다. 시민이 어디에 있든, 전문적인 의료 판단이 가능한 한 빠르게 도달하도록 만드는 것, 그것이 이 시스템이 지향하는 궁극적인 목표다.

3. AI기반 스마트 소방 시스템

1) 소방점검의 내실화와 초기대응 지원 플랫폼

화재는 예고 없이 찾아오지만, 죽음은 대부분 예고된 결과다. 최근 수년간 언론에 반복적으로 등장한 기사들은 이 사실을 잔인할 만큼 분명하게 보여준다. 부모님 없이 집에 있던 어린이들이 화재 현장에서 대피하지 못해 사망하였다는 소식, 아파트 화재에서 알림벨이 울리지 않아 주민들이 결국 대피하지 못하였다는 기사, 제연 설비와 차단벽이 작동하지 않았다는 뒤늦은 확인. 이 비극들은 '불이 커서'가 아니라, 불이 났을 때 작동해야 할 시스템이 작동하지 않았기 때문에 발생하였다.

지난해 광명 소하동 아파트 화재 사고에서는 사고 전날 장비 점검이 이뤄졌다고 기록돼 있었지만, 실제 화재 당시 연기감지기 경보는 울리지 않았다. 주민들은 어디로 대피해야 하는지 알지 못한 채 혼란 속에 갇혔다. 결과적으로 옥상으로 대피하던 다수의 주민이 연기 흡입으로 사망하거나 장기간 치료를 받아야 하였다. 그 가운데 생존한 이들은 우연히도 소방관 가족이었고, 화장실에서 물을 틀고 연기를 차단한 채 구조를 기다려 생존하였다는 사실이 알려졌다. 이 장면은 우리 사회의 소방 시스템이 얼마나 '형식적 안전'에 머물러 있었는지를 상징적으로 보여준다.

지금의 소방 점검 체계는 기록 중심으로 운영되고 있다. 점검표에는 '정상'이 체크되지만, 실제로 스프링클러에서 물이 나오는지, 경보벨이 울리는지, 방화 차단벽이 제때 내려오는지, 제연 설비가 연기를 막아주는지는 시민이 알 수 없다. 안전은 점검되었다고 기록되지만, 검증되지 않은 안전으로 남는다.

AI 기반 스마트 소방 시스템은 이 구조를 근본적으로 바꾸는 것을 목표로 한다. 핵심은 **'점검의 실체화'**다. 모든 건물의 소방 점검은 월 1회 이상 영상으로 기록되어 공개되어야 한다. 사진 한 장으로는 충분하지 않다. 스프링클러에서 실제로 물이 분사되는지, 알림벨이 명확하게 울리는지, 방화 차단벽이 끝까지 작동하는지, 제연 설비가 연기를 차단하는지를 연속된 영상으로 확인할 수 있어야 한다. 이 영상은 단순한 기록이 아니라, 시민이 언제든지 확인할 수 있는 공개 자료로 관리된다.

안전은 익명화된 책임 아래 존재할 수 없다. 일반적으로 소방안전관리대상이 되는 건물은 등급(특급, 1급, 2급, 3급)에 따라 반드시 소방안전관리자를 선임해야 한다. 선임된 관리자는 소방계획 수립, 소방훈련, 시설 유지관리 등 화재 예방 및 대응 업무를 수행하며, 법정 교육 이수 의무가 있다. 플랫폼에는 담당 건물의 소방안전관리자의 이름과 연락처가 명시되어 있어야 하며, 비상 상황이 발생하였을 때 주민이 직접 연락할 수 있어야 한다. 누가 이 건물의 안전을 책임지고 있는지, 문제가 발생하였을 때 누구에게 물을 수 있는지가 명확해야 한다. 이는 처벌을 위한 장치가 아니라, 책임이 분명할수록 점검의 질이 높아진다는 가장 기본적인 원칙을 제도화하는 과정이다.

AI는 이러한 점검 데이터를 단순히 저장하는 데 그치지 않는다. 업로드된 영상과 기록을 분석해, 점검 누락이나 반복되는 문제를 자동으로 감지한다. 특정 설비에서 반복적으로 문제가 발생한다면 경고를 발생시키고, 점검 주기를 강화하거나 추가 점검을 요구한다. 형식적 점검은 더 이상 통과할 수 없게 된다.

그러나 장비가 작동한다고 해서 시민이 자동으로 안전해지는 것은 아니다. 화재 시 가장 중요한 것은 초기 대응이며, 대응 매뉴얼은 성인뿐 아니라 초등학생도 이해할 수 있어야 한다. 따라서 모든 건물의 초기 대응 매뉴얼이 AI플랫폼에 등록되어야 하며, 이 매뉴얼은 어려운 전문 용어가 아니라 그림과 음성, 단계별 안내로 구성되어야 한다. “불이 나면 이렇게 하세요”라는 추상적인 문구가 아니라, “연기가 보이면 엘리베이터를 타지 말고, 이 방향 계단으로 이동하세요”, “문 손잡이가 뜨거우면 열지 마세요”와 같이 구체적이고 직관적인 안내가 필요하다.

이 매뉴얼은 집 안에만 머무르지 않는다. 시민이 특정 건물이나 지역에 들어가면, AI플랫폼을 통해 해당 건물의 대피 경로와 소화전 위치, 안전구역 정보가 자동으로 알림으로 제공된다. 내가 사는 집이 아니라, 잠시 방문한 학교, 상가, 병원, 공공시설에서도 최소한의 대피 정보는 즉시 확인할 수 있어야 한다. 화재는 ‘익숙하지 않은 공간’에서 더 위험하기 때문이다.

AI 기반 스마트 소방 시스템이 지향하는 것은 단순히 화재를 빨리 진압하는 것이 아니다. 미처 대피하지 못해 죽는 사회를 끝내는 것이다. 장비가 작동하지 않아, 정보를 몰라서, 책임자가 보이지 않아서 목숨을 잃는 일은 더 이상 개인의 불운으로 치부될 수 없다. **안전은 선택이 아니라, 도시가 시민에게 제공해야 할 최소한의 권리**다.

이 시스템이 작동하는 도시에서는 화재가 발생하였을 때 이렇게 말할 수 있어야 한다. "우리는 최선을 다하였다." 그 최선은 소방관의 용기만을 의미하지 않는다. 사전에 점검이 제대로 이루어졌는지, 시민이 이해할 수 있는 안내가 제공되었는지, 책임이 분명하였는지까지 포함한 도시 전체의 준비 상태를 뜻한다. AI 기반 스마트 소방 시스템은 기술의 문제가 아니라, 비극을 반복하지 않겠다는 사회의 결심을 구조로 만드는 작업이다.

2) AI 화재 예측 및 조기 감지 시스템

화재는 예방과 조기 감지가 무엇보다 중요하다. 도시는 AI 기반 화재 예측 및 조기 감지 시스템을 구축하여 화재 발생을 사전에 방지하고, 발생 시 가장 빠른 시간 내에 감지해야 한다. 시스템의 핵심 기능은 다음과 같다.

첫째, 화재 위험도 예측 시스템이다. AI는 다양한 데이터를 분석하여 지역별, 시간대별 화재 발생 위험도를 예측한다. 과거 화재 발생 데이터, 건물 노후도, 기상 정보(건조 특보, 강풍 특보), 계절 정보, 지역 특성(주거지역, 상업지역, 공단지역) 등을 종합적으로 분석한다.

예를 들어 겨울철 건조한 날씨에 강풍이 불 경우 구도심 지역의 노후 주택가 화재 위험도가 높게 예측되면, 해당 지역에 화재 예방 안내 문자를 발송하고 소방 순찰을 강화한다. 공단지역의 경우 명절 연휴 직후 공장 재가동 시기에 전기 화재 위험도가 높아지므로, 사전에 안전 점검을 독려한다.

둘째, CCTV 기반 연기·화염 조기 감지 시스템이다. 도시 전역의 CCTV에 AI 영상 분석 기능을 추가하여, 연기나 화염을 자동으로 감지한다. 특히 사람이 없는 야간 시간대나 인적이 드문 공단지역, 산지 주변에서 발생하는 화재를 조기에 포착할 수 있다.

AI는 연기의 색깔, 농도, 확산 패턴을 분석하여 일반 연기(음식 조리, 담배 연기 등)와 화재 연기를 구분한다. 화재로 판단되면 즉시 소방서와 CCTV 관제센터에 자동으로 경보를 발령하고, 해당 CCTV 영상을 실시간으로 전송한다. 신고 접수를 기다리지 않고 선제적으로 대응할 수 있어, 대형 화재로 번지기 전에 진압할 수 있다.

셋째, 노후 건축물 화재 위험 모니터링 시스템이다. 구도심 지역의 30년 이상 노후 건축물을 대상으로 화재 위험도를 정기적으로 평가한다. 건축물 노후도, 전기 시설 상태, 소방 시설 점검 이력, 과거 화재 발생 이력 등을 종합적으로 분석하여 고위험 건물을 선정하고, 우선적으로 안전 점검과 소방 시설 보강을 실시한다.

3) 소방 현장 지원 AI 시스템

화재 현장에 도착한 소방대원들을 지원하기 위한 AI 시스템도 필수적이다. 이 시스템은 효율적인 화재 진압과 인명 구조를 가능하게 한다. 시스템의 핵심 기능은 다음과 같다.

첫째, 소형드론을 활용한 선제적 현장 파악이다. 화재 현장에 소방대원이 투입되기 전, AI 제어 드론이 먼저 현장 상황을 파악한다. 열화상 카메라를 장착한 드론은 건물 내부의 화재 확산 범위, 고립된 인원의 위치, 구조물의 붕괴 위험 구역, 진입 가능 경로 등을 실시간으로 분석하여 지휘부에 전달한다.

특히 다층 건물이나 복잡한 구조의 공장 화재에서 드론 정보는 매우 유용하다. 소방대원들은 어느 지점에서 진입하는 것이 안전한지, 어느 구역에 인명이 고립되어 있는지를 사전에 파악하여 더욱 안전하고 효율적인 진압 및 구조 전략을 수립할 수 있다.

둘째, 화재 진압 시뮬레이션 및 예측 시스템이다. AI는 건물의 구조 정보, 가연물 종류, 바람 방향과 속도, 화재 발생 시간, 현재 화염 확산 상황 등을 종합하여 화재가 앞으로 어떻게 확산될지 예측한다. 이를 바탕으로 최적의 진압 지점, 필요한 소방용수량, 투입 인력 규모, 인명 구조 우선순위 등을 제시한다.

예를 들어, 아파트 화재의 경우 바람 방향을 고려하여 화재가 옆집이나 위층으로 번질 가능성을 예측하고, 선제적으로 해당 세대의 주민들을 대피시킨다. 공장 화재의 경우 저장된 위험물의 폭발 가능성을 계산하여 안전거리를 설정하고 주변 주민 대피 구역을 결정한다.

셋째, 소방대원 안전 모니터링 시스템이다. 화재 현장에 투입된 소방대원들의 위치, 체온, 산소 공급 상태, 활동 시간 등을 실시간으로 모니터링한다. 소방대원의 공기호흡기 잔량이 부족해지면 자동으로 경고하고 교대 시점을 알려준다. 대원이 위험 구역에 너무 오래 머물면 즉시 철수를 지시한다. 이를 통해 소방대원의 안전을 확보하면서도 효율적인 진압 활동이 가능하다.

- 시민이 상상한 재난안전 플랫폼 -

저녁 7시 40분, 아파트 17층에 사는 초등학교 4학년 민준이는 부모님을 기다리며 집에서 혼자 숙제를 하고 있었다. 갑자기 휴대전화와 집 안 스피커에서 동시에 알림음이 울렸다. 평소와 다른, 짧고 또렷한 소리였다.

"화재 발생. 화재 발생. 지금부터 안내를 따라주세요."

민준이는 놀랐지만, 당황하지 않았다. 학교에서 몇 번이나 연습했던 화면과 똑같은 알림이었기 때문이다. AI플랫폼을 열었더니 안내 메시지가 흘러나왔다.

"엘리베이터 사용 금지. 왼쪽 방화 계단으로 이동하세요. 수건으로 코를 막고 대피하세요"

플랫폼 화면에는 민준이가 사는 아파트 구조를 바탕으로 한 간단한 그림이 표시되었다. 지금 있는 방에서 나가 어느 방향으로 움직여야 하는지, 몇 걸음 정도 가면 계단이 나오는지가 화살표로 표시돼 있었다. 글씨는 짧았고, 음성 안내는 또박또박하였다. 초등학생도 한 번에 이해할 수 있는 설명이었다.

민준이는 안내된 방향으로 이동하였다. 현관문을 열기 전, 화면이 다시 한 번 알려줬다.
"문 손잡이가 뜨거운지 손등으로 확인하세요."

손잡이는 뜨겁지 않았다. 문을 열자, 계단 쪽에 연기가 거의 없다는 표시가 화면에 떴다.
AI 기반 소방 시스템이 제연 설비 작동 상태를 실시간으로 반영해 안내하고 있었다.

계단을 내려가는 동안, 민준이는 알지 못하였지만 이미 도시 전체가 움직이고 있었다. 화재 감지 센서가 작동한 순간, 건물의 소방 설비 상태와 대피 경로 정보가 자동으로 확인되었고, 소방서에는 화재 위치와 구조 정보가 실시간으로 전달되었다. 동시에 이 건물에 거주하는 주민들의 스마트 기기에는 각자 위치에 맞는 대피 안내가 전송되고 있었다.

민준이는 다행히 종종 인사드렸던 같은 층 아저씨를 만나 함께 대피하기 시작하였다. 계단 중간쯤 내려왔을 때, 민준이는 갑자기 기침을 하였다. 연기는 거의 없었지만, 조금 숨이 답답하였다. 아저씨도 기침을 하기 시작하였다.

"호흡 변화 감지. 안전 구역 도착 후 상태 확인 예정."

민준이가 차고 있던 어린이용 웨어러블 기기가 호흡 패턴 변화를 감지한 것이다. 이 정보는 자동으로 시스템에 전달되었고, 아직 긴급 상황은 아니지만 관찰이 필요한 상태로 분류되었다.

건물 밖으로 나오자, 안내 화면이 다시 바뀌었다.

"현재 위치는 안전 구역입니다. 잠시 대기하세요."

그 순간, 소방차가 도착하고 구급차도 뒤이어 들어왔다. 이 또한 우연이 아니었다. 화재 발생과 동시에 스마트 소방 시스템과 스마트 응급의료 시스템이 연계되어, 이 건물에 어린이·고령자가 거주한다는 정보와 함께 의료 대응 필요 가능성이 사전에 공유되어 있었다.

잠시 후, 구급대원이 민준이에게 다가왔다.

"호흡이 조금 불편했지? 괜찮아, 잠깐만 확인하자."

구급대원이 태블릿을 보며 말하였다. 화면에는 민준이의 기본 정보와 방금 전 웨어러블에서 감지된 호흡 변화 기록이 요약돼 있었다. 별도의 설명 없이도, 구급대원은 민준이의 상태를 빠르게 파악할 수 있었다.

산소포화도와 맥박을 간단히 측정한 뒤, AI 시스템은 즉시 분석 결과를 보여줬다.
"일시적 연기 자극 가능성. 현장 안정 후 귀가 가능."

만약 상태가 더 나빴다면, 이 정보는 즉시 인근 병원 응급실로 전송되어 이송 준비가 시작되었을 것이다. 하지만 민준이는 다행히 큰 문제는 없었다. 그러나 함께 내려온 아저씨는 약간 힘들어보였다. 아저씨는 재빨리 병원 응급차를 타고 이동하였다. 그 판단 역시 사람의 감에만 의존한 것이 아니라, 실시간 데이터와 AI 분석을 바탕으로 내려진 결정이었다.

마침 민준이 부모님이 집에 도착하였다. 깜짝 놀란 부모님 앞에서 민준은 당당하게 이야기하였다.
"엄마, 아까 그 화면… 학교에서 본 거랑 똑같았어."
엄마는 고개를 끄덕였다.
"그래서 연습하는 거야. 불이 나면, 도시가 먼저 알려주거든."

그날 밤, 민준이는 평소처럼 잠자리에 들었다. 뉴스에서는 화재 소식이 짧게 나왔지만, 사망자는 없다고 하였다. 누군가는 "다행이다"라고 말하였지만, 사실 그것은 다행이 아니라 준비의 결과였다.

이 도시에서는 화재가 나면, 아이가 스스로 판단하지 않아도 된다. 도시가 먼저 알려주고, 먼저 길을 보여주고, 먼저 도와준다. 스마트 소방은 대피를 가능하게 하고, 스마트 응급의료는 그 이후의 위험까지 책임지기 때문이다.

V. AI로 대응하는 기후위기

AI 기술이 단순히 산업 발전뿐만 아니라, 기후 위기 극복과 환경 보전이라는 인류의 당면 과제를 해결하는 데 필수적인 도구이다. 특히 도시에서 AI가 어떻게 지속가능한 미래를 이끌어 나갈 수 있는지에 대한 비전과 구체적인 방안을 제시해야 한다. 이때 AI는 도시의 에너지 효율을 혁신하고, 탄소중립 도시 실현의 핵심 동력이 될 수 있다.

1. 에너지 절약을 위한 AI

1) 똑똑하게 건물을 관리하는 '스마트 빌딩 AI'

건물의 에너지 소비는 더 이상 사람이 일일이 조절해서 관리해야 할 대상이 아니다. AI 기반 에너지 절약 기술은 건물 안팎에서 발생하는 수많은 데이터를 실시간으로 수집·분석함으로써, 에너지가 가장 효율적으로 사용되도록 건물 자체의 작동 방식을 바꾼다. 건물 내부에는 온도와 습도, 사람의 유무, 공간별 사용 밀도, 조명 밝기 등을 감지하는 다양한 센서가 설치되어 있고, 외부의 날씨와 일조량, 기온 변화 같은 환경 데이터도 함께 연동된다. AI는 이 모든 정보를 종합해 지금 이 공간에 어떤 에너지가 얼마나 필요한지를 판단할 수 있다.

이 시스템의 핵심은 자동 온도 조절이다. 기존의 냉난방은 정해진 시간표나 수동 설정에 의존해, 회의실이나 교실에 사람이 없는데도 에어컨과 히터가 계속 가동되는 일이 흔하였다. AI 기반 시스템에서는 상황이 다르다. 사람이 없는 공간이 감지되거나, 이미 쾌적한 온도가 유지되고 있다고 판단되면 냉난방 장치는 자동으로 꺼지거나 최소한으로 작동한다. 반대로 회의가 시작되어 사람이 몰리거나 외부 기온 변화로 실내 온도가 급격히 변하면, 별도의 조작 없이도 즉시 적정 온도로 조절된다. 이는 불필요한 에너지 낭비를 줄이는 동시에, 사용자의 체감 쾌적성도 함께 높이는 방식이다.

조명 역시 같은 원리로 최적화된다. AI는 낮 시간대 창문을 통해 유입되는 자연광의 양을 분석해, 인공 조명이 꼭 필요한 공간에만 최소한으로 작동하도록 조절한다. 햇빛이 충분한 낮에는 조명 밝기를 낮추거나 끄고, 흐린 날이나 해가 진 이후에는 필요한 만큼만 밝기를 높인다. 퇴근 후 사람이 없는 사무실이나 방과 후 빈 교실의 불을 깜빡하고 끄지 않았더라도, AI는 이를 감지해 자동으로 조명을 차단한다. 조명을 '켜고 끄는 행위'가 아니라, '필요한 만큼만 쓰는 자원'으로 전환하는 것이다.

이러한 에너지 절약 기술은 대형 빌딩, 아파트 단지, 학교와 같은 다중이용 시설에서 특히 큰 효과를 낸다. 실제로 이 시스템을 도입한 건물에서는 전체 에너지 사용량을 약 10~30%까지 절감할 수 있는 것으로 알려져 있다. 이는 단순히 전기요금을 줄이는 차원을 넘어, 도시 전체의 에너지 소비 구조를 보다 지속가능한 방향으로 바꾸는 효과를 가진다.

결국 AI 기반 에너지 절약 기술은 에너지를 아끼라고 요구하지 않는다.

대신 건물이 스스로 상황을 판단하고, 스스로 조절하며, 스스로 낭비를 줄인다. 마치 건물이 생각하며 에너지를 사용하는 것처럼 보이게 만드는 이 변화는, 기술이 시민의 삶을 불편하게 통제하는 것이 아니라 보이지 않는 곳에서 자연스럽게 돕는 방식으로 작동할 수 있음을 보여준다.

2) 공장의 에너지 낭비를 막는 '스마트 팩토리 AI'

공장의 에너지 소비는 단순히 많이 쓰느냐, 적게 쓰느냐의 문제가 아니다. 언제, 어떤 설비가, 어떤 상태로 작동하느냐에 따라 같은 생산량을 만들고도 에너지 사용량과 비용은 크게 달라진다. AI 기반 에너지 관리 시스템은 바로 이 지점을 겨냥한다. 공장 설비마다 부착된 센서는 기계의 작동 상태, 전력 소비량, 생산량, 온도와 진동 같은 운영 데이터를 실시간으로 수집해 AI에 전달한다. AI는 이 방대한 데이터를 분석해 에너지를 가장 효율적으로 사용할 수 있는 시점과 방식, 그리고 설비의 이상 징후를 동시에 관리한다.

이 시스템의 핵심 기능 중 하나는 **최적의 가동 시간 예측**이다. 기존 공장 운영은 생산 계획에 맞춰 설비를 가동하는 데 집중하였지만, AI 기반 시스템은 여기에 전력 요금 변동과 설비 효율을 함께 고려한다. 전력 요금이 상대적으로 낮은 시간대에 생산 라인을 집중 가동하도록 일정을 조정하고, 생산량이 적거나 대기 시간이 긴 구간에서는 불필요한 공회전을 최소화한다. 이는 생산성을 해치지 않으면서도 에너지 사용량을 줄이는 방식으로, 에너지를 '더 쓰지 않고도 더 잘 쓰는' 운영을 가능하게 한다.

또 다른 중요한 기능은 **기계 고장의 사전 예측**이다. 설비 고장은 생산 중단뿐 아니라, 갑작스러운 과부하와 비효율적인 재가동으로 인해 막대한 에너지 손실을 초래한다. AI는 평소와 다른 진동 패턴, 온도 상승, 전력 사용 변화 등을 조기에 감지해 고장 가능성을 예측한다. 이를 통해 갑작스러운 멈춤을 방지하고, 계획된 정비를 통해 설비를 관리할 수 있다. 결과적으로 불필요한 에너지 낭비를 줄이는 동시에, 수리 비용과 생산 차질까지 함께 감소시킨다.

이러한 AI 기반 에너지 관리 시스템을 도입한 일부 공장에서는 생산 효율을 높이면서도 에너지 비용을 상당 부분 절감한 사례가 보고되고 있다. 에너지 사용량 감소는 곧 탄소 배출 저감으로 이어져, 기업의 비용 절감과 환경 책임을 동시에 달성하는 효과를 낳는다. 이는 에너지 절약이 생산의 적이 아니라, 오히려 지속가능한 생산을 가능하게 하는 조건임을 보여준다.

결국 AI 기반 공장 에너지 관리 기술은 기계를 더 오래, 더 세게 돌리는 방식이 아니라, 기계의 상태를 이해하고 미래를 예측함으로써 운영을 정교하게 만드는 방식이다. 공장은 더 이상 감각과 경험에만 의존해 움직이지 않는다. 데이터와 AI가 설비의 언어를 읽고, 에너지를 가장 필요한 곳에 가장 적절한 시점에 배치한다. 이 전환은 산업 현장을 단순한 소비의 공간에서, 효율과 책임이 공존하는 지능형 생산 공간으로 바꾸고 있다.

3) AI 스스로 에너지를 아끼는 '데이터 센터 AI 관리'

인공지능 시대의 또 다른 역설은, 인공지능을 움직이기 위해 막대한 에너지가 필요하다는 점이다. 대규모 AI 모델을 학습하고 운영하려면 수많은 서버가 동시에 가동되어야 하고, 이 서버들은 막대한 열을 발생시킨다.

실제로 데이터 센터에서 소비되는 전력의 상당 부분은 연산 자체보다도 서버를 식히기 위한 냉각에 사용된다. 이러한 구조에서는 AI가 발전할수록 에너지 소비와 탄소 배출 역시 함께 증가할 수밖에 없다. 이 문제를 해결하기 위해 등장한 것이 데이터 센터 AI 관리 시스템이다.

데이터 센터 AI 관리는 서버의 연산뿐 아니라, 서버를 둘러싼 환경과 운영 방식 전체를 AI가 직접 관리하는 기술이다. 데이터 센터 내부의 온도와 습도, 서버별 부하량, 시간대별 전력 사용 패턴, 외부 기온과 공기 흐름까지 다양한 데이터를 실시간으로 수집해 분석하고, 이를 바탕으로 에너지가 가장 효율적으로 사용되도록 시스템을 조정한다. 즉, 사람이 정한 고정 규칙이 아니라, 변화하는 상황에 따라 AI가 스스로 최적의 운영 방식을 찾아가는 구조다.

가장 대표적인 기능은 **냉각 시스템의 최적화**다. 기존 데이터 센터의 냉각은 안전을 최우선으로 고려해 항상 과도하게 가동되는 경우가 많았다. 그러나 AI는 서버의 실제 발열 상태와 작업 부하를 정밀하게 분석해, 필요한 만큼만 냉각 장치를 가동한다. 외부 공기가 충분히 차가운 경우에는 이를 효율적으로 유입해 냉각 에너지를 줄이고, 서버 부하가 낮은 구역과 높은 구역을 구분해 냉각을 차등 적용한다. 그 결과 불필요한 전력 낭비를 크게 줄이면서도, 서버의 안정성은 오히려 더 정밀하게 관리할 수 있다.

또 하나의 핵심은 **서버 자원 할당의 최적화**다. 데이터 센터에는 수많은 서버가 동시에 존재하지만, 모든 서버가 항상 같은 효율로 작동하는 것은 아니다. AI는 어떤 서버가 어떤 작업을 수행할 때 가장 에너지 효율적인지를 계산해, 연산 작업을 적절히 분산하거나 집중시킨다. 이를 통해 사용하지 않아도 되는 서버는 휴면 상태로 전환하고, 불필요한 전력 소모를 최소화한다. 이는 단순히 전기를 덜 쓰는 차원을 넘어, 데이터 센터 전체의 운영 효율을 구조적으로 개선하는 효과를 낳는다.

이러한 방식은 이미 현실에서 성과를 내고 있다. 대형 IT 기업들은 AI를 활용해 자사 데이터 센터의 냉각 시스템을 최적화함으로써, 냉각에 사용되는 에너지를 약 30~40%까지 절감하는 데 성공하였다고 발표하였다. 이는 데이터 센터 운영 비용 절감뿐 아니라, 대규모 AI 인프라가 환경에 미치는 부담을 실질적으로 낮추는 결과로 이어졌다.

결국 데이터 센터 AI 관리는 기술의 편의성을 넘어 책임의 문제와 연결된다. AI를 개발하고 활용하는 사회라면, 그 AI가 소비하는 에너지와 환경 비용 역시 함께 관리해야 한다. 데이터 센터 AI 관리는 바로 이 지점에서 중요한 의미를 갖는다. 인공지능이 더 많은 자원을 소비하는 존재가 아니라, 스스로의 에너지 사용을 조절하며 지속가능성을 높이는 존재로 전환되는 것이다. 말 그대로, **AI가 AI를 더 친환경적으로 만드는 단계**에 들어선 셈이다.

2. 시민들이 주인되는 AI탄소중립솔루션

1) AI로 설계하는 탄소중립 도시 운영체계

AI를 도입해 탄소중립을 실현한다는 것은, 기술이 도시를 대신 운영한다는 의미가 아니다. 오히려 그 반대다. AI는 도시의 주인이 시민이라는 사실을 실질적으로 구현하기 위한 수단이며, 복잡한 정보와 판단을 시민이 이해하고 선택할 수 있도록 돕는 공공 인프라다. 탄소중립 도시 운영에서 **AI의 역할은 통제자가 아니라, 시민의 판단과 참여를 가능하게 만드는 '보조 두뇌'**에 가깝다.

AI 기반 탄소중립 도시 운영의 출발점은 기후·에너지 데이터의 전면적 통합과 공개다. 도시에서 발생하는 에너지 사용량, 교통 이동, 건물 운영, 산업 활동, 폐기물 처리 데이터는 지금까지 행정 내부에 흩어져 있거나 시민이 접근하기 어려운 형태로 관리되어 왔다. AI는 이러한 데이터를 자동으로 수집·정리·분석하여 누구나 이해할 수 있는 형태로 시각화한다. 시민은 더 이상 '전문가만 아는 숫자'가 아니라, **자신의 생활과 지역이 얼마나 탄소를 배출하고 있는지를 직접 확인**할 수 있게 된다. 정책 지원 시스템은 행정을 돕는 동시에, 시민에게 정보를 돌려주는 장치로 작동한다.

이 통합된 데이터는 도시 전체 온실가스 배출을 정밀하게 모니터링하고 예측하는 데 활용된다. AI는 어느 지역, 어느 시간대, 어느 활동에서 탄소가 많이 배출되는지를 실시간으로 보여주고, 앞으로의 배출 추이를 예측한다. 중요한 점은 이 예측 결과가 행정 내부 판단에만 쓰이지 않는다는 것이다. 시민은 AI 대시보드를 통해 다양한 감축 시나리오를 직접 확인하고, 어떤 선택이 어떤 결과를 가져오는지를 비교할 수 있다. 탄소중립 목표는 행정이 정해주는 숫자가 아니라, 시민이 이해하고 동의하는 공동의 선택으로 전환된다.

도시 디지털 트윈은 이러한 시민 참여를 공간 차원으로 확장한다. 디지털 트윈은 도시의 건물, 도로, 녹지, 에너지 시스템을 가상 공간에 그대로 구현한 모델로, AI는 이 가상 도시에서 탄소중립 정책을 미리 실험한다. 시민은 특정 지역의 재생 계획이나 건축물 배치 변경, 녹지 확대, 재생에너지 설치가 실제로 어떤 영향을 미치는지를 시뮬레이션으로 직접 확인할 수 있다. 도시재생은 더 이상 전문가의 설계안을 사후에 설명받는 과정이 아니라, 시민이 사전에 보고 판단하며 참여하는 공동 설계 과정이 된다.

건물·교통·산업·에너지 시스템의 AI 기반 최적화 역시 시민의 삶과 분리되지 않는다. AI는 냉난방, 조명, 교통 흐름, 산업 설비 가동, 전력 수요와 공급을 자동으로 조정하지만, 그 기준은 효율성만이 아니라 시민의 안전과 편의, 형평성이다. 에너지 절약의 부담이 특정 계층이나 지역에만 전가되지 않도록, AI는 데이터에 기반해 공정한 분담 구조를 제안하고 시민에게 선택권을 제공한다. 시민은 단순히 규제를 따르는 존재가 아니라, 에너지 사용과 감축 전략의 주체로 참여하게 된다.

가장 근본적인 변화는 정책 결정 방식에서 나타난다. AI 기반 도시 운영체계에서는 정책을 시행한 뒤 결과를 통보받는 방식이 아니라, 시행 이전에 시민과 함께 검증하는 'AI 시나리오 행정'이 가능해진다. 특정 정책이 탄소를 얼마나 줄일지, 비용은 얼마나 드는지, 시민의 생활에는 어떤 영향을 미치는지를 AI가 여러 시나리오로 제시하고, 시민은 그중 어떤 선택이 바람직한지를 직접 판단한다. 행정은 결정을 독점하는 주체가 아니라, 시민의 선택을 실행하는 대리인으로 자리 잡는다.

결국 AI로 설계하는 탄소중립 도시 운영체계의 핵심은 기술이 아니라 **주권의 재배치다. AI는 복잡한 도시 시스템을 투명하게 드러내고, 시민이 이해하고 결정할 수 있도록 돕는 도구다.** 탄소중립은 전문가와 행정의 프로젝트가 아니라, 시민 모두가 주인이 되어 함께 설계하고 선택하는 도시의 미래가 된다. AI는 그 과정을 가능하게 만드는 가장 강력한 민주적 인프라다.

2) 시민이 주인이 되는 AI 탄소중립 실천 시스템

탄소중립이 도시의 미래 전략이라면, 그 실행의 주체는 반드시 시민이어야 한다. 시민의 일상과 분리된 탄소중립 정책은 오래 지속될 수 없고, 참여 없는 감축 목표는 형식에 머물 수밖에 없다. AI 기반 탄소중립 실천 시스템의 핵심은 시민을 정책의 대상이나 협조자가 아니라, **탄소중립을 선택하고 결정하는 주권자로 재위치**시키는 데 있다. AI는 시민을 통제하는 기술이 아니라, **시민의 판단과 참여를 가능하게 만드는 민주적 도구**다.

시민 참여형 AI 탄소감축 미션은 이러한 전환의 출발점이다. 기존의 탄소중립 정책이 '해야 할 일'을 일괄적으로 제시하였다면, AI는 시민 개개인의 삶의 조건을 이해한 뒤 가장 효과적이면서도 실천 가능한 선택지를 제안한다. 에너지 사용, 이동 방식, 소비 패턴 등 개인의 생활 데이터를 바탕으로 AI는 각 시민에게 맞는 탄소감축 미션을 설계하고, 시민은 이를 받아들이거나 수정하며 스스로 선택한다. 이는 강요가 아니라 선택이며, 캠페인이 아니라 권리로서의 참여다.

이 과정에서 AI 챗봇은 시민과 정책을 연결하는 중요한 매개가 된다. 시민은 더 이상 복잡한 행정 문서나 전문가 설명에 의존하지 않고, 언제든지 AI 챗봇을 통해 기후 변화와 탄소중립에 대한 질문을 던질 수 있다. 자신의 실천이 어떤 의미를 가지는지, 새로운 정책이 왜 필요한지, 다른 도시에서는 어떤 시도가 이루어지고 있는지 등을 쉽게 이해할 수 있다. 정책 소통은 일방적인 홍보가 아니라, 시민과 행정이 상시적으로 대화하는 구조로 전환된다.

AI 기반 개인 맞춤형 피드백은 시민의 행동 변화를 실질적으로 뒷받침한다. 에너지 절약, 이동 수단 선택, 소비 습관은 모두 개인의 판단 영역이지만, 그 결과는 도시 전체의 탄소 배출로 이어진다. AI는 시민의 선택이 만들어내는 변화를 수치와 시각 자료로 보여주고, 더 나은 대안을 제시한다. "당신의 선택으로 얼마만큼의 탄소가 줄었다"는 피드백은 시민에게 실질적인 효능감을 제공하며, 탄소중립을 추상적인 가치가 아닌 체감 가능한 결과로 만든다.

시민 주권을 지탱하는 또 하나의 핵심은 투명성이다. AI 기반 탄소중립 실천 시스템은 시민의 참여와 성과를 측정·인증·보상하는 전 과정을 투명하게 공개한다. 어떤 기준으로 감축량이 계산되는지, 포인트나 인센티브는 어떻게 산정되는지, 데이터는 어떻게 보호되는지를 시민이 명확히 알 수 있어야 한다. 이는 보상을 위한 기술이 아니라, 시민의 신뢰를 확보하기 위한 민주적 장치다. 신뢰가 없다면 참여는 일시적일 수밖에 없다.

이러한 시스템이 축적한 시민 참여 데이터는 다시 정책 개선으로 이어진다. 시민의 실천 방식, 참여율, 효과가 데이터로 쌓이면, 행정은 이를 바탕으로 정책을 조정하고 보완한다. 중요한 것은 이 데이터가 다시 시민에게 공개되어, 정책이 어떻게 바뀌었는지를 시민이 확인할 수 있다는 점이다. **'시민 참여 → 데이터 → 정책 개선'**이라는 선순환 구조는 탄소중립을 행정의 사업이 아니라, 시민과 함께 학습하며 발전하는 공동 프로젝트로 만든다.

결국 시민이 주인이 되는 AI 탄소중립 실천 시스템은 기술 혁신의 문제가 아니라 민주주의의 문제다. **AI는 시민의 선택을 존중하고, 그 선택이 도시의 변화로 이어지도록 연결하는 역할**을 수행한다. 탄소중립은 더 이상 누군가가 대신 달성해 주는 목표가 아니라, 시민 스스로 설계하고 완성해 가는 도시의 미래가 된다. AI는 그 과정에서 시민 주권을 현실로 만드는 가장 강력한 도구다.

3) 순환경제·재생에너지로 완성되는 AI 탄소중립 도시

탄소중립이 도시 운영의 원칙이 되고, 시민이 그 주체가 되기 위해서는 정책과 참여를 넘어 도시의 물리적 시스템 자체가 바뀌어야 한다. 순환경제와 재생에너지 체계는 시민 주권이 실제로 작동하는 마지막 단계이자, 탄소중립 도시가 선언이 아니라 현실이 되는 지점이다. AI는 이 과정에서 자원과 에너지를 관리하는 기술을 넘어, 시민의 선택이 도시의 흐름을 바꾸도록 연결하는 핵심 인프라로 기능한다.

순환경제의 출발점은 폐기물 감량이다. AI 기반 폐기물 감량 예측 시스템은 시민의 생활 패턴과 지역별 배출 특성을 분석해, 언제 어디서 어떤 폐기물이 얼마나 발생할지를 미리 예측한다. 중요한 점은 이 예측이 행정의 관리 도구로만 쓰이지 않는다는 것이다. 시민은 자신의 생활이 어떤 폐기물을 만들어내는지, 무엇을 줄이면 가장 효과적인지를 직접 확인하고 선택할 수 있다. 폐기물 감량은 규제가 아니라 시민의 판단과 실천 영역으로 전환된다.

스마트 수거·선별·자원화 시스템은 이러한 시민 실천을 도시 차원에서 뒷받침한다. AI는 수거함의 적재량을 감지해 불필요한 운송을 줄이고, 폐기물을 정밀하게 선별하여 재활용률을 높인다. 이 과정에서 시민은 단순히 쓰레기를 버리는 존재가 아니라, 자원을 다시 순환시키는 주체로 참여한다. 올바른 분리배출과 재활용은 보이지 않는 노동이 아니라, AI를 통해 인식되고 보상받는 도시 기여 행위가 된다. **순환경제**는 기술이 완성하는 구조가 아니라, **시민의 선택이 누적되어 작동하는 공동 시스템**이다.

재생에너지 체계에서도 시민 주권은 중심 원칙이 된다. AI 기반 재생에너지 발전 예측은 태양광과 같은 간헐적 에너지를 안정적으로 운영하기 위한 기술이지만, 그 목적은 시민이 생산한 에너지가 도시에서 정당한 가치를 갖도록 만드는 데 있다. AI는 날씨와 발전량을 예측하고, 에너지 저장 장치와 연계해 전력 흐름을 조정함으로써 시민의 에너지 생산이 낭비되지 않도록 돕는다. 재생에너지는 더 이상 일부 시설의 성과가 아니라, 시민 참여를 통해 도시 전체로 확산되는 공공 자산이 된다.

이러한 재생에너지는 스마트 그리드와 결합되며 분산형 에너지 체계로 확장된다. 산업단지, 주거지, 공공시설, 시민의 가정이 하나의 중앙 시스템에 종속되는 구조가 아니라, 서로 연결된 독립적 주체로 구성된다. AI는 이 복잡한 분산 구조를 조율하며, 에너지가 필요한 곳에 가장 효율적으로 흐르도록 관리한다. 중요한 것은 에너지의 흐름이 행정의 통제 대상이 아니라, 시민의 선택과 참여에 의해 결정된다는 점이다.

시민 참여형 가상발전소(VPP)는 이러한 변화의 상징적인 장치다. 가정과 건물, 전기차, 소규모 태양광 설비가 AI를 통해 하나의 가상 발전소로 묶이면, 시민은 에너지 소비자이자 동시에 생산자가 된다. 시민은 자신이 생산한 전력이 언제, 어디에 쓰이는지를 확인할 수 있고, 그에 대한 보상을 받는다. 에너지 시장은 더 이상 전문가와 대기업의 영역이 아니라, 시민이 주체적으로 참여하는 공공의 장으로 재편된다.

결국 순환경제와 재생에너지로 완성되는 AI 탄소중립 도시는 기술 중심 도시가 아니다. 그것은 자원과 에너지의 흐름에 시민의 권리가 스며든 도시다. AI는 그 흐름을 보이지 않게 관리하지만, 방향을 결정하는 것은 시민이다. 쓰고 버리는 도시에서, 만들고 순환시키는 도시로; 소비만 하는 시민에서, 생산과 선택의 주체로, 이 전환이 이루어질 때, 탄소중립은 목표가 아니라 도시의 새로운 질서로 자리 잡는다.

3. 탄소중립도시 광명에 도입한다면?

이 책에서 자주 언급되는 경기도 광명시는 이미 탄소중립을 선언적 목표가 아니라, 행정과 시민의 일상 속에서 실천해야 할 과제로 설정한 도시다.

지방정부 최초로 기후 전담 부서인 '탄소중립과'를 신설하고, 2030년까지 온실가스 배출량을 40% 감축하겠다는 명확한 목표를 세웠다는 점은 광명시의 기후 정책이 상징이 아니라 실행을 전제로 하고 있음을 보여준다. 여기에 더해 시민 참여형 '1.5도 기후의병' 활동과 탄소중립 생활 실천 포인트 제도는, 탄소중립을 행정의 영역에만 머무르게 하지 않고 시민의 선택과 행동으로 확장시키는 중요한 기반이 되어 왔다. 이 외에도 탄소중립을 위한 놀탄(놀면서탄소중립), 광명시민에너지협동조합 등 많은 환경 시민운동이 함께 진행되면서 광명시는 시민들이 주인되는 새로운 탄소중립의 도시로 발전해나가고 있다.

AI는 시민의 실천을 대체하는 기술이 아니라, 시민과 행정의 노력을 더 빠르고, 더 정확하며, 더 효과적으로 증폭시키는 도구다. 에너지 사용 패턴을 분석해 낭비를 줄이고, 공공시설과 산업단지의 운영을 최적화하며, 시민 개개인의 선택이 도시 전체의 탄소 감축으로 이어지도록 연결하는 역할을 수행할 수 있다. 광명시가 이미 구축해 온 탄소중립 정책들은 AI와 결합될 때 비로소 하나의 유기적인 시스템으로 작동할 수 있다. 탄소중립과가 축적해 온 데이터와 정책 경험은 AI 기반 에너지 관리와 결합되어 정책의 정밀도를 높일 수 있고, 놀탄, 에너지협동조합, '1.5도 기후의병'과 같은 시민 참여 활동은 AI 기반 에너지 컨설팅과 연계되어 일상 속 실천을 더 쉽게 만들어 줄 수 있다. 시민이 무엇을 얼마나 줄였는지 체감할 수 있고, 그 결과가 도시 전체의 변화로 연결되는 구조가 만들어지는 것이다.

결국 AI는 광명시의 탄소중립 정책을 새로 시작하게 만드는 기술이 아니라, 이미 진행 중인 노력을 한 단계 끌어올리는 촉매제다. 행정의 의지, 시민의 참여, 그리고 AI의 분석과 예측이 결합될 때, 광명시는 단순히 목표를 선언한 도시가 아니라 탄소중립을 실제로 달성해 가는 도시로 나아갈 수 있다. 이러한 맥락에서 광명시가 탄소중립 도시를 표방하며 추진하고 있는 다양한 정책들을 AI와 연계해 재구성하는 일은, 단기적 사업을 넘어 광명의 미래 비전을 구체화하는 핵심 과제가 된다. 그렇다면 구체적으로 어떤 정책들을 실현할 수 있을까.

1) AI를 에너지 절감의 실질적인 수단으로

광명시는 도시의 특성과 시민의 삶을 고려해, AI를 에너지 절감의 실질적인 수단으로 통합할 수 있다. 그 출발점은 공공 건물이다. 광명시청, 도서관, 복지관, 그리고 미래의 AI 교육을 책임질 학교 건물에 AI 기반 건물 에너지 관리 시스템(BEMS)을 도입하는 것이다. 건물 내에 설치된 온도 센서, 조도 센서, 인체 감지 센서와 실시간 날씨 정보를 AI가 종합적으로 분석해, 에너지가 가장 효율적으로 사용되도록 건물을 운영한다.

AI는 각 공간의 사용 목적과 재실 인원, 외부 온도와 일조량을 파악해 냉난방과 조명을 자동으로 조절한다. 퇴근 시간이 되면 별도의 조작 없이 조명이 소등되고, 낮에는 자연 채광을 극대화하도록 블라인드가 조정된다. 더 나아가 AI는 건물 전체의 에너지 사용 패턴을 학습해 비효율적인 지점을 찾아내고 개선 방안을 제시한다. 이는 공공 시설의 운영 비용을 절감하는 동시에, 학생들이 실제로 AI 기반 에너지 절감 기술을 체험하고 학습할 수 있는 살아 있는 교육 현장이 된다.

도시의 거리 또한 중요한 실험장이 된다. 광명시 곳곳에 설치된 가로등에 AI 기반 센서를 장착해, 도심 속 스마트 가로등 관리 시스템을 구축할 수 있다. 이 시스템은 주변 밝기와 보행자·차량의 움직임을 감지해, 필요할 때만 적절한 밝기로 조명을 켠다. 사람이 없을 때는 밝기를 낮추고, 접근이 감지되면 즉시 밝아진다. 동시에 가로등의 고장 여부와 수명을 AI가 예측해 유지보수를 효율화한다. 이는 불필요한 전력 소모를 줄이면서도 야간 안전성을 확보하고, 광명시의 친환경 이미지를 일상 공간에서 시민이 체감하도록 만든다.

에너지 절약은 공공 영역에만 머물러서는 안 된다. 시민의 일상으로 확장될 때 비로소 도시 전체의 변화가 가능해진다. AI 기반 에너지 사용 컨설팅은 광명시민이 사용하는 가정용 전기와 가스 데이터를 분석해, 각 가정에 맞는 절약 방안을 제시하는 서비스다. 특정 시간대에 에어컨 사용량이 많다면 커튼 활용이나 설정 온도 조정을 제안하고, 비슷한 가정과의 비교를 통해 에너지 사용 습관을 시각적으로 보여준다. 목표 달성 시 인센티브를 제공하는 방식은 시민의 자발적인 참여를 유도하고, '그린라이트 광명'이라는 목표를 일상 속 실천으로 연결한다.

2) 광명시흥테크노벨리와 AI탄소중립

이러한 흐름은 광명시흥 테크노밸리와 같은 산업단지에서 더욱 중요한 의미를 갖는다. 첨단 산업을 유치하고 고급 기술 중심지로 성장하려는 이 공간은, AI 기반 에너지 최적화 기술을 통해 '에너지 자립형 산업단지'로 도약할 수 있다. 개별 공장에서는 AI가 생산 설비의 전력 소비량, 진동, 온도, 소음 데이터를 실시간으로 분석해 설비 운용 패턴을 학습하고, 비효율적인 작동을 자동으로 감지한다. 고장 징후를 사전에 예측해 갑작스러운 중단과 에너지 낭비를 막고, 전체 공정 흐름을 분석해 최소 에너지로 최대 생산 효율을 달성할 수 있는 조건을 도출한다.

여기에 스마트 물류와 운송 관리 AI가 결합된다. 산업단지 내 물류 이동 경로와 교통 상황을 분석해 최적의 운송 경로를 제시하고, 운전 습관과 연비를 개선하도록 피드백을 제공함으로써 물류 과정에서 발생하는 에너지 소비와 탄소 배출을 줄인다. 더 나아가 산업단지 전체를 하나의 전력 단위로 관리하는 통합 전력망과 신재생에너지 관리 AI는, 공장별 전력 수요와 태양광 발전량을 예측해 전력을 효율적으로 배분하고 저장한다. 이는 광명시의 스마트 그리드 정책과 연동되어, 비상 상황에서도 안정적인 전력 수급을 가능하게 한다.

산업폐기물 관리 역시 AI를 통해 순환 경제로 전환될 수 있다. AI 기반 비전 기술로 폐기물을 자동 분류해 재활용률을 높이고, 폐기물 발생량과 수거 경로를 최적화함으로써 불필요한 운송 에너지 소모를 줄인다. 이는 테크노밸리가 단순한 생산 공간을 넘어, 자원 순환을 선도하는 친환경 산업단지로 성장하는 기반이 된다.

이러한 가능성을 구체적으로 보여주는 가상의 사례가 바로 '광명 스마트 팩토리'다. 이 공장은 수백 개의 IoT 센서를 통해 설비와 공조 시스템의 에너지 사용량을 1초 단위로 수집하고, AI 기반 통합 에너지 관리 플랫폼에서 이를 분석한다. AI는 최적 기준선을 설정하고, 비정상적인 에너지 사용 패턴이 감지되면 원인을 분석해 자동으로 조정한다. 열처리로의 과열을 방지하고, 클린룸 공조를 최소 유지 모드로 전환하며, 전력 피크 시간을 피하도록 생산 스케줄을 재조정한다. 이 모든 과정은 에너지 비용 절감과 탄소 배출 감소, 생산성 향상, ESG 경영 실천으로 이어진다.

결국 AI 기반 에너지 절약 시스템은 광명시의 공공 건물에서 시작해 시민의 가정, 도시의 거리, 그리고 산업단지 전체로 확장되는 하나의 흐름이다. 이는 기술을 덧붙이는 정책이 아니라, 에너지를 쓰는 방식 자체를 재설계하는 도시 전략이다. 'AI 미래도시 광명'은 이렇게, 보이지 않는 에너지 관리에서부터 시민의 삶과 산업의 구조를 바꾸며 현실이 되어갈 수 있다.

- 시민이 상상한 AI 탄소중립 정책 -

AI 기반 도시 운영·정책 영역

- **AI 기후·에너지 통합 데이터 플랫폼 :** 도시 전반의 기후·에너지 데이터를 통합해 시민과 행정이 함께 보는 공공 대시보드
- **AI 탄소 배출 정밀 모니터링 시스템 :** 지역·시간·부문별 온실가스 배출을 실시간으로 파악
- **AI 탄소 배출 예측 모델 :** 과거·현재 데이터를 학습해 미래 배출량을 사전에 예측
- **AI 정책 효과 시뮬레이션 :** 정책 시행 전 탄소 감축 효과와 비용 대비 효율을 미리 검증
- **AI 시나리오 행정 시스템 :** 여러 정책 옵션을 비교해 시민과 함께 최적의 선택을 하는 행정 방식
- **AI 기반 탄소 MRV 자동화 :** 측정·보고·검증(MRV)을 자동화해 정책 신뢰성과 정확성 확보

도시 공간·도시재생 영역

- **도시 디지털트윈 구축 :** 실제 도시를 가상 공간에 구현해 탄소중립 정책을 사전 실험
- **AI 기반 탄소중립 도시재생 설계 :** 건물 배치·녹지·에너지 시스템을 AI로 최적화

- **AI 열섬·미세먼지 예측 시스템 :** 도시 구조 변경이 기후 환경에 미치는 영향을 사전 분석
- **AI 친환경 건축 설계 가이드 :** 일조·에너지 효율을 극대화하는 건축 설계안 자동 제안

시민 주권·참여 영역

- **시민 참여형 AI 탄소감축 미션 :** 시민 생활에 맞춘 실천 과제를 AI가 제안
- **개인 맞춤형 탄소 감축 추천 시스템 :** 전기·가스·교통·소비 패턴 기반 실천 가이드 제공
- **AI 탄소중립 챗봇 :** 시민의 기후 질문·정책 문의·학습을 상시 지원
- **AI 기반 기후 시민 교육 플랫폼 :** 맞춤형 콘텐츠로 탄소중립 이해도 제고
- **AI 행동 변화 피드백 시스템 :** 시민 실천이 만든 탄소 감축 효과를 시각적으로 제공
- **탄소 감축 자동 인증 시스템 :** 시민 실천을 AI가 자동 검증
- **탄소중립 포인트·보상 시스템 :** 감축 실적을 지역화폐 등으로 보상
- **시민 참여 데이터 기반 정책 개선 구조 :** 시민 실천 데이터가 정책으로 환류되는 구조

건물·시설 에너지 영역

- **AI 기반 건물 에너지 관리 시스템(BEMS) :** 공공·교육·복지시설의 에너지 자동 최적화
- **AI 냉난방·조명 자동 제어 :** 재실자·날씨·시간대에 따라 에너지 사용 조절
- **AI 에너지 낭비 이상 감지 :** 비정상 소비를 실시간 탐지하고 경고
- **AI 건물 리트로핏 성능 관리 :** 설비 개선 효과를 지속적으로 학습·조정

산업·물류 영역

- **AI 공장 에너지 최적화 시스템 :** 설비 가동 패턴 분석으로 에너지 소비 최소화
- **AI 예지 보전 기반 에너지 절감 :** 고장 전 감지로 불필요한 에너지 낭비 차단
- **AI 생산 공정 최적화 :** 최소 에너지로 최대 생산을 달성하는 공정 설계
- **AI 물류 경로 최적화 :** 물류 이동 거리·시간·연료 사용 최소화
- **AI 운전 습관 분석 피드백 :** 산업·물류 차량의 연료 효율 개선

순환경제·폐기물 영역

- **AI 폐기물 배출량 예측 시스템 :** 지역·가구별 폐기물 발생을 사전 예측
- **AI 맞춤형 폐기물 감량 가이드 :** 시민 생활 패턴에 맞춘 감량 전략 제안
- **AI 스마트 재활용 수거함 :** AI 비전으로 품목 인식·오염 감지·포인트 지급

- **AI 수거 경로 최적화 :** 적재량 기반 수거 일정 자동 조정
- **AI 폐기물 자동 선별 시스템 :** 비전·로봇 기반 고정밀 자원 분리
- **AI 유기성 폐기물 에너지화 최적화 :** 음식물 쓰레기의 바이오가스·퇴비 효율 극대화
- **AI 자원 순환 매칭 플랫폼 :** 폐기물을 원자재로 활용할 기업 간 연결
- **AI 기반 EPR(생산자책임재활용) 지원 :** 재활용 어려운 제품을 데이터로 개선

재생에너지·스마트 그리드 영역

- **AI 재생에너지 발전량 예측 :** 기상·설비 데이터를 학습해 발전량 정확히 예측
- **AI ESS 충방전(Energy Storage System, 에너지 저장장치와 충전, 방전 시기 자동화 기술) 최적화 :** 재생에너지 잉여·부족 상황 자동 조절
- **AI 스마트그리드 통합 관리 :** 도시 전력 수요·공급을 실시간 균형 제어
- **AI 마이크로그리드 운영 :** 산업단지·지역 단위 에너지 자립 시스템 구축
- **AI 분산전원 통합 제어 :** 태양광·ESS·전기차를 하나의 시스템으로 관리
- **시민 참여형 가상발전소(VPP, Citizen-Participatory Virtual Power Plant) :** 시민 에너지 자원을 하나의 발전소처럼 운영

- **에너지 프로슈머 거래 플랫폼 :** 시민이 전력을 생산·거래·보상받는 구조
- **AI 수요반응(AI-Based Demand Response) 시스템 :** 피크 시간대 전력 사용을 시민 참여로 조절

거버넌스·신뢰 영역

- **탄소중립 데이터 전면 공개 원칙 :** 시민이 모든 근거를 확인할 수 있는 구조
- **AI 기반 정책 투명성 강화 시스템 :** 정책 결정 근거·효과를 시민에게 공개
- **시민 주권형 AI 탄소중립 플랫폼 :** 정책·참여·보상이 통합된 시민 권한 공간

VI. AI, 시민의 건강을 지킨다

1. 아플 때 두렵지 않은 도시: AI 헬스케어의 출발점

한국은 세계적인 의료 기술력을 자랑하지만, 시민이 체감하는 의료 경험은 그만큼 편안하지 않은 경우가 많다. 병원마다 기록이 흩어져 있어 진료를 받을 때마다 같은 설명을 반복해야 하고, 야간이나 주말에는 어느 병원에 가야 할지 막막하며, 만성질환자는 매일 스스로를 관리해야 한다는 부담 속에서 살아간다. 기술은 발전하였는데도 '아플 때의 두려움'은 여전히 시민의 일상에 남아 있다. 그래서 도시가 준비해야 할 새로운 헬스케어는 더 많은 장비를 갖추는 방식이 아니라, 시민의 삶 속에서 불안을 먼저 줄여주는 방식이어야 한다.

도시는 지금 급격한 고령화, 1인 가구의 증가, 지역 간 의료 접근성 차이 같은 변화를 동시에 마주하고 있다. 이 변화는 한 가지 사실을 분명히 보여준다. 기존 방식만으로는 시민의 건강을 다 지켜줄 수 없다는 것이다.

헬스케어를 고민할수록 결론은 더욱 선명해진다. 건강은 병원에서 시작되는 것이 아니라 시민의 삶에서 시작된다. 즉 병원과 보건소만으로 해결되는 문제가 아니라, 도시 전체가 하나의 '건강 인프라'로 작동해야 한다. 시민이 위험을 느끼고 나서야 움직이는 반응형 도시가 아니라, 작은 신호를 먼저 읽고 필요한 연결을 제안하는 예측형 도시로 전환해야 한다.

이 전환을 가능하게 하는 도구가 AI다. AI 기반 헬스케어는 화려한 기술을 과시하기 위한 전략이 아니라, 시민의 일상 속에 '나를 알아주는 시스템'을 심는 일이다. 건강 데이터의 흐름을 읽어 나의 상태 변화를 이해하고, 문제가 커지기 전에 먼저 알려주며, 필요할 때 병원·보건소·약국·요양 서비스로 자연스럽게 이어지게 만드는 것이다. 그 결과 시민은 '혼자 버티는 건강관리'에서 벗어나, 도시가 함께 지켜준다는 안심을 경험하게 된다. 결국 AI 헬스케어의 목표는 진단의 정밀함만이 아니라, 시민의 삶에서 두려움을 덜어내는 '안심의 구조'를 만드는 데 있다.

특히 이 출발점에서 가장 중요한 것은 '체감'이다. 시민에게 AI가 보이는 것은 알고리즘이 아니라 경험이다. 갑자기 아플 때 어디로 가야 하는지, 내가 복용하는 약이 안전한지, 건강이 악화되는 신호를 내가 놓치고 있지 않은지, 그리고 위기 순간에 누가 나를 도와주는지. 시민이 이 질문들에 즉시 답을 얻을 수 있을 때, AI는 비로소 도시 정책이 된다. 그래서 도시가 만들 헬스케어는 병원 중심의 단절된 서비스가 아니라, **시민의 하루를 따라 움직이는 연속적인 건강 여정**이어야 한다.

이때 도시는 한 걸음 더 나아가야 한다. **아플 때 두렵지 않은 도시**는 의료기관의 숫자로 완성되지 않는다. 시민이 안심할 수 있는 정보의 연결,

위험의 조기 감지, 신속한 연계, 그리고 무엇보다 데이터 보호와 투명성에 대한 확실한 약속이 함께 있어야 한다. AI가 건강을 돕는 시대일수록 신뢰는 필수 조건이며, 신뢰 없는 기술은 결국 시민의 삶에 들어오지 못한다. 도시가 시민의 건강을 지키겠다는 선언은 곧, 시민이 자신의 정보를 통제하고 이해할 수 있도록 보장하겠다는 선언이기도 하다.

결국 '아플 때 두렵지 않은 도시'는 의료를 더 빠르게 만드는 도시가 아니라, 시민의 불안을 더 먼저 알아채는 도시다. 병원 안에서만 작동하는 의료가 아니라, 생활 속에서 위험을 줄이고 회복을 돕는 도시 시스템으로 헬스케어를 재설계하는 일. AI는 그 전환을 실현하는 핵심 엔진이 될 수 있다. 다음 장에서는 이러한 출발점 위에서, 기술보다 시민이 먼저라는 원칙과 함께 도시형 AI 헬스케어가 어떤 철학으로 설계되어야 하는지 본격적으로 다룬다.

2. 기술보다 시민이 먼저다: AI 헬스케어 철학과 3대 원칙

AI 헬스케어가 도시의 핵심 전략으로 떠오른 지금, 가장 먼저 짚어야 할 질문은 '어떤 기술을 도입할 것인가?'가 아니다. 더 본질적인 질문은 '이 기술이 시민의 삶을 얼마나 덜 불안하게 만드는가?'이다. 의료 기술은 이미 충분히 빠르고 정교해졌지만, 시민의 건강 경험은 여전히 단절되어 있고, 불안은 개인의 몫으로 남아 있다. 그래서 AI 헬스케어의 출발점은 기술의 성능이 아니라 철학이어야 한다. 그 철학의 핵심은 분명하다. 기술보다 시민이 먼저다.

AI 헬스케어는 병원 중심의 의료 시스템을 효율화하는 도구에 머물러서는 안 된다. 그것은 시민의 일상 속으로 들어와, 건강을 '관리 대상'이 아니라 '지켜야 할 삶의 흐름'으로 이해하는 새로운 도시 운영 방식이어야 한다. 이를 위해 AI 헬스케어는 세 가지 원칙 위에 설계되어야 한다.

첫 번째 원칙은 시민의 건강을 '점'이 아니라 '흐름'으로 이해하는 의료다. 기존 의료는 한 번의 진료, 한 장의 검사 결과를 기준으로 판단해 왔다. 그러나 건강은 하루아침에 나빠지지 않는다. 수면의 변화, 활동량 감소, 스트레스의 누적, 복약의 작은 누락 같은 미세한 신호들이 시간 속에서 쌓이며 위험으로 이어진다. AI는 바로 이 시간의 축을 읽을 수 있는 도구다. 수개월, 수년에 걸친 데이터를 통해 시민의 건강 변화를 흐름으로 분석하고, 위험을 더 이르게 감지한다. 이는 의료진의 판단을 보조하는 수준을 넘어, 도시가 시민의 건강 변화를 함께 인식하는 구조로의 전환을 의미한다.

두 번째 원칙은 병원 밖 일상에서 시작되는 돌봄이다. 진정한 헬스케어는 병원 문을 들어설 때가 아니라, 시민이 살아가는 공간에서 시작된다. AI 헬스케어는 진료실 안에 갇혀 있지 않고, 시민의 일상 속 작은 변화를 감지한다. 수면 부족, 운동량 감소, 과도한 스트레스 같은 신호는 병이 되기 전의 경고다. AI는 이 신호를 포착해 시민에게 먼저 알려주고, 필요할 경우 의료진이나 보건 인프라와 연결한다. 이는 '아프면 찾아가는 의료'에서 '아프기 전에 다가오는 돌봄'으로의 전환이며, 도시가 예방 중심 건강 체계로 나아가는 핵심 조건이다.

세 번째 원칙은 기술보다 신뢰가 먼저라는 절대적 기준이다. 건강 데이터는 시민의 삶 전체를 담고 있는 가장 민감한 정보다. AI 헬스케어가 일상 속으로 깊이 들어올수록, 데이터 보호와 투명성은 선택이 아니라 전제 조건이 된다. 누가 어떤 정보를 언제, 왜 사용하는지 시민이 직접 확인할 수 있어야 하며, 필요한 정보만 최소한으로 활용되어야 한다. 정보 제공은 의무가 아니라 권리이고, 참여는 강제가 아니라 선택이어야 한다. 신뢰가 없는 AI 헬스케어는 아무리 정교해도 시민의 삶 속에 뿌리내릴 수 없다.

이 세 가지 원칙은 하나의 방향으로 수렴한다. AI는 시민의 불안보다 먼저 반응해야 한다는 것이다. 시민이 스스로 건강 이상을 감당하기 전에, 도시는 먼저 신호를 읽고 손을 내밀어야 한다. 기술은 그 역할을 가능하게 하는 수단일 뿐이며, 목적은 언제나 시민의 안심이다.

이 철학 위에서 설계되는 AI 헬스케어는 단순한 의료 혁신이 아니다. 그것은 도시가 시민을 대하는 태도의 변화이며, 건강을 개인의 책임이 아니라 공동의 돌봄으로 재정의하는 과정이다. 다음 장에서는 이러한 철학이 어떻게 도시 차원의 시스템과 플랫폼으로 구현될 수 있는지, AI 기반 개인맞춤 헬스케어 전략의 구체적인 구조를 살펴본다.

3. 도시형 개인맞춤 헬스케어 플랫폼 전략: 연결·예측·연속 돌봄

도시형 개인맞춤 헬스케어 플랫폼의 핵심은 새로운 기술을 하나 더 얹는 데 있지 않다. 그 본질은 지금까지 서로 떨어져 있던 시민의 건강 경험을 하나의 흐름으로 연결하고, 그 흐름 속에서 위험을 예측하며, 병원 밖 일상에서도 돌봄이 끊기지 않도록 만드는 데 있다. 이 플랫폼은 연결-예측-연속 돌봄이라는 세 가지 원칙을 통해, 도시 전체를 하나의 '살아 있는 건강 인프라'로 전환하는 전략이다.

첫째, 연결은 도시형 헬스케어의 출발점이다. 지금까지 시민의 건강 정보는 병원, 보건소, 약국, 요양시설, 그리고 개인의 생활 속 데이터로 흩어져 존재해 왔다. 병원에서는 병원 기록만, 보건소에서는 검진 결과만, 약국에서는 처방 정보만을 따로 관리하였다. 그 결과 시민은 병원을 옮길 때마다 같은 설명을 반복해야 했고, 의료진은 시민의 건강을 '점'처럼 파악할 수밖에 없었다.

도시형 개인맞춤 헬스케어 플랫폼은 이 단절을 구조적으로 해소한다. 시민의 동의를 전제로 병원 진료 기록, 보건소 검진 데이터, 복약 이력, 응급실 방문 기록, 그리고 혈압·혈당·수면·운동 같은 생활 데이터가 하나의 플랫폼 안에서 안전하게 연결된다. 이를 통해 의료진은 단발성 수치가 아니라 시간의 흐름 속에서 축적된 건강 변화를 기반으로 판단할 수 있게 된다. 시민 역시 어느 기관을 방문하더라도 '처음 보는 환자'가 아니라, 자신의 건강 이력이 존중받는 경험을 하게 된다. 연결은 단순한 데이터 통합이 아니라, 도시가 시민의 삶을 연속적으로 이해하기 시작하는 전환점이다.

둘째, 예측은 연결된 데이터를 '미래를 향한 신호'로 바꾸는 핵심 기능이다. 건강 문제는 대부분 갑작스럽게 발생하지 않는다. 혈압이 조금씩 오르고, 수면 시간이 줄어들며, 운동량이 감소하고, 약을 깜빡하는 일이 반복되는 과정 속에서 위험은 서서히 만들어진다. AI는 바로 이 미세한 변화의 조합을 읽어낸다.

예를 들어 최근 야근이 늘어난 한 시민의 경우, AI는 수면 시간 감소와 심박 상승, 혈압 변동 폭 확대라는 신호를 연속적으로 감지한다. 이 조합은 스트레스성 혈압 상승 가능성을 의미하며, AI는 시민에게 조기 알림을 보내고 의료진에게는 상담 시기를 앞당길 것을 제안한다. 또 다른 사례에서는 3일 연속 복약 누락이 발생하자 AI가 '약물 중단 위험'으로 판단해 의료진에게 신호를 보내고, 의료진은 전화 상담이나 일정 조정을 통해 개입한다. 이러한 예측 구조가 자리 잡으면 의료는 '악화된 뒤 대응하는 방식'에서 '악화되기 전에 막는 방식'으로 이동한다.

셋째, 연속 돌봄은 도시형 플랫폼이 단순한 정보 시스템을 넘어서는 지점이다. 많은 헬스케어 서비스는 병원에 있을 때만 작동한다. 그러나 시민의 삶은 병원 밖에서 훨씬 더 길게 이어진다. 도시형 개인맞춤 헬스케어 플랫폼은 진료가 끝난 이후에도, 검진이 끝난 이후에도 돌봄이 멈추지 않도록 설계된다.

만성질환자는 복약 관리 알림과 패턴 분석을 통해 매일의 부담을 덜고, 의료진은 간단한 요약 리포트를 통해 중요한 변화만 빠르게 확인할 수 있다. 혼자 사는 고령층의 경우, 운동량이나 수면 데이터의 급격한 변화만으로도 위험 신호를 감지해 보건소나 방문 건강관리팀에 자동으로 연결된다. 이로써 사고가 발생한 뒤에야 대응하던 구조에서 벗어나, 사고 이전에 개입할 수 있는 도시 안전망이 형성된다.

이 연속 돌봄 구조는 병원·보건소·약국·요양시설을 하나의 네트워크로 묶는다. 병원은 보건소의 과거 검진 데이터를 참고해 중복 검사를 줄이고, 약국은 복약 이력을 확인해 안전한 조제를 할 수 있으며, 요양시설은 의료

진과 상태 변화를 실시간으로 공유한다. 돌봄은 특정 기관의 책임이 아니라, 도시 전체가 함께 나누는 역할이 된다.

이처럼 연결·예측·연속 돌봄이 결합될 때, 도시형 개인맞춤 헬스케어 플랫폼은 시민의 일상 속에서 실질적인 변화를 만들어낸다. 시민은 자신의 몸을 혼자 관리해야 한다는 불안에서 벗어나고, 의료진은 더 정확하고 효율적인 판단을 할 수 있으며, 도시는 건강 문제를 사후 처리 비용이 아닌 사전 관리의 영역으로 다루게 된다.

도시형 개인맞춤 헬스케어 플랫폼 전략은 결국 하나의 질문으로 귀결된다.
"아플 때만 반응하는 도시인가, 아프기 전에 먼저 안부를 묻는 도시인가?"
연결을 통해 시민을 이해하고, 예측을 통해 위험을 앞당겨 발견하며, 연속 돌봄을 통해 일상 속 안심을 제공하는 도시. 이것이 AI가 가능하게 하는 새로운 건강 도시의 모습이며, 개인맞춤 헬스케어가 도시 전략이 되어야 하는 이유다.

4. 신뢰와 지속가능성: 데이터 보호

AI 기반 헬스케어가 도시의 일상 속으로 들어올수록, 기술보다 더 중요한 질문이 등장한다. "이 시스템을 시민이 정말 믿을 수 있는가?"

헬스케어 데이터는 단순한 행정 정보가 아니다. 그것은 **한 사람의 몸, 생활, 불안, 그리고 미래와 직결된 가장 민감한 정보**다. 아무리 정교한 AI 기술이라도 시민의 신뢰를 얻지 못한다면, 헬스케어 플랫폼은 결코 지속될 수 없다. 그래서 데이터 보호는 AI 헬스케어의 부가 기능이 아니라, 존재 조건이다.

도시형 AI 헬스케어 플랫폼이 지향해야 할 첫 번째 원칙은 **보이지 않는 사용을 허용하지 않는 것**이다. 시민은 자신의 건강 정보가 언제, 누구에 의해, 어떤 목적으로 조회되었는지를 명확히 알 수 있어야 한다. 의료기관, 보건소, 요양시설, 플랫폼 운영 주체 중 누가 접근했는지에 대한 기록은 시민에게 투명하게 공개되어야 하며, 이는 선택이 아니라 기본 설계 요소다. 정보 접근 이력이 시민에게 보이지 않는 순간, 신뢰는 무너진다.

두 번째 원칙은 **데이터 최소화**다. AI 헬스케어 플랫폼에 참여한다고 해서 시민의 모든 정보가 한꺼번에 활용되어서는 안 된다. 필요한 정보만, 필요한 시점에, 필요한 기관만 접근할 수 있도록 엄격하게 제한해야 한다. 예를 들어 생활습관 분석을 위한 AI 기능에 과거 병력 전체가 연동될 이유는 없다. 반대로 의료진의 진단이 필요한 순간에는 반드시 필요한 정보만 정확하게 제공되어야 한다. 데이터 활용의 범위가 목적을 넘어 확장되는 순간, 헬스케어는 돌봄이 아니라 감시로 인식된다.

세 번째 원칙은 **시민의 선택권 보장**이다. 도시형 헬스케어 플랫폼은 강제 참여 구조가 되어서는 안 된다. 시민은 어떤 데이터를 제공할지, 어떤 기능을 사용할지, 언제든지 스스로 결정할 수 있어야 한다. 동의와 철회는 언제나 가능해야 하며, 특정 기능만 선택적으로 사용하는 구조 역시 보장되어야 한다. 또한 시민이 원할 경우 자신의 데이터를 삭제하거나 제공 범위를 조정할 수 있는 권리는 명확히 제도화되어야 한다. 데이터 보호는 기술적 장치가 아니라, 시민의 권리 문제이기 때문이다.

네 번째 원칙은 의료 등급 수준의 보안과 책임 구조다. 헬스케어 데이터는 일반 개인정보보다 훨씬 높은 수준의 보호가 필요하다. 데이터는 다중 암호화와 분산 저장 방식으로 관리되어야 하며, 비식별화와 접근 권한 차등화가 기본값이 되어야 한다. 동시에 플랫폼 운영 주체는 데이터 내용을 열람하지 못하고, 시스템 유지와 보안 관리에만 책임을 지는 구조로 분리되어야 한다. 의료기관은 진료 목적의 접근만, 보건소는 예방 프로그램을 위한 제한적 접근만 허용되는 식으로 역할을 명확히 구분해야 한다. 책임의 경계가 분명할수록, 오남용의 가능성은 줄어든다.

다섯 번째는 지속적인 소통과 검증이다. 데이터 보호는 한 번 설계하고 끝나는 문제가 아니다. 기술은 발전하고, 정책은 바뀌며, 시민의 인식도 계속 변한다. 따라서 도시는 정기적인 보안 점검, 시민 설명회, 운영 결과 공개를 통해 플랫폼의 상태를 지속적으로 점검해야 한다. 오해가 생겼을 때는 빠르고 솔직한 설명이 필요하며, 문제 발생 시 책임 소재와 대응 방식이 명확해야 한다. 신뢰는 침묵 속에서 만들어지지 않는다.

결국 AI 헬스케어의 지속가능성은 기술의 성능이 아니라 도시의 태도에서 결정된다. 시민의 정보를 어떻게 다루는지는 도시가 시민을 어떤 존재로 인식하는지를 그대로 드러낸다. 시민을 데이터의 제공자가 아니라, 주권자로 존중할 때 비로소 AI 헬스케어는 일상 속에서 자연스럽게 작동할 수 있다.

신뢰가 쌓이면 시민은 플랫폼을 두려움의 대상이 아니라 안심의 기반으로 받아들인다. 그리고 그 신뢰 위에서만 예측, 예방, 연속 돌봄이라는 AI 헬스케어의 모든 기능이 의미를 갖는다. 데이터 보호는 기술의 끝이 아니라, 시민 중심 헬스케어의 시작이다.

- 시민이 상상한 AI헬스케어 플랫폼 -

광명시에 사는 희진 씨는 두 아이를 키우며 일하는 평범한 직장인이다. 몇 년 전 유방암 검진을 받았지만 “이상 없음”이라는 결과를 받은 뒤로는 특별히 신경 쓰지 않고 지내왔다.

바쁘다는 이유로 정기검진 시기를 조금씩 미루는 것도, 사실은 흔한 일이었다. 몸에 통증이 있는 것도 아니었고, 일상은 늘 바쁘게 흘러갔다.

어느 날 아침, 민지 씨의 스마트폰에 조용한 알림 하나가 도착하였다.

“최근 건강 데이터와 검진 이력을 기반으로 볼 때, 유방암 정기검진을 권장드립니다.”

문장은 담담하였다. 경고도, 불안도 없었다. 다만 “지금 확인하면 가장 안전한 시기”라는 설명이 덧붙어 있었다.

이 알림은 우연이 아니었다. 도시의 AI 헬스케어 플랫폼은 민지 씨가 동의한 범위 내에서 과거 검진 기록, 연령 변화, 가족력 정보, 생활 데이터의 변화를 종합적으로 분석하고 있었다.
최근 몇 년간 검진 간격이 길어졌고, 연령대가 바뀌었으며, 호르몬 변화 가능성이 커지는 시점이라는 점을 AI가 감지한 것이다. 증상이 나타난 뒤가 아니라, 위험이 커지기 시작하는 흐름에서 먼저 말을 건 셈이었다.

민지 씨는 잠시 망설이다가, 플랫폼에서 제안한 일정 중 점심시간에 맞춘 검진 예약을 선택하였다. 병원을 직접 찾지 않아도, 예약 과정은 간단하였고 필요한 정보는 이미 연동되어 있었다. "혹시 몰라서"라는 가벼운 마음이었다.

검진 결과는 예상보다 빨리 나왔다.
"초기 의심 소견이 있어 추가 검사가 필요합니다."

순간 심장이 내려앉는 느낌이 들었지만, 이어진 설명은 달랐다.
"현재 단계에서는 조기 발견 가능성이 매우 높고, 치료 예후가 좋은 상태입니다."

의사는 화면을 돌려 보여주며 말하였다.
"이번에 검진을 미루셨다면, 몇 년 뒤에는 훨씬 복잡해졌을 수 있습니다."

민지 씨는 그제야 깨달았다. 이 발견은 우연이 아니라, '미리 알려준 도시' 덕분이라는 사실을. 치료 과정에서도 플랫폼은 조용히 함께하였다.

진료 일정, 검사 결과, 치료 단계가 정리되어 한눈에 보였고, 불필요한 설명을 반복할 필요도 없었다. 심리적 불안이 커지는 시기에는 AI 챗봇을 통해 상담 정보와 지원 프로그램이 안내되었다. "혼자 버티고 있다"는 느낌이 들지 않았다.

어느 날 저녁, 민지 씨는 이런 생각이 들었다.
'암이라는 단어를 들었는데, 이상하게도 처음부터 끝까지 혼자가 아니었다.'
두려움보다 먼저 도착한 것은 정보였고, 공포보다 먼저 준비된 것은 대응이었다.

민지 씨에게 이 경험은 단순한 의료 서비스가 아니었다. 아프기 전에 알려주었고, 늦지 않게 연결해주었으며, 가장 안전한 시점에서 선택할 수 있게 해준 도시의 태도였다.

이 도시는 시민에게 '괜찮을 때는 아무 말도 하지 않다가, 너무 늦었을 때만 개입하는 도시'가 아니다. 위험이 커지는 순간을 조용히 포착하고, 가장 덜 두려운 방식으로 먼저 말을 건다. 그래서 이 도시에서는, 암조차도 두려움이 아니라 관리 가능한 삶의 일부가 된다.

그리고 민지 씨는 확신하게 된다. 이 도시는 아플 때 혼자가 되지 않는 도시라는 것을.

VII. AI윤리와 개인정보 보호

1. 도시는 왜 윤리적 상상력을 요구하는가

AI는 도시를 다시 쓰는 거대한 문법이 되었다. 교통 신호와 에너지 배분, 복지 대상자 선정과 치안 배치, 인허가 심사까지 도시는 점점 더 많은 결정을 알고리즘에 위임하고 있다. 지금까지 제안했던 모든 AI 관련 플랫폼에서 알고리즘이 시민 결정에 영향을 끼칠 가능성이 높다. 따라서 AI와 윤리는 반드시 함께 고민해야 하는 주제이다.

책임의 '위임'은 곧 책임의 이동을 의미하지 않는다. 자동화의 효율이 인간 존엄과 권리, 형평과 민주적 책임성의 원리를 대신할 수는 없다. 오히려 도시가 AI를 품는 순간, 윤리적 상상력은 공학적 상상력만큼이나 필수적인 공공재가 된다.

여기서 제안하는 바는 간명하다. **금지선은 더 명확하게, 책임선은 더 두**

텁게, 시민의 감시는 더 가깝게 놓아야 한다는 것이다.

2. 윤리적·철학적 토대: 도시 알고리즘에 부여할 규범

AI가 운영하는 미래도시의 규범적 기준은 네 축 위에 선다.

첫째, 인간 존엄과 권리라는 '칸트'적 명령이다. 도시는 시민을 수단이 아닌 목적으로 대우해야 하며, 감시·기만·취약성의 착취를 설계 단계에서 원천적으로 차단해야 한다는 것이다. 무엇보다 주권자는 시민이라는 인식에 기초해야 한다는 것이다.

둘째, 정의와 형평의 원칙이다. 롤스적 정의론과 능력접근(capabilities approach)은 정책의 평균효용이 아니라 가장 취약한 이들의 역량 증진을 우선 평가기준으로 삼을 것을 요구한다. AI의 도입이 오히려 빈익빈 부익부를 야기하면 안된다는 것이고 그것은 곧 능력적 측면에서도 마찬가지이다. AI는 오히려 능력이 떨어지는 이들의 기본소득을 보장하고 역량을 증진시키는데 복무해야 한다는 것이다.

셋째, 책임 있는 결과주의다. 공공의 효용을 고려하되, 인권침해나 비가역적 피해의 가능성 앞에서는 사전예방 원칙을 적용해야 한다. 빅데이터와 AI의 사용에 대해서는 반드시 위험에 대한 사전예방 원칙을 수립하고 철저히 지켜야 한다.

이러한 철학적 토대 위에서 우리는 국제 규범과 정합성을 맞추어야 한다. UNESCO의 AI 윤리 권고는 인권·존엄·투명성·인간 감독을 최상위 가치로 선언하고, OECD AI 원칙은 민주적 가치와 책임성, 안전성을 신뢰 가능한 AI의 핵심으로 규정한다. 도시의 모든 알고리즘적 결정은 이 최상위 규범의 사다리 안에서 정당화되어야 한다.

3. 위험 지형도: 어디에서, 어떻게 문제가 발생하는가

특히, 공공안전과 치안 영역에서는 예측치안, 실시간 군중분석, 얼굴·감정 인식이 핵심 논쟁지대다. 예측 모델은 과거 데이터에 내재된 편향을 증폭시킬 위험이 있고, 이는 과잉 집행과 특정 지역·집단의 낙인으로 이어질 수 있다. 얼굴·감정 인식은 오답률과 과학적 불확실성뿐 아니라, 개인을 공권력의 관찰 대상으로 만드는 권리 침해의 그림자를 드리운다. 따라서, 고위험 알고리즘의 도입은 엄격한 제한 또는 금지의 원칙을 따라야 하며, 독립적 사전·사후감사와 증거기반 평가 없이는 운용되어서는 안 된다.

한편 모빌리티와 교통에서는 경로추천과 동적요금이 외곽지역과 취약계층에게 불리하게 작동할 위험이 있다. 접근 가능성이 낮은 지역에 서비스와 차량이 적게 배차되거나, 정시성(정시에 도착하도록 하는 것)에 대한 과도한 집중은 취약계층의 이용을 취약하게 만들 수 있다. 따라서, 설계 단계에서부터 외곽지역과 취약계층에 대한 배려와 이동에 대한 권리를 보장하는 것을 의무화해야 한다.

복지·보건·교육의 자동화는 인간의 선별 판단을 효율적으로 대체하는 것처럼 보이지만, 실제로는 지원에서 배제될수록 피해가 커지는 취약계층에게 '분류 오류의 비용'을 떠넘기곤 한다. 따라서, 복지 선별, 병상 배정, 학교 배정과 같은 결정에는 알고리즘 영향평가를 의무화하고, 이의제기권과 인간 검토권을 보장해야 한다.

마지막으로 에너지·환경·스마트 인프라의 영역에서는 수요반응과 원격 차단 로직이 에너지 빈곤층에게 불균형 부담을 줄 가능성이 있다. 또한, 도시 전역의 센서 네트워크는 환경 관리에 유익하지만, 동시에 감시의 촘촘함을 일상화한다. ▲데이터 최소화 원칙(목적을 달성하는 데 꼭 필요한 데이터만 수집·보관·처리하라는 원칙), ▲온디바이스 분석(On-device Processing), 데이터를 중앙 서버로 보내지 않고 개인의 기기(스마트폰, 노트북 등) 안에서 분석하는 방식, ▲프라이버시 강화기술(PETs, Privacy-Enhancing Technologies), 개인정보를 드러내지 않으면서 분석과 활용이 가능한 기술이 도입되어야 하며, 그리고 학교·병원·주거 등 민감 공간을 프로파일링(사람에 대한 여러 데이터를 모아 그 사람의 특성·성향·위험도·행동을 '추정·분류'하는 행위) 금지구역으로 설정해야 한다.

마지막으로 도시행정·세무·허가의 자동심사는 편리함과 속도를 제공하지만, 그만큼 불투명성과 책임 회피의 유혹도 커진다. 시스템 목적, 데이터, 위험도, 완화조치, 성능지표, 책임주체를 공개하는 알고리즘 레지스트리(행정에 사용되는 모든 AI·알고리즘을 공식적으로 등록·공개하는 목록)는 행정의 정당성을 회복하는 관문이다. 시민은 레지스트리를 통해 자신의 도시가 어떤 모델을 왜 쓰는지, 그 결과를 누구에게 물을 수 있는지를 즉시 확인할 수 있어야 한다.

4. 기술적 대응

도시의 AI 거버넌스는 정책, 투명성·감사, 운영·사후관리의 세 레벨로 설계될 수 있다. 정책 레벨에서는 도시 알고리즘 권리장전을 제정해 설명받을 권리, 인간 검토·이의제기권, 비차별·접근성, 감정 인식과 사회적 신용의 금지 원칙을 명문화한다. 동시에 고위험 정의와 금지 목록을 EU 체계와 정합적으로 정리하고, 학교·의료·주거 등 특정 공간에 대한 기술 금지구역을 선언한다.

투명성·감사 레벨에서는 공개 알고리즘 레지스트리를 중심에 둔다. 레지스트리는 모델의 목적, 데이터 출처와 품질, 위험평가와 완화조치, 성능과 한계, 책임부서를 표준 스키마로 기록·공개한다. 모든 고위험 또는 대민 영향 시스템은 사전 AIA/HRIA를 실시하고, 초안을 시민에게 공개해 최소한의 의견수렴 기간을 보장한다. 독립 윤리감사는 정례화하고 결과와 시정명령을 함께 공개해야 한다.

운영·사후관리 레벨에서는 중대사건 신고 채널과 사후 모니터링 체계를 일상 운영의 일부로 편입한다. 데이터·모델 드리프트와 차별 지표를 지속 감시하고, 사전에 합의된 조건에서는 시스템을 즉시 중지할 수 있는 킬스위치를 작동한다. 중단 기준과 책임소재는 계약과 조례에 미리 명확히 박아 두어야 한다.

조직 설계로는 알고리즘·데이터 윤리위원회(ADEC), 시민 윤리감사단(CEA), 공공 데이터·모델 오피스(PDO) 의 삼각 구도를 제안한다. ADEC

은 인권·법·공학·시민 대표의 균형 있는 구성으로 이해상충을 공개하고, CEA는 무작위추출과 공개모집을 병행해 시민에게 현장 동행감사 권한을 부여한다. PDO는 레지스트리와 영향평가, 조달 표준을 통합 관리하며, ISO/IEC 42001과의 정합성을 상시 점검한다.

마지막으로 조달은 거버넌스의 첫 관문이다. 표준계약서에 데이터 권리, 평가·감사 협력, 중대사건 통지, 위반 시 페널티, 오픈 모델카드 의무 등을 삽입해, 윤리와 투명성을 계약적 의무로 만든다.

윤리적 도시를 위한 기술의 설계 원리는 분명하다. 첫째, 프라이버시 강화기술(PETs) 을 기본값으로 채택한다. 차등프라이버시의 예산 관리, 안전한 다자 계산, 동형암호, 신뢰실행환경, 연합학습 등은 공공데이터와 모델 운용에서 데이터 최소화와 재식별 위험 억제를 가능하게 한다.

둘째, 모델 문서화를 통해 공적 설명가능성을 확보한다. 모델카드와 데이터시트, 사용 제한 경고, 테스트 커버리지와 한계의 투명한 공개는 시민의 이해와 연구자·감사자의 검증을 동시에 돕는다.

셋째, 안전성 관리를 일상화한다. 적대적 테스트와 레드팀, 시나리오 기반 스트레스 테스트, 중대사건 리포팅 체계는 모델의 취약성과 오남용 가능성에 선제적으로 대응하게 한다. 넷째, 콘텐츠 신뢰를 확보한다. 합성미디어에는 가시적 라벨을 부착하고, 감정 인식·사회적 신용과 같은 금지·제한 기술은 플랫폼 수준에서 자동 차단하는 규칙을 마련한다.

5. 시민이 '윤리적 감시자'가 되는 방법: 주권의 문법

시민의 역할은 감시 대상이 아니라 감시의 주체가 되는 데 있다. AI와 알고리즘은 이제 도시의 핵심적인 의사결정 인프라가 되었다. 학교의 평가, 병원의 진료 보조, 교통 흐름의 제어, 복지 대상자의 선정, 행정 서비스의 우선순위 결정까지 이 모든 영역에서 알고리즘은 조용히 판단을 내린다. 문제는 이 판단이 시민의 삶에 깊이 개입하면서도, 그 작동 방식은 여전히 시민의 시야 밖에 머물러 있다는 점이다. 시민 주권형 AI 사회로 나아가기 위해서는 기술의 투명성뿐 아니라, 시민이 이를 이해하고 질문하며 참여할 수 있는 일상적 실천의 경로가 필요하다.

그 출발점은 알고리즘 레지스트리의 일상적 열람이다. 알고리즘 레지스트리는 특정 알고리즘이나 자동화 시스템의 식별자, 목적, 사용 데이터, 위험 요인, 완화 조치, 책임 주체 등을 표준화하여 관리하는 공개된 중앙 저장소다. 시민은 자신의 동네, 학교, 병원, 교통 시스템에서 어떤 자동화 시스템이 사용되고 있는지, 그 시스템이 어떤 데이터를 기반으로 무엇을 결정하는지를 확인할 수 있어야 한다. 모든 내용을 완벽히 이해할 필요는 없다. 중요한 것은 '어떤 결정이 사람의 판단이 아니라 시스템에 의해 이루어지고 있는지'를 인식하는 습관을 갖는 것이다.

이러한 인식 위에서 두 번째 단계는 고위험·금지 알고리즘의 적합성 점검이다. 감정 인식 기술을 활용한 직장·학교 내 평가, 광범위한 사회적 신용 점수화처럼 이미 금지되었거나 강력히 제한되어야 할 관행이 존재하는지 살펴볼 필요가 있다. 또한 고위험으로 분류된 알고리즘이라면, 그에 상응하는 엄격한 의무—사전 평가, 인간 개입, 책임 소재 명시—가 실제로 부과되고 있는지도 점검해야 한다. 이는 시민이 기술의 세부를 판단한다기보다, 제도가 약속한 기준이 지켜지고 있는지를 확인하는 행위에 가깝다.

셋째, 시민은 자동화된 결정에 대해 근거를 요구할 권리를 적극적으로 행사해야 한다. 알고리즘에 기반한 자동 결정으로 불이익을 받았다면, 어떤 입력 요소가 사용되었는지, 판단 기준은 무엇이었는지, 해당 모델의 한계와 오류 가능성은 어느 정도인지 설명을 요구할 수 있다. 이 권리는 예외적 상황에서만 허용되는 항의가 아니라, 자동화 사회에서 시민에게 부여된 기본적 절차적 권리다.

넷째, 이의제기와 인간 검토 요청은 개인의 불만 제기가 아니라 공공의 안전장치다. 알고리즘의 오분류나 차별 가능성은 언제나 존재하며, 이는 개인의 운이 나빴던 문제가 아니라 시스템 설계의 문제로 다루어져야 한다. 따라서 제도는 시민이 의심을 제기할 수 있고, 그 판단을 인간이 재검토할 수 있도록 설계되어야 한다. 이 과정은 기술의 신뢰도를 떨어뜨리는 것이 아니라, 오히려 신뢰를 가능하게 하는 조건이다.

다섯째, 시민은 정책 도입 전 공개되는 알고리즘 영향평가에 참여할 수 있어야 한다. 영향평가 초안에는 데이터 대표성, 편향 완화 계획, 테스트 설계, 권리 구제 절차 등이 담겨 있다. 모든 항목을 기술적으로 해석할 필요는 없다. 중요한 것은 시민의 언어로 '이 시스템이 누구에게 불리하게 작동할 가능성은 없는가', '문제가 발생하였을 때 실제로 구제받을 수 있는가'를 질문하는 것이다. 이러한 질문은 정책 설계 단계에서 알고리즘의 방향을 바꾸는 중요한 개입이 된다.

여섯째, 독립 감사 보고서에 대한 시민의 관심과 질의 역시 중요하다. 감사 보고서에 포함된 정밀도, 재현율, 불일치율, 집단별 성능 지표는 시스템이 누구를 더 자주 놓치고, 누구를 더 자주 잘못 판단하는지를 보여준다. 이는 알고리즘이 '평균적으로' 잘 작동하는지가 아니라, 사회적으로 어떤 결과를 만들어내는지를 평가하는 기준이다.

이러한 과정을 제도적으로 뒷받침하는 장치가 바로 시민 감사단이다. 짧은 교육과정을 통해 기본적인 이해를 공유한 시민들이 현장 검과 문서 검토에 참여하고, 전문가와 함께 질문을 던지는 구조는 알고리즘 거버넌스를 행정의 전유물에서 공공의 영역으로 확장한다.

아울러 시민은 데이터 권리를 적극적으로 행사하는 주체가 되어야 한다. 열람, 정정, 삭제, 처리 제한, 이동권은 법률 조항으로 존재하는 권리가 아니라, 실제로 사용될 때 의미를 갖는다. 권리의 반복적 행사는 시스템에 '감시받고 있다'는 신호를 보내며, 그 자체로 알고리즘 운영의 긴장과 책임성을 높인다.

마지막으로, 시민의 의견은 온라인 숙의 플랫폼과 오프라인 공개 설명회를 통해 공유되고, 지역 커뮤니티로 확산되어야 한다. 그리고 금지된 관행이나 중대한 위법·위험 사례를 발견하였을 경우에는 공익신고와 법률 지원 체계가 즉각적으로 연계되어야 한다. 시민의 질의와 신고는 갈등의 씨앗이 아니라, 도시를 건강하게 유지하는 제도적 면역 반응이다.

알고리즘 사회에서 시민 주권은 모든 기술을 이해하는 데서 나오지 않는다. 무엇이 자동화되었는지를 인식하고, 필요할 때 질문하며, 절차를 요구하고, 참여할 수 있는 능력에서 비롯된다. 이러한 일상적 실천이 축적될 때, 알고리즘은 통제의 도구가 아니라 공공성을 갖춘 인프라로 자리 잡게 된다.

6. AI미래도시 시민 감사단 운영 규정

앞서 제안한 AI미래도시의 시민감사단 운영 규정을 구체적으로 제안하고자 한다.

- 시민이 상상한 [AI미래도시 시민 감사단 운영 규정] -

제1조 목적
이 규정은 AI 기반 공공서비스와 행정 의사결정 시스템에 대해 시민이 직접 참여하여 감시·점검·평가할 수 있도록 시민 감사단을 운영함으로써, 인권 보호, 형평성 확보, 투명성 강화, 안전성 및 책임성 확보를 목적으로 한다.

제2조 정의
시민 감사단이란 이 규정에 따라 위촉된 시민으로 구성된 참여형 감사 기구를 말한다.
도시 알고리즘이란 공공부문이 기획·구매·운영하거나 실질적 영향을 미치는 자동화·AI·통계 기반 시스템을 말한다.

고위험 시스템이란 복지, 안전, 교육, 고용, 법집행 등 시민의 권리에 중대한 영향을 미치는 시스템을 말한다.
중대한 사건이란 인권 침해, 심각한 차별, 대규모 오작동, 안전사고, 개인정보 유출 등을 말한다.

제3조 적용 범위
이 규정은 도시 본청, 산하기관, 위탁·용역사업, 공공-민간 협력 사업에 적용한다.

제2장 시민 감사단 구성
제4조 구성
시민 감사단은 시민 공개모집과 무작위 추출을 원칙으로 구성한다.
성별·연령·지역·장애·이주 여부 등 다양성과 대표성을 고려한다.
최근 2년 내 감사 대상 시스템과 직접적 이해관계가 있는 자는 위촉할 수 없다.

제5조 임기 및 활동
임기는 1년으로 하며, 연임할 수 있다.
특정 감사 사안에 한해 프로젝트형 임시 위촉이 가능하다.
활동 전 기본 교육을 이수해야 하며, 연 1회 이상 교육을 받는다.

제3장 권한과 의무
제6조 시민 감사단의 권한
시민 감사단은 다음의 권한을 가진다.
1. 자료 열람·요구 권한
   시스템 개요, 사용 목적, 데이터 종류, 위험요인, 영향평가 요약 등
2. 설명 요구 및 질의 권한
   담당 부서 및 사업자에게 설명과 답변을 요청할 수 있다.

3. 현장 점검 및 사용자 관점 검증 권한
4. 개선 권고 권한
   문제 발견 시 시정 명령을 내릴 수 있다.
5. 중대한 위험 발생 시 임시 중지 권고
   생명·권리 침해 우려가 명백한 경우 긴급 중지를 결정할 수 있다.

제7조 시민 감사단의 의무

개인정보 보호 의무

이해상충 사전 신고 및 회피 의무

공정하고 독립적인 판단 유지

감사 결과를 사실과 증거에 기반해 기록할 의무

제4장 감사 절차

제8조 감사의 종류

정기 감사 : 연 1회 이상 고위험 시스템 점검

수시 감사 : 시민 제보, 언론 보도, 이상 징후 발생 시

특별 감사 : 중대한 사건 발생 시 또는 대규모 도입 전후

제9조 감사 절차

감사 개시 및 범위 통지

사전 검토(알고리즘 레지스트리, 영향평가 자료 등)

자료 제출 및 설명 청취

필요 시 현장 점검 및 인터뷰

잠정 의견 제시 및 기관 의견 수렴

최종 보고서 작성 및 공개(요약본 중심)

시정 조치 이행 점검

제5장 시민 제보 및 참여

제보자는 익명 또는 실명 선택이 가능하며 불이익을 받지 않는다.
중대한 사안은 즉시 관련 기구에 통보한다.

제6장 정보 공개와 윤리

제11조 정보 공개 원칙

가능한 한 정보 공개를 원칙으로 한다.
개인정보·보안·영업비밀은 비공개 또는 부분 공개한다.

제12조 윤리 원칙

시민 감사단은 존중, 공정성, 독립성, 책임성, 피해 최소화 원칙을 따른다.

제7장 운영 및 지원

제13조 지원

교육, 회의, 접근성 편의 제공
필요 시 활동 수당 및 경비 지원

제14조 연례 평가

연 1회 운영 성과를 평가한다.
시민 신뢰도, 권고 이행률 등을 공개한다.

제15조 시행

이 규정은 공포한 날부터 시행한다.

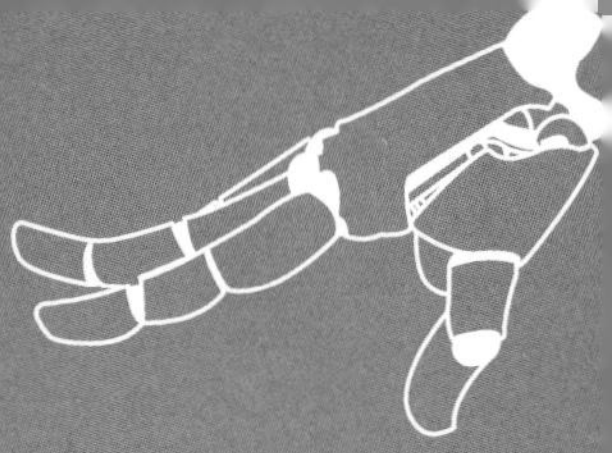

시민이 주인되는

AI 미래도시: 100가지 상상력

-시민 363명의 의견을 듣다-

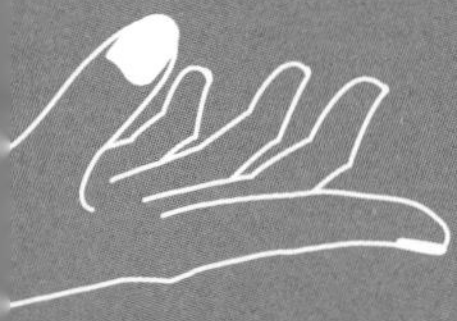

/ 3부 /

시민이 바라는 AI미래도시 방향과 전략

I. 시민이 바라는 AI미래도시는?

1. AI미래도시 설문조사 조사 결과

21세기 도시 발전을 이끄는 핵심 동력은 인공지능과 초연결 데이터 기술이라고 해도 과언이 아니다. 교통, 환경, 에너지, 복지, 안전, 도시계획 등 거의 모든 도시 운영 영역에 AI 기반 시스템이 도입될 것이 예견되기 때문이다. 이에 따라 도시는 과거처럼 고정된 행정 체계에 머무르지 않고, 상황을 예측하고 변화에 대응하며 실시간으로 작동하는 구조로 바뀌고 있다.

세계 여러 나라에서는 도시 환경을 디지털 트윈(Digital Twin, 현실 세계의 사물·공간·시스템을 가상 공간에 그대로 복제해 놓고, 실시간 데이터로 연동하며 상태를 관찰·예측·실험하는 기술)로 구현해 정책을 사전에 시뮬레이션하고, 알고리즘을 활용해 교통 흐름을 최적화하거나 범죄를 예방하고, 기후위기에 대응하는 AI 시스템을 도입하고 있다. 이러한 기술은 도시 운영의 효율성과 지속가능성을 높이는 수단으로 활용되고 있다. 한국 역시 국가 AI 컴퓨팅 센터 구축, 스마트시티 국가 시범도시 조성, 지능형 교통체계 고도화 등 정책적 노력을 통해 이러한 흐름에 적극적으로 대응하고 있다. 이와 같은 도시 변화는 '도시 AI(Urban AI)', 'AI 기반 도시', 'AI도시' 등 다양한 이름으로 불리고 있다. 특히 2022년 ChatGPT 등장 이후 AI도시에 대한 국제적 논의는 빠르게 확산되고 있다.

그러나 AI도시에 대한 논의가 빠르게 확장되고 있는 것과 달리, **도시에서 살아가는 시민이 실제로 어떤 AI도시를 원하고 있는지**에 대한 연구는 충분하지 않다는 비판이 지속적으로 제기되어 왔다. 전문가들은 스마트시티 연구 분야에서 시민의 AI 인식을 명확하게 다룬 연구가 아직 매우 제한적이라고 지적한 바 있다.

그동안 스마트도시 논의는 주로 기술 전문가, 정책 담당자, 연구기관을 중심으로 이루어져 왔다. 논의의 초점 또한 도시 문제를 기술로 해결하려는 기술 중심적 접근에 치우쳐 있었다. 비판적 스마트시티 연구들은 기존의 스마트시티와 Urban AI 프로젝트가 정부, 기업, 전문가 중심으로 설계되었으며, 시민은 주로 데이터를 제공하거나 서비스를 이용하는 존재로만 다뤄졌다고 분석한다. 이러한 상향식 접근 방식은 시민의 일상적인 삶의 맥락과 실제 욕구를 충분히 반영하지 못하고, 시민참여를 형식적인 수준에 머무르게 만든다는 비판을 받아왔다.

도시 데이터 통합, 알고리즘 기반 의사결정, 자동화된 도시 운영은 전문가의 관점에서는 매력적인 해결책처럼 보일 수 있다. 그러나 이러한 기술적 해법이 시민의 실제 생활 경험과 가치, 지역별 불편, 생활환경의 차이를 제대로 반영하고 있는지는 또 다른 문제다. 시민이 느끼는 문제와 AI가 데이터로 인식하는 문제 사이에는 분명한 차이가 존재한다.

예를 들어 CCTV 설치 수가 많다고 해서 시민이 반드시 더 안전하다고 느끼는 것은 아니다. 교통량이 통계적으로 감소하더라도 특정 시간대나 특정 구간의 불편은 여전히 지속될 수 있다. 또한 AI 기반의 복지 행정이나 환경 관리 시스템이 시민에게 실제로 어떻게 경험되는지는 숫자로 표현된 데이터만으로는 충분히 설명하기 어렵다.

그럼에도 불구하고 지금까지의 Urban AI 연구는 시민의 직접적인 의견, 미래 도시 모습에 대한 기대, 지역별 생활 경험의 차이를 체계적으로 수집하고 이를 도시 운영에 반영하는 데 상대적으로 소홀하였다. 이로 인해 기술은 발전하였지만, 시민의 삶과 괴리된 AI도시가 만들어질 수 있다는 우려가 제기되고 있다.

따라서 AI미래도시에 대한 시민들의 목소리를 반영하기 위해 설문조사를 진행하였다. 지역을 선정하여 추진하였고, 이 책에서 주로 다루고 있는 광명 지역을 선정하였다. 광명에서 진행하였으나 다양한 지역의 주민들이 설문조사에 응하셔서 총 363명의 시민이 설문조사에 참여하였다.

설문조사는 시민의 인공지능(AI)에 대한 인식, 우려, 가치 판단, 정책 선호, 그리고 참여 의향을 종합적으로 파악하기 위해 다층적인 변수 체계를 구성하였다. 설문 문항은 총 일곱 개의 변수 범주로 구분되며, 각 범주는 AI 기술이 도시 정책과 시민 삶에 미치는 영향을 입체적으로 분석하기 위한 목적을 가진다.

- AI미래도시 광명 설계를 위한 시민 설문조사 -

◐ 조사 목적

시민이 생각하는 AI 미래도시의 모습, 가치, 우려, 우선순위, 참여 의향 등을 파악 Urban AI 정책의 기반 자료 확보

◐ 조사 기간

2025년 10월 ~ 2025년 12월

◐ 조사 방법

온라인/오프라인 설문조사 혼합 방식
자발적 응답 기반 시민 참여형 설문조사(Self-administered Survey)

◐ 조사 참가자

363명

첫째, AI 인식 변수는 시민이 AI 기술을 전반적으로 어떻게 인식하고 있는지를 측정하기 위해 설정되었다. 해당 범주는 ▲AI가 일상생활을 얼마나 긍정적으로 변화시킬 것인지에 대한 전반적 평가(AI 긍정성), ▲AI 도입을 통해 서비스 편의성과 생활의 질이 개선될 것이라는 기대 수준(편리성 기대), 그리고 ▲AI 기술의 도입과 실제 활용에 대한 수용 의향(기술 수용도)으로 구성된다. 이를 통해 시민이 AI를 기회로 인식하는지, 또는 단순한 기술 변화로 받아들이는지를 파악하고자 하였다.

둘째, AI 우려 변수는 AI 기술 확산 과정에서 시민이 느끼는 위험 인식과 불안을 구조적으로 분석하기 위해 설계되었다. 이 범주에는 ▲개인정보 보호에 대한 우려, ▲자동화로 인한 일자리 위협 인식, ▲디지털 접근

성 격차에 대한 걱정, ▲AI 작동 과정의 불투명성에 따른 신뢰 문제, 그리고 ▲인간관계 약화나 기술 의존 심화와 같은 인간성 상실 우려가 포함된다. 이를 통해 AI 기술 수용을 저해할 수 있는 사회적·윤리적 요인을 식별하고자 하였다.

셋째, AI 핵심 가치 변수는 시민이 AI 정책과 서비스 설계 과정에서 무엇을 가장 중요하게 생각하는지를 파악하는 데 목적이 있다. 주요 항목으로는 시민 개인정보 보호의 우선성, 정책 결정 과정의 투명성, 기술 혜택의 형평성, 행정 및 서비스의 효율성, 기술 도입 과정에서의 일자리 보호, 그리고 AI로 인한 사회·경제적 격차 확대를 방지해야 한다는 인식이 포함된다. 이는 단순한 기술 도입을 넘어, 시민 중심의 AI 거버넌스 원칙을 도출하기 위한 핵심 지표로 활용된다.

넷째, AI 적용 분야 선호 변수는 시민이 AI 기술이 우선 적용되기를 기대하는 도시 정책 영역을 분석하기 위해 구성되었다. 교통, 안전, 환경, 의료·복지, 교육, 행정, 문화·관광 등 다양한 분야에 대한 선호를 측정함으로써, 시민이 체감하는 도시 문제와 AI 활용 기대 간의 연결 구조를 파악하고자 한다. 해당 변수는 향후 분야별 AI 정책 우선순위를 설정하는 데 실증적 근거로 활용된다.

다섯째, 디지털 역량 변수는 시민 개인의 기술 활용 능력과 공공 차원의 지원 필요성을 동시에 분석하기 위해 포함되었다. 스마트폰과 PC 등 디지털 기기 활용 수준을 통해 개인의 기기 숙련도를 파악하고, 연령·계층별 AI 교육 및 디지털 역량 강화의 필요성을 측정함으로써, 포용적 AI 정책 설계를 위한 기초 자료를 제공하였다.

여섯째, 시민 참여 의향 변수는 AI 정책과 서비스 개발 과정에서 시민이 어느 정도까지 직접 참여할 의지가 있는지를 평가하기 위해 설계되었다. 정책 아이디어 공모 참여, 해커톤(Hackathon, 해킹(hack) + 마라톤(marathon)의 합성어로, 개발자·기획자·디자이너 등이 짧은 시간(보통 1~3일) 동안 팀을 이루어 아이디어를 실제 결과물로 만드는 집중형 협업 행사)나 토론 참여, 정책 자문 역할 수행, AI 시범사업 체험단 참여 의향 등이 포함되며, 참여 의향이 없는 경우도 별도로 측정하여 시민 참여의 제약 요인을 함께 분석할 수 있도록 하였다. 이는 향후 시민참여형 AI 거버넌스 모델 설계에 중요한 판단 기준이 된다.

마지막으로, 인구통계 변수는 성별, 직업, 연령대, 거주지역(행정동)으로 구성되며, 앞서 제시한 모든 변수들의 차이를 설명하는 기본적인 분석 틀로 활용된다. 이를 통해 성별·세대·직업군·지역별로 상이한 AI 인식과 정책 요구를 비교·분석할 수 있으며, 지역 맞춤형 AI 정책 수립을 위한 기초 자료를 제공할 수 있다.

〈설문조사 양식〉

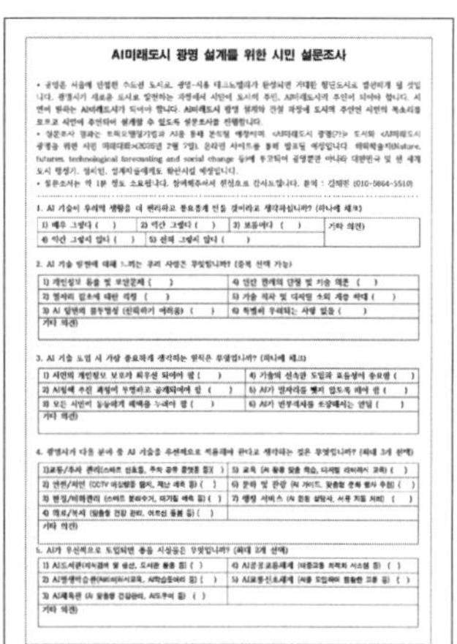

AI미래도시 광명 설계를 위한 시민 설문조사

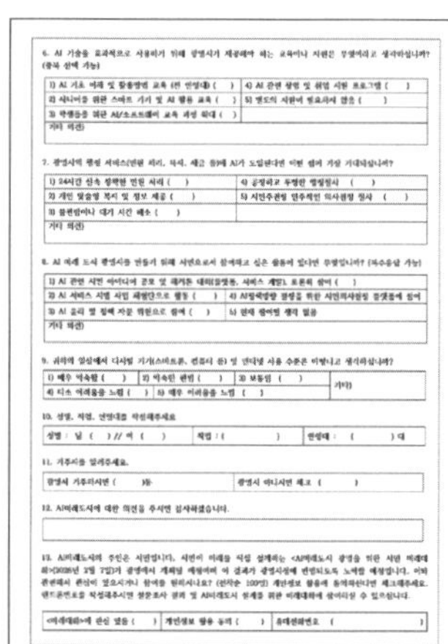

전체 문항

<table>
<tr><th></th><th>문항 제목</th><th>문항 내용</th><th>답변내용과 종류 구조</th><th>답변 내용</th></tr>
<tr><td rowspan="6">Q1</td><td rowspan="6">AI 긍정인식</td><td rowspan="6">AI 기술이 우리의 생활을 더 편리하고 풍요롭게 만들 것이라고 생각하십니까?</td><td rowspan="6">단수응답 - 순서형 데이터</td><td>매우 그렇다</td></tr>
<tr><td>약간 그렇다</td></tr>
<tr><td>보통이다</td></tr>
<tr><td>약간 그렇지 않다</td></tr>
<tr><td>전혀 그렇지 않다</td></tr>
<tr><td>기타</td></tr>
<tr><td rowspan="7">Q2</td><td rowspan="7">AI 우려 요인</td><td rowspan="7">AI 기술 발전에 대해 느끼는 우려 사항은 무엇입니까?</td><td rowspan="7">복수응답</td><td>개인정보 유출 및 보안문제</td></tr>
<tr><td>일자리 감소에 대한 걱정</td></tr>
<tr><td>AI답변의 불투명성</td></tr>
<tr><td>인간관계의 단절 및 기술의존</td></tr>
<tr><td>기술격차 및 디지털소외계층 확대</td></tr>
<tr><td>우려되는 사항 없음</td></tr>
<tr><td>기타</td></tr>
<tr><td rowspan="7">Q3</td><td rowspan="7">AI 도입 원칙</td><td rowspan="7">AI 기술 도입 시 가장 중요하게 생각하는 원칙은 무엇입니까?</td><td rowspan="7">단수응답</td><td>시민의 개인정보 보호가 최우선 되어야 함</td></tr>
<tr><td>AI정책 추진 과정이 투명하게 공개되어야 함</td></tr>
<tr><td>모든 시민이 동등하게 혜택을 누려야 함</td></tr>
<tr><td>기술의 신속한 도입과 효율성이 중요함</td></tr>
<tr><td>AI가 일자리를 뺏지 않도록 해야 함</td></tr>
<tr><td>AI가 빈부격차를 조장해서는 안됨</td></tr>
<tr><td>기타</td></tr>
<tr><td rowspan="8">Q4</td><td rowspan="8">AI 도입 희망 분야</td><td rowspan="8">광명시가 다음 분야 중 AI 기술을 우선적으로 적용해야 한다고 생각하는 것은 무엇입니까</td><td rowspan="8">복수응답 (최대 3개)</td><td>교통/주차 관리(스마트 신호등, 주차 공유 플랫폼 등)</td></tr>
<tr><td>안전/치안 (CCTV 이상행동 탐지, 재난 예측 등)</td></tr>
<tr><td>환경/미화관리 (스마트 분리수거, 대기질 예측 등)</td></tr>
<tr><td>의료/복지 (맞춤형 건강 관리, 어르신 돌봄 등)</td></tr>
<tr><td>교육 (AI 활용 맞춤 학습, 디지털 리터러시 교육)</td></tr>
<tr><td>문화 및 관광 (AI 가이드, 맞춤형 문화 행사 추천)</td></tr>
<tr><td>행정 서비스 (AI 민원 상담사, 서류 자동 처리)</td></tr>
<tr><td>기타</td></tr>
</table>

	문항 제목	문항 내용	답변내용과 종류 구조	답변 내용
Q5	AI 기반 시설 요구	AI가 우선적으로 도입되면 좋을 시설물은 무엇입니까	복수응답 (최대 2개)	AI도서관(지식검색 및 생산, 도서관 활용 등)
				AI평생학습관(AI리터러시교육, AI학습동아리 등)
				AI체육관 (AI 맞춤형 건강관리, AI도우미 등)
				AI공공교통체계 (대중교통 최적화 시스템 등)
				AI교통신호체계 (AI를 도입하여 원활한 교통 등)
				기타
Q6	AI 교육 필요성	AI 기술을 효과적으로 사용하기 위해 광명시가 제공해야 하는 교육이나 지원은 무엇이라고 생각하십니까?	복수응답	AI기초 이해 및 활용방법 교육 (전 연령대)
				시니어를 위한 스마트기기 및 AI활용 교육
				학생들을 위한 AI/소프트웨어 교육과정 확대
				AI관련 창업 및 취업 지원 프로그램
				별도의 지원이 필요하지 않음
				기타
Q7	AI 기대 행정 서비스	광명시의 행정서비스(민원처리, 복지, 세금 등)에 AI가 도입된다면 어떤 점이 가장 기대되십니까?	단수응답	24시간 신속 정확한 민원 처리
				개인 맞춤형 복지 및 정보 제공
				불편함이나 대기시간 해소
				공정하고 투명한 행정절차
				시민주권형 민주적인 의사결정 절차
				기타
Q8	시민 참여 활동 의향	AI미래도시 광명시를 만들기 위해 시민으로서 참여하고 싶은 활동이 있다면 무엇입니까?	복수응답	AI관련 시민 아이디어 공모 및 해커톤대회(플랫폼, 서비스 개발), 토론회 참여
				AI서비스 시범사업 체험단으로 활동
				AI윤리 및 정책 자문위원으로 참여
				AI정책방향 결정을 위한 시민의사결정 플랫폼에 참여
				현재 참여할 생각 없음
				기타
Q9	디지털 기기 사용 역량	귀하의 일상에서 디지털기기(스마트폰, 컴퓨터 등) 및 인터넷 사용 수준은 어떻다고 생각하십니까?	단수응답 - 순서형 데이터	매우 익숙함
				익숙한 편임
				보통임
				다소 어려움을 느낌
				매우 어려움을 느낌
				기타
Q10	성별	성별은 어떻게 되십니까?	단수응답	남
				여

	문항 제목	문항 내용	답변내용과 종류 구조	답변 내용
Q11	연령대	연령대는 어떻게 되십니까?	단수응답	10대 미만
				10대
				20대
				30대
				40대
				50대
				60대
				70대 이상
Q12	거주지역	거주지를 알려주세요	단수응답	철산동
				광명동
				하안동
				소하동
				일직동
				광명시가 아님
				기타
Q13	AI미래 도시 참여 의향	AI미래도시 설계을 위한 미래대화에 참여할 의향이 있으십니까?	단수응답	관심있음
				관심없음
Q14	직업	직업은 어떻게 되십니까?	단수응답	전문·관리직(공무원, 기업 경영자, 관리자, 연구원, 교수, 의사, 변호사, 회계사 등)
				사무·행정직(사무원, 행정직, 은행원, 경리·회계, 인사·총무 등)
				서비스·판매직(판매원, 영업직, 서비스업 종사자(요식업, 숙박업, 미용, 돌봄 등))
				기술·생산·기능직(제조업 근로자, 기술자, 정비·수리, 전기·전자, 기계·건설 기술직 등)
				농림어업직(농업인, 축산업, 어업·임업 종사자 등)
				운전·운송직 (운전기사(택시, 버스, 화물 등), 운송·물류 종사자 등)
				언론·방송·예술·문화직 (방송인, 기자, 언론인, 작가, 배우, 가수, 미술가, 공연 예술가, 문화콘텐츠 제작자 등)
				프리랜서·창작자 (플랫폼 노동자, 1인 창작자(유튜버, 크리에이터 등), 프리랜서 강사·디자이너·개발자 등)
				학생 (초·중·고 학생, 대학(원)생)
				가정·돌봄 (전업주부, 가사·돌봄 제공자 등)
				현재 일하지 않음, 구직중
				기타

2. 설문조사 결과 및 분석

기초 통계 방법인 빈도 분석(Frequency)를 통해 가장 많이 선택된 항목을 기반으로 기본적인 정책 우선 순위를 도출하였다. AI에 대한 인식, AI 도입 희망시설 등 총 8가지 분야에서 빈도 통계분석이 가능하다. 빈도 분석은 시민들이 어떤 선택을, 얼마나 했는지를 파악하여 전체적인 인식구조, 요구, 우려의 비중을 객관적으로 확인하였다.

여기서 백분율 분석을 도입한다면 선택 비율 비교를 통해 시민 수요의 강도, 비중, 우선순위를 정량적으로 평가할 수 있다. 정책 자원 배분의 정당성을 확보하는 측면에서 활용이 가능하다. AI도입을 희망하는 시설이나 분야에 대한 백분율 분석을 진행하였다. 이를 통해 시민 수용성 기반의 정책 속도를 분석하였다.

순서형 데이터 형식을 띄고 있는 AI에 대한 인식, 디지털 기기 사용 역량 등의 문항은 평균, 중앙값, 표준편차를 구하는 방법을 활용하였다. 이를 통해 전체 시민의 인식과 역량 수준을 파악하였다. 동시에 분포 분석을 통해 정규성 여부를 파악하였다.

1) 기초통계

이번 설문조사에는 총 363명의 시민들이 자발적으로 참여하였고 5060세대와 여성들의 참여율이 높았다. 여성이 57.0%로 남성보다 많았으며, 연령대별로는 60대(36.6%)와 50대(32.8%)가 전체의 약 70%를 차지해 중장년층의 관심도가 매우 높게 나타났다. 거주지역은 광명동(18.5%)과

철산동(15.2%) 거주자의 참여가 두드러졌다. 직업군은 전문/관리직과 사무/행정직이 상위권을 차지하였으나, 전업주부 및 프리랜서의 참여도 적지 않았다.

거주지역은 광명 지역 주민 216명, 타 지역 주민 147명으로 확인되었고, 광명동이 가장 많은 비율인 18.5%를 기록하였으며, 철산동, 하안동, 소하동,일직동 순이었다. 일직동에서 적은 주민이 참여하였다.

성별 비교

성별	응답자 수 (명)	비율
여성	207	57%
남성	155	42.7%
답 없음	1	0.3%
합계	363	100%

연령대 비교

연령대	응답자 수 (명)	비율
60대	133	36.6%
50대	119	32.8%
40대	52	14.3%
30대	22	6.1%
70대 이상	19	5.2%
20대	11	3%
10대	4	1.1%
기타/무응답	3	0.9%
합계	363	100%

거주지역 비교

거주지역	응답자 수 (명)	비율
광명동	67	18.5%
철산동	55	15.2%
하안동	45	12.4%
소하동	40	11%
일직동	7	1.9%
학온동, 노온사동	2	0.6%
기타(서울 등)	147	40.5%
합계	363	100%

직업 비교

직업	응답자 수 (명)	비율
전문·관리직 (공무원, 기업 경영자, 관리자, 연구원, 교수, 의사, 변호사, 회계사 등)	81	22.3%
사무·행정직 (사무원, 행정직, 은행원, 경리·회계, 인사·총무 등)	58	16%
가정·돌봄 (전업주부, 가사·돌봄 제공자 등)	53	14.6%
프리랜서·창작자 (플랫폼 노동자, 1인 창작자, 프리랜서 등)	47	12.9%
서비스·판매직 (요식업, 숙박업, 미용, 판매·영업 등)	42	11.6%
현재 일하지 않음 / 구직 중	36	9.9%
기술·생산·기능직 (제조, 정비, 전기·전자, 건설 등)	22	6.1%
언론·방송·예술·문화직	8	2.2%
학생 (초·중·고, 대학·대학원생)	7	1.9%
무응답	8	2.2%
사회복지사	1	0.3%
합계	363	100%

2) 전체 통계

AI에 대한 인식: 높은 기대감 속 현실적 우려 공존

응답자의 82.4%가 AI 기술이 생활을 편리하게 만들 것이라고 긍정적으로 전망하였다. 순서형 데이터(리쿼드 척도)에 따라 '매우 그렇다'를 5점, '전혀 그렇지 않다'를 1점으로 계산하였을 때, 평균은 4.33점/5점으로 AI 기술이 생활을 편리하게 할 것이라는 것에 대한 시민들의 확신이 높았다. 표준편차는1.02로 표준편차가 1 이상이라는 것은 **일부 강한 우려·비판 의견이 존재**함을 의미한다. 정리하면 압도적 다수가 긍정 의사를 보였으나 중립·부정도 일부 있어 무시할 수준은 아니라는 점을 알 수 있다.

다음으로 기술 발전에 대한 우려 사항으로 개인정보 유출 및 보안 문제(57.3%)와 일자리 감소(47.7%)가 가장 높게 꼽혔다. 이는 시민들이 AI의 효용성을 인정하면서도, 그에 따른 부작용인 **프라이버시 침해와 생존권 위협**에 대해 민감하게 반응하고 있음을 보여준다.

또한, 먼저 AI 도입 시 가장 중요한 원칙으로 시민의 개인정보 보호(39.1%)가 형평성(17.9%)이나 효율성(9.1%)을 제치고 압도적인 1위로 선정되었다. 이는 앞서 우려 사항에서 나타난 결과와 일맥상통하는 것으로, 시민들은 편리함보다 나를 보호할 수 있는 안전장치를 더 중요하게 여기고 있다.

Q1. AI 기술이 우리의 생활을 더 편리하고 풍요롭게 만들 것이라고 생각하십니까?

응답	응답자 수 (명)	비율
매우 그렇다	218	60.1%
약간 그렇다	81	22.3%

응답	응답자 수 (명)	비율
보통이다	36	9.9%
약간 그렇지 않다	17	4.7%
전혀 그렇지 않다	9	2.5%
기타	2	0.6%
합계	363	100%

Q2. AI 기술 발전에 대해 느끼는 우려 사항은 무엇입니까?

우려 사항	응답자 수 (명)	비율
개인정보 유출 및 보안 문제	208	57.3%
일자리 감소에 대한 걱정	173	47.7%
인간 관계의 단절 및 기술 의존	151	41.6%
기술 격차 및 디지털 소외 계층 확대	135	37.2%
AI 답변의 불투명성(신뢰성 문제)	90	24.8%
특별히 우려되는 사항 없음	6	1.7%

Q3. AI 기술 도입 시 가장 중요하게 생각하는 원칙은 무엇입니까?

원칙	응답자 수 (명)	비율
시민의 개인정보 보호 최우선	142	39.1%
모든 시민의 동등한 혜택 (형평성)	65	17.9%
투명하고 공개적인 정책 추진	51	14%
일자리 보호	43	11.8%
신속한 도입과 효율성	33	9.1%
빈부격차 조장 방지	27	7.4%

정책 우선순위는 안전과 교통 등 체감형 서비스

도시가 우선적으로 AI를 적용해야 할 분야로는 안전 및 치안(58.7%)이 1위를 차지하였다. 그 뒤를 이어 의료/복지(44.6%)와 교통/주차 관리

(43.8%)가 꼽혔다. 도입 희망 시설물 역시 대중교통 최적화(49.9%)와 교통신호 체계 개선(46.6%)이 압도적으로 높았다. 이는 시민들이 화려한 첨단 기술보다는 생활 안전을 지키고 만성적인 교통 체증을 해결하는 실질적인 생활 밀착형 서비스를 원하고 있음을 시사한다.

Q4. 광명시가 다음 분야 중 AI 기술을 우선적으로 적용해야 한다고 생각하는 것은 무엇입니까?

우선 분야	응답자 수 (명)	비율
안전 및 치안(CCTV, 재난 예측 등)	213	58.7%
의료 및 복지(건강관리, 돌봄 등)	162	44.6%
교통 및 주차 관리(스마트 신호등 등)	159	43.8%
교육(AI 맞춤 학습 등)	127	35%
행정 서비스(민원 상담사 등)	94	25.9%
환경 및 쓰레기 관리	91	25.1%
문화 및 관광(AI 가이드 등)	35	9.6%

Q5. AI가 우선적으로 도입되면 좋을 시설물은 무엇입니까?

시설물	응답자 수 (명)	비율
공공교통체계(버스/지하철 최적화)	181	49.9%
교통신호체계(원활한 교통 지원)	169	46.6%
평생학습관(AI교육/동아리)	115	31.7%
도서관(지식검색/이용)	101	27.8%
체육관(맞춤형 건강관리)	81	22.3%

교육 및 지원: 디지털 격차 해소 요구

가장 필요한 지원으로 전 연령 대상 기초 교육(74.4%)과 시니어 대상 스마트 기기 교육(51.8%)이 꼽혔다. 주 응답층인 5060세대가 급변하는 기술 환경에서 소외되지 않고 적응할 수 있도록 돕는 보편적이고 기초적인 교육 프로그램을 강력히 원하고 있는 것으로 분석된다.

Q6. AI 기술을 효과적으로 사용하기 위해 광명시가 제공해야 하는 교육이나 지원은 무엇이라고 생각하십니까?

교육 및 지원	응답자 수 (명)	비율
AI 기초 이해 및 활용 교육(전 연령)	270	74.4%
시니어를 위한 스마트 기기/AI 교육	188	51.8%
AI 관련 창업 및 취업 지원	114	31.4%
학생 AI/SW 교육 확대	90	24.8%
지원 불필요	4	1.1%

행정 및 참여: 신속한 행정과 능동적 참여 의지

행정 서비스에서는 24시간 신속 정확한 민원 처리(43.3%)에 대한 기대가 가장 컸다. 또한 시민 참여 의향을 묻는 질문에 시범 사업 체험단(47.4%), 토론회 참여(26.2%) 등 직접 활동하겠다는 응답이 높게 나타났다. 이는 시민들이 AI 정책의 수동적인 수혜자에 머물지 않고, 직접 경험하고 의견을 개진하는 주체로서 참여하려는 의지가 강함을 보여준다. 또한, 디지털 역량, 디지털기기(스마트폰, 컴퓨터 등) 및 인터넷 사용 수준에 대해서도 순서형 데이터(리커드 척도)로 변화하여 '매우 익숙함'을 5점, '매우 어려움을 느낌'을 1점으로 해서 계산하였을 때 평균은 3.75, 표준편차는 0.97이었다. 매우 익숙함 + 익숙한 편임이 약 63%로 시민 다수는 디지털기기·인터넷 사용에 '익숙한 편'이라고 볼 수 있었다. 다만, 표준편차 0.97로 비교적 크다는 것은 디지털 숙련도의 개인차가 분명히 존재함을 의미하고 있었다.

Q7. 광명시의 행정서비스(민원처리, 복지, 세금 등)에 AI가 도입된다면 어떤 점이 가장 기대되십니까?

기대 효과	응답자 수 (명)	비율
24시간 신속 정확한 민원 처리	157	43.3%
개인 맞춤형 복지 및 정보 제공	99	27.3%
공정하고 투명한 행정절차	48	13.2%
불편함이나 대기 시간 해소	42	11.6%
시민주권형 의사결정 절차	14	3.9%

Q8. AI미래도시 광명시를 만들기 위해 시민으로서 참여하고 싶은 활동이 있다면 무엇입니까?

활동	응답자 수 (명)	비율
시범 사업 체험단	172	47.4%
토론회 참여	95	26.2%
아이디어 공모 및 해커톤	95	26.2%
시민의사결정 플랫폼 참여	87	24%
윤리 및 정책 자문 위원	67	18.5%
참여할 생각 없음	53	14.6%

Q9. 귀하의 일상에서 디지털기기(스마트폰, 컴퓨터 등) 및 인터넷 사용 수준은 어떻다고 생각하십니까?

디지털 역량 수준	응답자 수 (명)	비율
매우 익숙함	88	24.2%
익숙한 편임	139	38.3%
보통임	97	26.7%
다소 어려움을 느낌	34	9.4%
매우 어려움을 느낌	5	1.4%

종합 의견

시민들은 AI 기술 도입에 대해 매우 긍정적이고 개방적인 태도를 보이고 있다. 특히 안전, 교통, 복지 등 일상생활의 질을 높이는 분야에 우선적인 지원을 원한다. 하지만 동시에 개인정보 보호에 대한 요구가 매우 강력하며, 우려에 대해 무시해선 안된다는 것을 보여주고 있었다. 또한, 디지털 소외 계층이 발생하지 않도록 돕는 교육 지원을 필수적인 과제로 인식하고 있었고 실제 디지털 기기 활용도에서 다소 높은 표준편차는 디지털 기기 교육의 필요성을 시시하고 있었다. 향후 도시의 AI 정책은 시민 안전과 교통문제 해결을 최우선으로 하되, 철저한 보안 대책 마련과 전 시민 대상의 디지털 리터러시 교육이 병행되어야 한다는 점을 시사하고 있었다.

3) 광명 지역과 타 지역 비교

이번에는 광명 지역과 타 지역을 비교하고 분석하였다. 광명시에서 AI 정책을 수립하는데 참고하기 위해서다. 광명시 거주자 216명(소하동, 하안동, 일직동, 학온동, 철산동, 광명동, 노온사동 포함)와 타 지역 거주자 147명(기타 타 시도 및 지역 미응답 등)을 비교하였다.

Q1. AI 기술이 우리의 생활을 더 편리하고 풍요롭게 만들 것이라고 생각하십니까?

응답 내용 (응답자 수(명) / 비율)	광명시 거주자 (216명)	타 지역 거주자 (147명)
매우 그렇다	113 (52.3%)	105 (71.4%)
약간 그렇다	64 (29.6%)	17 (11.6%)
보통이다	22 (10.2%)	14 (9.5%)

두 그룹 모두 AI 기술에 대해 긍정적이지만, '매우 그렇다'는 응답 비율

은 타 지역 거주자(71.4%)가 광명 시민(52.3%)보다 20%p 가량 높게 나타났다. AI 기술에 대해 광명 시민들이 조금 더 비판적으로 접근하고 있다는 것을 확인할 수 있었다.

Q2. AI 기술 발전에 대해 느끼는 우려 사항은 무엇입니까?

주요 응답 (응답자 수(명) / 비율)	광명시 거주자 (216명)	타 지역 거주자 (147명)
개인정보 유출 및 보안	129 (59.7%)	79 (53.7%)
일자리 감소 걱정	109 (50.5%)	64 (43.5%)
인간관계 단절/의존	87 (40.3%)	64 (43.5%)
디지털 격차 확대	80 (37.0%)	55 (37.4%)

광명 시민들은 '개인정보 유출(59.7%)'과 '일자리 감소(50.5%)'에 대해 타 지역 거주자보다 미세하게 더 높은 우려를 보였다.

Q4. 광명시가 다음 분야 중 AI 기술을 우선적으로 적용해야 한다고 생각하는 것은 무엇입니까?

주요 응답 (응답자 수(명) / 비율)	광명시 거주자	타 지역 거주자
안전 및 치안 (CCTV 등)	129 (59.7%)	84 (57.1%)
재난 예측	129 (59.7%)	84 (57.1%)
의료 및 복지	101 (46.8%)	61 (41.5%)
교통 및 주차 관리	98 (45.4%)	61 (41.5%)

두 그룹 모두 안전/치안 및 재난 예측 분야를 최우선으로 꼽았으며, 비율도 비슷하게(약 60%) 높게 나타났다. 광명시 거주자들의 의료와 교통에 대한 요구가 타 지역 거주자보다 더 높았다.

Q5. AI가 우선적으로 도입되면 좋을 시설물은 무엇입니까?

주요 응답 (응답자 수(명) / 비율)	광명시 거주자	타 지역 거주자
AI 공공교통체계	116 (53.7%)	65 (44.2%)
AI 교통신호체계	108 (50.0%)	61 (41.5%)
AI 평생학습관 (교육)	63 (29.2%)	52 (35.4%)
AI 도서관	45 (20.8%)	56 (38.1%)

광명 시민은 실생활과 직결된 '교통 체계(공공교통, 신호체계)' 개선에 대한 요구(50% 이상)가 압도적으로 높았다. 그만큼 교통정체 문제가 심각하고 교통문제 해결 요구가 높다는 것을 확인할 수 있다. 반면, 타 지역 거주자는 상대적으로 'AI 도서관'에 대한 선호도가 높게 나타났다.

Q6. AI 기술을 효과적으로 사용하기 위해 광명시가 제공해야 하는 교육이나 지원은 무엇이라고 생각하십니까?

주요 응답 (응답자 수(명) / 비율)	광명시 거주자	타 지역 거주자
AI 기초 이해 교육	163 (75.5%)	107 (72.8%)
시니어 스마트기기 교육	115 (53.2%)	73 (49.7%)
창업 및 취업 지원	62 (28.7%)	52 (35.4%)

필요한 교육이나 지원은 비슷하게 나왔다. 다만, 광명시 거주자들의 경우 AI기초 이해 교육 요구와 시니어 스마트기기 교육 요구가 약간 높았고, 상대적으로 타 지역 거주자들은 창업 및 취업 지원 요구가 높았다.

Q7. 광명시의 행정서비스(민원처리, 복지, 세금 등)에 AI가 도입된다면 어떤 점이 가장 기대되십니까?

응답 내용 (응답자 수(명) / 비율)	광명시 거주자	타 지역 거주자
24시간 신속 민원 처리	93 (43.1%)	64 (43.5%)
개인 맞춤형 복지/정보	60 (27.8%)	39 (26.5%)
공정/투명한 행정절차	26 (12.0%)	22 (15.0%)

Q8. AI미래도시 광명시를 만들기 위해 시민으로서 참여하고 싶은 활동이 있다면 무엇입니까?

주요 응답	광명시 거주자	타 지역 거주자
AI 시범사업 체험단	105 (48.6%)	67 (45.6%)
토론회 참여	51 (23.6%)	44 (29.9%)
시민의사결정 플랫폼 참여	48 (22.2%)	36 (24.5%)
참여할 생각 없음	38 (17.6%)	15 (10.2%)

광명 시민들의 '참여 의사 없음' 비율(17.6%)이 타 지역 거주자(10.2%)보다 다소 높았다. AI에 대한 부정적 시각이 반영된 것으로 추정된다.

Q9. 귀하의 일상에서 디지털기기(스마트폰, 컴퓨터 등) 및 인터넷 사용 수준은 어떻다고 생각하십니까?

응답 내용	광명시 거주자	타 지역 거주자
매우 익숙함	45 (20.8%)	43 (29.3%)
익숙한 편임	79 (36.6%)	60 (40.8%)
보통임	64 (29.6%)	33 (22.4%)
어려움 (다소+매우)	28 (13.0%)	11 (7.5%)

'어려움을 느낀다'는 응답 비율은 광명 시민(13.0%)이 타 지역 거주자

(7.5%)보다 약 2배 가까이 높게 나타나, 광명 시민들을 위한 기초 디지털 교육 지원이 시급함을 시사하고 있다.

4) 동별 분석

마지막으로 동별 분석이다. 광명시 동별로 AI를 도입하면 좋을 시설, 분야에 대해 따로 분석하였다. 광명동, 철산동, 하안동, 소하동과 일직동 주민들을 대상으로 하였다. 학온동과 노온사동은 참여 주민이 적어서 분석에서 생략하였다. 그 결과를 확인하면 다음과 같다.

광명동

광명동은 광명시의 원도심을 대표하는 생활권으로, 오랜 기간 형성된 주거지와 상업·생활 인프라가 밀집된 지역이다. 최근 광명뉴타운 사업이 추진되면서 도시 인구가 급증하고 있으며, 이에 따라 교통 문제가 심각한 상황이다. 이러한 현황은 설문조사 결과에서도 여실히 드러난다. 설문조사에 참여한 응답자 중 총 65명이 광명동 주민이었으며, 이들이 가장 바라는 개선 과제로는 안전과 교통 문제 해결이 꼽혔다. 2~3개까지 복수 응답이 가능하다는 점을 감안하더라도, 광명동 주민의 60% 이상이 안전과 교통 문제 해결을 위해 AI 도입이 필요하다고 응답하였다.

Q4. 광명시가 다음 분야 중 AI 기술을 우선적으로 적용해야 한다고 생각하는 것은 무엇입니까?

순위	분야	응답자 수 (명)	비율
1	안전·치안 (CCTV 이상행동 탐지, 재난 예측 등)	44	66%
2	교통·주차 관리 (스마트 신호등, 주차 공유 등)	33	49%

순위	분야	응답자 수 (명)	비율
3	의료·복지 (맞춤형 건강관리, 어르신 돌봄 등)	31	46%
4	교육 (AI 맞춤학습, 디지털 리터러시)	20	30%
5	행정 서비스 (AI 민원상담, 서류 자동처리)	17	25%
6	환경·쓰레기 관리 (스마트 분리수거, 대기질 예측)	13	19%
7	문화·관광 (AI 가이드, 문화행사 추천)	5	7%
총합		67	

Q5. AI가 우선적으로 도입되면 좋을 시설물은 무엇입니까?

순위	시설물	응답자 수 (명)	비율
1	공공교통체계 - AI공공교통체계 (자전거-지하철-버스 활용 AI최적화 시스템 도입 등)	42	63%
2	교통신호체계 - AI교통신호체계 (교통 시스템에 AI를 도입하여 원활한 교통 지원 등)	35	52%
3	평생학습관 - AI평생학습관 (AI교육, 리터러시 교육, AI학습동아리 운영 등)	17	25%
4	체육관 - AI체육관 (AI 맞춤형 건강관리, AI도우미 등)	15	22%
5	도서관 - AI도서관 (지식검색 및 생산, 도서관 이용 등에 AI활용)	10	15%
총합		67	

철산동

철산동은 광명시를 대표하는 중심 생활권이자 행정·상업·주거 기능이 결합된 지역이다. 지하철 7호선 철산역을 중심으로 대형 상업시설과 밀집된 상권이 형성되어 있으며, 광명시청과 주요 공공기관이 인접해 있어 행정 접근성이 매우 높은 지역으로 평가된다. 이러한 입지 특성으로 인해 유동인구가 많고, 광명시 전반의 생활·경제 활동이 집중되는 핵심 거점 역할을 수행하고 있다.

반면, 철산역 일대와 주요 간선도로 주변에서는 상시적인 교통 혼잡과 주차 문제가 발생하고 있다. 특히 출퇴근 시간대와 주말 상권 이용 시간에는 차량과 보행자의 충돌 가능성이 높아 교통·보행 안전 관리의 중요성이 지속적으로 제기된다. 또한 유동 인구가 많은 만큼, 재난·사고 발생 시 신속한 대응을 위한 지능형 교통·안전 관리 체계의 필요성도 크다.

이러한 내용이 역시 설문조사 결과로 잘 드러나고 있었다. 철산동 역시 안전과 치안에 대한 관심이 높았으며, 교통문제, 교통체계에 AI를 도입하겠다는 비율이 높았다. 다만 광명동과 비교해볼 때, 광명동은 공공교통체계에 대한 요구가 높았다면, 철산동은 교통신호체계에 대한 요구가 높았다.

Q4. 광명시가 다음 분야 중 AI 기술을 우선적으로 적용해야 한다고 생각하는 것은 무엇입니까?

순위	항목	응답자 수 (명)	비율
1	안전 및 치안 (CCTV 이상행동 탐지, 재난 예측 등)	37	67%
2	교통 및 주차 관리 (스마트 신호등, 주차 공유 플랫폼 등)	29	53%
3	의료 및 복지 (맞춤형 건강 관리, 어르신 돌봄 등)	24	44%
4	환경 및 쓰레기 관리 (스마트 분리수거, 대기질 예측 등)	19	35%
5	행정 서비스 (AI 민원 상담사, 서류 자동 처리)	16	29%
6	교육 (AI 활용 맞춤 학습, 디지털 리터러시 교육)	15	27%
7	문화 및 관광 (AI 가이드, 맞춤형 문화 행사 추천)	5	9%
총합		55	

Q5. AI가 우선적으로 도입되면 좋을 시설물은 무엇입니까?

순위	항목	응답자 수 (명)	비율
1	교통신호체계 - AI교통신호체계 (교통 시스템에 AI를 도입하여 원활한 교통 지원 등)	32	58%
2	공공교통체계 - AI공공교통체계 (자전거-지하철-버스 활용 AI최적화 시스템 도입 등)	29	53%
3	체육관 - AI체육관 (AI 맞춤형 건강관리, AI도우미 등)	16	29%
4	도서관 - AI도서관 (지식검색 및 생산, 도서관 이용 등에 AI활용)	15	27%
5	평생학습관 - AI평생학습관 (AI교육, 리터러시 교육, AI학습동아리 운영 등)	13	24%
총합		55	

하안동

하안동은 광명시에서 비교적 계획적으로 조성된 대규모 주거지역으로, 안정적인 주거 환경과 생활 인프라를 갖춘 생활권이다. 1980년대 말~90년대 초중반에 조성된 주공 아파트 단지가 중심을 이루고 있으며, 단지 간 간격과 녹지, 근린공원이 비교적 잘 확보되어 있으며 체육관, 도서관, 초중고등학교, 백화점, 마트, 행정복지센터, 상가 등이 잘 갖춰져 있다.

교통 측면에서는 지하철역과의 직접적인 접근성이 상대적으로 제한적이어서 버스 중심의 교통 체계와 자가용 의존도가 높은 편이다. 이에 따라 출퇴근 시간대 특정 간선도로와 생활도로에서 정체가 발생하며, 보행자·자전거·차량이 혼재되는 구간에서는 생활 교통 안전 문제가 지속적으로 제기된다.

이러한 요구가 역시 설문조사 결과에도 잘 드러나 있다. 총 45명의 주민이 설문조사에 참여해주셨는데 안전 및 치안에 대한 요구가 높다. 의료 및 복지에 대한 요구도 높은 편이다. 공공교통체계에 대한 AI 도입 요구가 높으며 교통신호체계에 대한 요구도 높다.

Q4. 광명시가 다음 분야 중 AI 기술을 우선적으로 적용해야 한다고 생각하는 것은 무엇입니까?

순위	항목	응답자 수 (명)	비율
1	안전 및 치안 (CCTV 이상행동 탐지, 재난 예측 등)	26	58%
2	의료 및 복지 (맞춤형 건강 관리, 어르신 돌봄 등)	21	47%
3	교통 및 주차 관리 (스마트 신호등, 주차 공유 플랫폼 등)	19	42%
4	교육 (AI 활용 맞춤 학습, 디지털 리터러시 교육)	17	38%
5	행정 서비스 (AI 민원 상담사, 서류 자동 처리)	14	31%
6	환경 및 쓰레기 관리 (스마트 분리수거, 대기질 예측 등)	8	18%
7	문화 및 관광 (AI 가이드, 맞춤형 문화 행사 추천)	6	13%
총합		45	

Q5. AI가 우선적으로 도입되면 좋을 시설물은 무엇입니까?

순위	항목	응답자 수 (명)	비율
1	공공교통체계 - AI공공교통체계 (자전거-지하철-버스 활용 AI최적화 시스템 도입 등)	23	51%
2	교통신호체계 - AI교통신호체계 (교통 시스템에 AI를 도입하여 원활한 교통 지원 등)	21	47%
3	도서관 - AI도서관 (지식검색 및 생산, 도서관 이용 등에 AI활용)	14	31%
4	평생학습관 - AI평생학습관 (AI교육, 리터러시 교육, AI학습동아리 운영 등)	14	31%
5	체육관 - AI체육관 (AI 맞춤형 건강관리, AI도우미 등)	12	27%
총합		45	

소하동+일직동

소하동과 일직동은 원래 하나의 행정동으로 구성되어 있었으나, 최근 도시 확장과 인구 증가에 따라 일직동이 별도의 행정동으로 분리되었다. 다만 생활권과 도시 기능의 연속성을 고려할 때, 두 지역은 여전히 하나의 통합된 주거·교통·생활권으로 인식되고 있으며, 본 연구에서는 이러한 맥락을 반영해 소하동과 일직동을 함께 분석하였다.

소하동은 광명시 남부권을 대표하는 대규모 주거 중심 지역으로, 비교적 최근에 조성된 아파트 단지가 밀집해 있다. 주거 환경이 쾌적하고 녹지와 생활 편의시설이 계획적으로 배치되어 있어 젊은 가구와 가족 단위 거주자 비중이 높은 정주형 생활권이라는 특징을 가진다. 반면, 지역 내부 상업 기능은 근린 수준에 머물러 있어, 광역적인 소비·업무 활동은 인접 지역으로 이동하는 경향이 있다.

일직동은 KTX 광명역을 중심으로 형성된 광역 교통 거점이자 신성장 지역이다. 역세권 개발과 함께 업무·상업·주거 기능이 복합적으로 배치되면서, 광명시 내에서도 가장 빠른 도시 변화가 진행 중인 지역으로 평가된다. 대형 쇼핑몰, 업무시설, 신규 주거단지가 집중되며, 유동 인구와 외부 방문객 비중이 소하동에 비해 현저히 높다.

교통 측면에서 두 지역은 공통적으로 광역 교통 접근성은 우수하지만, 내부 생활 교통의 부담이 증가하고 있다는 특징을 보인다. KTX·광역철도·고속도로 접근성은 뛰어나지만, 출퇴근 시간대와 주말에는 차량 정체와 보행 혼잡이 반복되며, 대규모 주거지와 상업·업무 시설이 맞물리는 구간에서는 교통·안전 관리에 대한 요구가 커지고 있다.

설문조사 결과는 다음과 같다. 소하동과 일직동의 특별한 부분은 바로 의료 및 복지에 대한 요구가 안전 및 치안보다 높았다는 것이다.

Q4. 광명시가 다음 분야 중 AI 기술을 우선적으로 적용해야 한다고 생각하는 것은 무엇입니까?

순위	항목	응답자 수 (명)	비율
1	의료 및 복지 (맞춤형 건강 관리, 어르신 돌봄 등)	24	51%
2	안전 및 치안 (CCTV 이상행동 탐지, 재난 예측 등)	20	43%
3	환경 및 쓰레기 관리 (스마트 분리수거, 대기질 예측 등)	17	36%
4	교통 및 주차 관리 (스마트 신호등, 주차 공유 플랫폼 등)	16	34%
5	교육 (AI 활용 맞춤 학습, 디지털 리터러시 교육)	13	28%
6	행정 서비스 (AI 민원 상담사, 서류 자동 처리)	10	21%
7	문화 및 관광 (AI 가이드, 맞춤형 문화 행사 추천)	8	17%
총합		47	

Q5. AI가 우선적으로 도입되면 좋을 시설물은 무엇입니까?

순위	항목	응답자 수 (명)	비율
1	공공교통체계 - AI공공교통체계 (자전거-지하철-버스 활용 AI최적화 시스템 도입 등)	22	47%
2	교통신호체계 - AI교통신호체계 (교통 시스템에 AI를 도입하여 원활한 교통 지원 등)	18	38%
2	평생학습관 - AI평생학습관(AI교육, 리터러시 교육, AI학습동아리 운영 등)	18	38%
4	체육관 - AI체육관 (AI 맞춤형 건강관리, AI도우미 등)	13	28%
5	도서관 - AI도서관 (지식검색 및 생산, 도서관 이용 등에 AI활용)	6	13%
총합		47	

왜 소하동+일직동에 의료복지에 대한 요구가 높을까?

소하동과 일직동이 왜 높은지에 대해 분석하기 위해 우선 세대별 비율을 살펴보았다. 소하동과 일직동에서 설문조사에 참여한 분들 중에 연령대가 높은지를 확인해보았으나, 다른 동과 큰 차이가 없었다. 오히려 철산동과 하안동의 50대 참여율이 매우 높은 것이 이례적이었다.

동별 연령대 비율

연령대 응답자 수 (명) (비율)	광명동	철산동	소하동+일직동	하안동	기타	합계
10대	0 (0.0%)	1 (1.8%)	3 (6.4%)	0 (0.0%)	0 (0.0%)	4 (1.1%)
20대	2 (3.0%)	2 (3.6%)	5 (10.6%)	0 (0.0%)	2 (1.4%)	11 (3.0%)
30대	5 (7.5%)	6 (10.9%)	4 (8.5%)	1 (2.2%)	6 (4.1%)	22 (6.1%)
40대	9 (13.4%)	6 (10.9%)	11 (23.4%)	8 (17.8%)	18 (12.2%)	52 (14.3%)
50대	10 (14.9%)	24 (43.6%)	9 (19.1%)	22 (48.9%)	53 (36.1%)	119 (32.8%)
60대	36 (53.7%)	12 (21.8%)	11 (23.4%)	14 (31.1%)	59 (40.1%)	133 (36.6%)
70대 이상	3 (4.5%)	3 (5.5%)	4 (8.5%)	0 (0.0%)	9 (6.1%)	19 (5.2%)
무응답/기타	2 (3.0%)	1 (1.8%)	0 (0.0%)	0 (0.0%)	0 (0.0%)	3 (0.8%)
합계	67 (18.5%)	55 (15.2%)	47 (12.9%)	45 (12.4%)	147 (40.5%)	363 (100.0%)

그렇다면 인프라적인 측면을 확인해볼 수 있다.

우선, 일직동에는 행정복지센터와 도서관이 제대로 갖춰져 있지 못한 점을 원인으로 꼽을 수 있다. 현재 일직동 행정복지센터가 독자 건물로 있지 않고 백화점 6층에 자리잡고 있어 공간 부족으로 업무 효율성이 낮고 주민들이 이용에 불편을 겪고 있다. 또한 일직동은 도서관도 없어 소하도서관을 이용해야 하는 상황이다.

또한, 두 지역은 대규모 아파트 단지를 중심으로 한 가족 단위 거주지라는 공통된 특성을 가진다. 신혼부부, 영유아를 둔 가구, 중장년층이 동시에 밀집해 있어 소아·모성 의료, 만성질환 관리, 응급 대응, 노인 돌봄까지 생애주기 전반에 걸친 의료·복지 수요가 동시에 발생한다. 이러한 인구 구조는 의료 서비스에 대한 기대 수준을 자연스럽게 높인다.

게다가 일직동을 포함한 소하 생활권은 광역 교통 접근성은 뛰어나지만, 일상적 의료 접근성은 상대적으로 불균형한 구조를 보인다. 중앙대학교 광명병원이 있지만, 보건소도 없고 소규모 병원이 많지 않다. 일상적인 외래 진료, 야간·응급 의료, 고령자 친화적 보건 서비스는 생활권 내부에서 충분히 해결되지 않는다는 인식이 강하다. 이로 인해 주민들은 '거리상 가깝다'는 이유만으로 의료 접근성이 충분하다고 느끼지 않는다.

그리고 일직동은 유동 인구와 외부 방문객이 많은 지역, 소하동은 정주 인구가 많은 지역이라는 대비되는 특성을 동시에 가진다. 이로 인해 교통사고, 생활 안전 사고, 갑작스러운 응급 상황에 대한 불안이 상존하며, 응급 의료 대응 체계와 지역 기반 의료 인프라에 대한 요구가 높아진다. 특히 대규모 상업·업무 시설과 주거지가 맞닿은 일직동에서는 이러한 인식이 더욱 강화된다.

마지막으로, 두 지역 모두 비교적 최근에 급격한 도시 성장을 경험하면서, 의료·복지 인프라 확충 속도가 주거 공급 속도를 따라가지 못하였다는 체감이 크다. 새 아파트와 인구는 빠르게 늘었지만 주민들은 생활권 내에서 '필요할 때 바로 이용할 수 있는 의료·돌봄 서비스'가 충분하지 않다고 인식하고 있다. 이로 인해 의료·복지는 단순한 편의가 아니라 삶의 질과 직결된 핵심 요구로 제기된다. 이러한 맥락에서 소하동·일직동 주민들이 의료·복지 영역에서 AI 기반 서비스 도입을 요구하는 것은 자연스러운 흐름이라고 볼 수 있다.

5) AI미래분석에 대한 서술형 의견과 분석

서술형 답변

363명 시민이 객관식 문항 참여 외에도 서술형으로도 다양한 의견을 남겨주셨다. 의견을 모두 정리하면 다음과 같다.

- AI도시에 대한 기대 의견 모음 -

- 더욱 발전 기원합니다
- 깨끗하고 세련된 광명시
- 빈부격차 없이 모두가 정확한 정보를 받아 윤택해진 시민의 삶
- 원활한 교통 체계 및 환경개선
- 아주 좋아요
- 자율적이고 지능적인 도시로 개개인의 삶을 최적화(가정 내 AI 생활비서, 스마트 에너지 관리, 지능형 헬스케어, 개인 교육 등과 도심 내 자율주행 교통시스템, 지능형 스마트 도시 등)로 인한 AI가 모든 요소를 실시간으로 분석하고 예측하여 시민들이 체감하는 편의와 안전을 높이는 도심으로 변모하는 모습을 만들고 싶습니다.
- 원활한 사회 생활이 진행되는 사회
- 편리하면서 안전한 추진을 바랍니다.
- 신속한 행정처리
- 혁신적인 도시
- 정확한 정도에 의한 맞춤형복지
- 교육

- 더 발전한 광명
- 불편함 없는 도시
- 깨끗하고 쾌적한 그리고 교통체증 없고 질서있는 모습
- 부족한 인력을 메우는 일이나 사람의 힘으로 어려운 일에만 투여하고, 사람이 먼저인 도시가 되었으면 합니다. 솔직히 AI가 인간을 지배하는 세상이 올까 두렵습니다. 오히려 AI를 도입하되 기본적인 인간의 따스한 정으로 다듬어가는 부분들은 그대로 보존함이 좋겠습니다.
- 어린이와 청소년이 ai기술에 관심을 가지고 기초 지식을 습득하고 그것을 잘 활용하여 향후 기술을 주도하는 사람으로 성장할 수 있으면 좋겠습니다
- 누구나 참여하는 공공서비스 시설
- 큰회사 유치
- 시민과 함께 만들어가는 광명
- 기대가됩니다
- 2시간 신속한 민원처리. 교통시스템
- 빠른 정보 정확한 시스템 기대
- 친환경 유기농 농장 확대
- AI 확대로 인한 또 다른 차별과 소외계층 생기지 않도록 적용 전에 심도 있는 논의 필요
- 풍요롭고 살기 좋은 광명
- 좋은 기술로 사람들의 어려움 해결과 편리함이 증진되기를 바랍니다.
- 교통체증이 없는 광명
- 인맥이 많이 흐르고 있는데 인맥이 없어지면 공평성이 생길것 같아 좋음
- 교통 문제를 해결 하연 좋을듯 싶다
- 원활한 교통요지와 살기 좋은 곳이 되길 바래봅니다
- AI기술을 활용한 시니어, 청년, 경단녀 맞춤형 일자리, 건강, 복지 플랫폼 구축 및 서비스 지원
- AI 친화도시 구축

- AI 리터러시 교육 선도
- AI컬리지(청년, 중장년, 여성 양성과정) 운영
- AI대해 잘은 모르지만 시민들의 삶의질이나주위의 생활환경이 많이 나아지길 바라며 환경의 필요 악을 우선적으로 고쳐 나갔으면 하는 바램
- 정보 비대칭 해소
- 문화와 예술이 더욱 발전되길 기대한다
- 새로운 광명시
- AI도입으로 업무 효율성을 높이고 시간 절약으로 윤택한 삶을 살 수 있습니다.
- 안전한 광명
- 번거로운. 시간이 최대한 줄어들었으면 좋겠습니다.
- 첨단 기술로 더 편안하고 발전된 도시로 으뜸 서기
- 사람을 위한 AI시대 구현
- 교육격차, 소득격차 없는 광명
- 관광 선진 도시
- 아이들 키우기 좋은 도시
- 똑똑하고 편리한 광명시
- 복지, 문화, 교육 등 제 분야에 소외되지않고 차별받지 않으며 문화민주주의를 누리며 SDGs와 ESG를 잘 이행해나가는 도시
- 지역순환경제
- 반드시 광명시를 위해 도입 요망
- AI 스마트시티 도시
- 시민이 공평하게 AI 기술에 대한 혜택을 받을 수 있는 도시 건설
- 효율적인 스마트 도시
- 편리와 안전이 보장
- 깨끗한 환경, 공정한 사회
- 행정편의와 안전한 환경
- 미래지향적 신도시
- AI기술도입에 있어 교통 문제에 도움을 줄 수 있다면 좋아요

- 공정 효율 민주
- 고도화된 도시
- 최근 여행을 다녀옴으로써 번역(다국어) 등 좀 더 친숙하게 다가갈, 정보처리 능력이 뛰어난 AI가 개발되었으면 함.
- 시기를 놓치지 말고 장기 계획을 세워 차질없이 추진해야 합니다.
- AI가 도움이 되었으면 합니다
- AI활용 기술에 대한 실무적인 교육
- 주거 편의 및 안전 사회망 구축
- 접근하기 용이하고 쉬웠으면 좋겠음
- AI미래도시 감이 정확히 오지 않는다. 어떤게 AI미래도시일까?
- 최첨단 AI 기술 도입으로 최고의 시로 거듭나세요
- AI미래도시로 성공하기를 바랍니다.
- AI를 통한 교통 체제 개선
- 편리한 도구로 활용되길..
- 의료, 복지 최우선
- 학교에선 쓰기 싫음
- 광명시가 한 단계 업그레이드되는데 AI 기술이 꼭 필요합니다.
- 불평등 없는 AI 미래도시
- 모든 시민 동등한 혜택

- AI도시에 대한 우려 의견 모음 -

- 사람 인간관계 단절
- 인간미 소멸
- 개인정보 유출 빅페이크
- 일자리 감소
- 일자리

- AI 기술이 도시의 효율성과 편의성을 높이는 잠재력이 큰 반면 동시에 전방위적 감시 시스템과 개인정보 침해, 사회의 통제성 강화 등으로 인한 불평등의 심화와 기술적 침화와 취약성을 가져올 수 있습니다.
- 정보의 오염으로 인한 인간의 혼란
- 무분별한 개인정보 누출
- AI를 통한 의사결정시 지나친 의존으로 잘못된 의사결정이 이루어질 수 있는 가능성
- AI에 의존하는 사람들의 심리, 인간성 상실, 정보 오류에 대한 심각성
- 개인정보
- 교육자료나 아니면 기업에게 효율적
- 일관성
- 인간적인 점, 기술적인 편견 가능성
- 정부기관 등의 화재 등 대처 미흡 염려
- 따라 가기 힘듬
- 개인 정보 유출
- 개인 정보 침해
- 개인정보가 더 취약할 것 같음.
- 인간의 일자리. 개인정보
- 인간을 지배하는, 인간이 그들에게 의존하는 세상이 올까 두렵습니다.
- 연구하고 노력하는데 게을리할 것이라 생각됩니다
- 인간이 주체가 되어 AI를 잘 활용하여 모두가 편리하게 되길 바랍니다
- 정보 유출
- 사람이 하는 예술에 대한 가치의 부재
- 개인정보 유출
- 소외계층 발생 우려
- 일자리 축소
- AI기술을 잘 이용하는 고소득층. 지식층의 데이터 위주로 쌓이고 빈곤층은 AI앱 유료 비용을 부담하기 어려워서 결국 취약계층은 지금 보다 더 어려운 상황에 직면할 것임

- 개인정보노출
- 지나친 디지털화로 인한 부작용
- 개인정보 유출
- 삶 전반에 AI 의존도가 높아지면 지식 정보의 질은 높아질 수 있으나 그 외 인간관계나 문화예술 측면에서는 정서적 무감각 현상이 우려됨. 위에서 말한 또 다른 차별과 소외 현상도 우려되니 AI 활용 기본 정책 수립시 사각지대 없도록 심도있는 논의 필요함
- 사람이 기계에 종속될 수 있음
- 정확하지 않은 정보전달을 맹신하게 되는 사회적 우려 및 스스로 생각하지 않는 사고력 저하
- 일자리가 없어지면 실업자, 특히 도둑이 많이 있을듯 불안하다
- 직업이 줄어드는것
- AI는 감정이 없다
- 개인정보가 남발하지 않을까요
- AI 디바이스에 따른 빈부격차, 사회적 갈등
- AI 활용의 편중
- 부익부 빈익빈이 더욱 심해질까 걱정됨
- 가진자들의 독식이 될까 더 우려됨
- 윤리, 인권, 책임 문제 대두
- 시니어들의 소외 등 우려된다
- 개인 정보 유출 우려됩니다
- 소외계층 발생
- 불법으로 도용해서 악용되면 너무 무섭습니다.
- 개인 정보유출, 일자리 감소
- AI활용능력 격차가 불평등 심화요인이 되는 문제
- AI에 종속된, 주체를 잃은 인간과 사회
- AI가 정치나 통치에 사용되는 경우 사회적으로 커다란 문제가 발생할 수 있음
- 이웃과의 교류단절

- 중독
- 기술 의존도 강화에 따른 개인화 (공동체 문화활동 강화되어야)
- AI활용능력에 따른 새로운 차별, 빈부격차 및 전문성 훼손 및 불인정 인간의 존엄성
- AI 기술이 사람에게 유용하지만 이로인한 소외된 계층이 분리되어 AI 문맹이 생길 우려가 됨.
- 편향 또는 편중된 혜택으로 인한 빈부/지식/일자리 등 격차 발생
- 일자리
- 개개인의 성향 무시
- 사생활과 인격 침해
- AI편의주의 인간성 저하
- 개인정보유출 및 인간성 저하로 인한 사회혼란 초래
- 너무 의존하므로 인간성 미흡
- AI 빈부 격차
- 개인정보유출과 직업이 줄어던다는점이 아쉬워요
- 인간관계 단절, 감성둔화
- 개인 정보 보호, 일자리 문제
- 어차피 가야 할 길. 투명하고 공정하게 정책 실현
- 일자리 감소로 인한 실업자 경감 우려
- AI에 대한 윤리의식
- AI의 발전이 개인의 자유를 침해하지 않도록 균형 잡힌 개발이 필요
- AI가 직업을 돕는 건 좋지만 직업을 빼앗는 건 아닌 거 같다.
- AI가 사람을 조종할 수 없도록 주체적으로 사람이 수단으로 AI를 잘 이용할 수 있는 시스템을 만들어야 합니다. 그러기 위해서 우선, 사람이 잘 스스로 생각하고 판단하여 올바른 지시를 내리고 체계적인 구조형성을 먼저 할 수 있도록 교육되어야 합니다.

분석

광명시민들이 그리는 AI 미래도시의 청사진은 화려한 첨단 기술의 전시장보다는 **고질적인 도시 문제를 해결해 주는 실용적인 해결사**의 모습에 맞닿아 있다. 시민들이 제출한 기대 의견을 분석한 결과, 이들은 막연한 기술 예찬보다는 생활 편의와 행정 효율, 복지, 교통, 교육 등 피부에 와닿는 삶의 질 개선을 최우선 과제로 꼽았다.

가장 많은 시민이 입을 모은 분야는 생활 편의 및 행정 혁신이었다. 총 11명의 시민이 언급한 이 영역에서 사람들은 AI가 자신들의 소중한 시간을 아껴주기를 간절히 원하였다. 가정 내 AI 비서가 생활을 보조하는 개인적인 차원을 넘어, 2시간 내 민원 처리와 같이 행정 시스템이 획기적으로 빨라지고 정확해지기를 기대하였다. 시민들에게 AI란 번거로운 절차를 줄여주고 복잡한 행정 정보를 투명하고 신속하게 제공하여 시민의 효능감을 높여주는 스마트한 도구여야 함을 시사한다.

그 다음으로 중요하게 다뤄진 키워드는 총 10명이 언급한 복지와 삶의 질이었다. 기술 발전이 자칫 가져올 수 있는 소외와 격차를 경계하며 시민들은 AI가 따뜻한 공동체를 만드는 기반이 되기를 희망하였다. 빈부격차 없이 누구나 정확한 정보를 얻고 지능형 헬스케어 시스템을 통해 건강을 관리받으며 소외 계층 없이 모든 시민이 동등한 혜택을 누리는 도시. 이것이 시민들이 바라는 진정한 스마트시티의 지향점이다. 기술 그 자체보다 기술이 가져다줄 형평성과 인간다운 삶에 대한 갈망이 투영된 결과다.

도시의 혈관이라 할 수 있는 교통 문제에 대한 해결 의지 또한 강력하였다. 총 9명의 시민이 언급하였는데, 이는 숫자로 보면 전체의 3순위지만 내용의 구체성과 절실함 면에서는 가장 뚜렷한 요구사항이었다. 시민들은 단순히 자율주행과 같은 미래 기술을 체험하고 싶다는 욕구가 아니라, 현재 겪고 있는 출퇴근길의 고통과 주차난을 해소하고 싶다는 현실 인식에 기반하여 의견을 내였다. 꽉 막힌 도로를 뚫어주는 도로 위의 해결사로서 AI를 기대하는 것이다. 원활한 신호 체계와 질서 있는 교통 환경 조성이야말로 시민들이 체감할 수 있는 가장 확실한 AI 도입의 성과가 될 것이다.

마지막으로 8명의 시민은 교육을 통한 기회의 확대를 강조하였다. 여기에는 두 가지 시선이 공존한다. 하나는 자라나는 어린이와 청소년들이 AI 기술을 습득하여 미래 사회를 주도하는 인재로 성장하기를 바라는 희망이고, 다른 하나는 청년, 중장년, 경력 단절 여성 등 성인들이 급변하는 시대에 뒤처지지 않도록 실무적인 리터러시 교육을 제공받아야 한다는 생존의 요구다. 시민들에게 AI 교육은 단순한 지식 습득을 넘어 불평등을 해소하고 미래의 기회를 선점하기 위한 필수적인 사다리로 인식되고 있다.

결론적으로 시민들의 목소리를 종합해 보면 AI 미래도시는 기술이 인간 위에 군림하는 곳이 아니라 기술이 인간의 가장 가려운 곳을 긁어주는 도시다. 교통 체증이 사라지고 행정은 신속하며 누구도 배움에서 소외되지 않고 건강한 삶을 영위하는 곳. 이것이 데이터가 가리키는 도시의 미래 이정표다.

기대 의견이 도시의 효율성에 초점을 맞췄다면 우려 의견은 훨씬 본질적이고 철학적인 두려움을 내포하고 있다. 시민들의 목소리를 분석한 결과, 단순히 기술이 실패할 것을 걱정하는 것이 아니라 기술이 너무 완벽하게 작동해서 인간의 자리를 뺏거나 감시할 것을 두려워하는 양상이 뚜렷하였다. 특히 개인정보 유출(보안)과 인간성 상실(윤리)에 대한 공포가 압도적인 비중을 차지하였다.

가장 많은 시민이 지적한 문제는 단연 개인정보 유출 및 보안 문제였다. 총 21명의 시민이 이 문제를 언급하였는데, 이는 우려 의견 중 가장 높은 빈도다. 시민들은 단순한 정보 유출을 넘어 '빅페이크(딥페이크)', '전방위적 감시 시스템', '불법 도용' 등 매우 구체적인 범죄 가능성을 경계하였다. "나의 사생활이 침해당하고 감시당할 수 있다"는 공포는 편리함이라는 혜택을 상쇄할 만큼 강력한 저항 요인으로 작용하고 있다. 이는 AI 도입 시 보안 시스템 구축이 기술 구현보다 선행되어야 함을 강력히 시사한다.

그 다음으로 심각하게 대두된 문제는 인간성 상실과 관계 단절에 대한 윤리적 두려움이었다. 총 20명의 시민이 이 점을 우려했는데, 이는 개인정보 문제와 거의 대등한 수준이다. 시민들은 이웃과의 교류가 끊기고(단절), 기계에 의존하며 스스로 생각하는 힘을 잃고(주체성 상실), 결국 '사람이 기계에 종속되는 세상'이 올까 봐 두려워하였다. 'AI는 감정이 없다', '삭막하다'는 표현에서는 따뜻한 인간미가 사라진 차가운 기술 도시에 대한 거부감이 짙게 묻어난다.

사회적 불평등과 격차 심화를 걱정하는 목소리도 높았다. 총 15명의 시민이 이 문제를 지적하였다. 이들은 AI 기술이 모두에게 평등하게 돌아가는 것이 아니라, '가진 자들의 독식'으로 이어질 것을 경계하였다. 고소득층과 지식층은 기술을 이용해 더 부유해지고, 노인이나 빈곤층은 'AI 문맹'이 되어 도태되거나 유료 서비스를 감당하지 못해 더욱 가난해지는 '부익부 빈익빈'의 가속화를 우려하였다. 기술 격차가 곧 생존의 격차로 이어지는 디스토피아적 미래를 막을 안전장치를 요구하는 것이다.

생존과 직결된 일자리 감소에 대한 우려도 12명의 시민에 의해 제기되었다. 흥미로운 점은 일자리 문제가 개인정보나 인간성 문제보다 빈도수는 다소 낮았지만, 그 표현의 강도는 매우 절박하였다는 것이다. "일자리가 없어지면 도둑이 들끓을 것"이라며 비리 확대나 사회적 혼란을 예고하거나, 단순한 실업을 넘어 인간의 존재 가치가 부정당하는 것에 대한 공포를 드러냈다. AI가 직업을 돕는 도구가 아니라 직업을 빼앗는 경쟁자가 되는 상황을 가장 경계하였다.

마지막으로 7명의 시민은 인간의 지적 퇴보와 의존을 걱정하였다. AI가 판단을 대신해주면서 인간은 스스로 사고하는 능력을 잃거나, 잘못된 정보를 맹신하여 혼란에 빠질 수 있다는 지적이다.

결론적으로 시민들이 느끼는 AI도시에 대한 우려는 "내 정보가 노출되고(보안), 내 일자리가 사라지며(경제), 결국 인간다움을 잃고 기계의 부속품처럼 살게 될 것(존엄성)"이라는 3중의 공포로 요약된다. 따라서 성공적인 AI도시를 위해서는 '철저한 보안', '디지털 포용 정책', 그리고 '인간 중심의 윤리 가이드 라인'을 제시하는 것이 매우 중요하다고 볼 수 있다.

II. AI미래도시 재원은 얼마나 들까?

도시가 인공지능(AI) 기반 시정 혁신을 추진할 수 있는 재정적 역량을 갖추고 있을까? 첨단 기술 도입에는 상당한 재원이 소요된다는 통념과 달리, 많은 도시의 세출 현황을 분석한 결과 AI 시대에 대응할 수 있는 충분한 재정적 기반이 확인되었다. 대표적으로 위 책에서 제시되었던 광명시를 예시로 들어보았다.

1. 대한민국에 남아도는 지자체 잉여금과 기금만 수조 원?

1) 미집행으로 인해 쌓인 순세계잉여금

순세계잉여금이란?

순세계잉여금은 쉽게 말하자면, 집행되지 않아 남은 예산이다. 정확히 「지방회계법」 제19조에서 정의한 순세계잉여금은 결산상 발생한 잉여금에서 다음 세 가지 항목을 제외한 금액을 의미한다. 첫째, 다른 법률에 따라 용도가 정해진 금액(보조금 등 사용 잔액), 둘째, 「지방재정법」 제50조에 따른 이월금, 셋째, 「지방회계법」 제19조에 의한 지방채 원리금 상환액이다. 이러한 순세계잉여금은 법적 제약이나 기존 약속에 구속되지 않고 자치단체가 자유롭게 사용할 수 있는 순수한 재정 여유분이 된다.

순세계잉여금은 두 가지 경로를 통해 발생한다.

① 초과세입: 세입예산을 보수적으로 편성한 결과 예상보다 많은 수입이 발생하는 경우
② 집행잔액: 세출예산을 과다하게 편성하거나 효율적인 예산 집행으로 예산이 남는 경우

따라서 순세계잉여금의 규모는 해당 자치단체가 얼마나 안정적으로 재정을 운용하고 있으며, 신규 사업이나 정책 전환을 위한 여유 재원을 얼마나 확보하고 있는지를 보여주는 중요한 지표가 된다.

순세계잉여금 현황

도시의 재정 여력은 순세계잉여금 규모를 통해 확인할 수 있다. 잉여금이 많이 남는다는 것은 그만큼 도시가 예산을 쓸 여력이 있다는 것을 의미하기 때문이다.「지방회계법」 제19조에 따른 결산상 잉여금에서 용도가 정해진 금액, 이월금, 지방채 원리금 상환액을 제외한 금액으로, 지방자치단체의 실질적 재정 여력을 나타내는 핵심 지표라고 볼 수 있다.

광명시의 2024년도 세출결산 결과 순세계잉여금은 1천 154억원으로 집계되었다. 2024년 세입은 1조 5천 821억원이었고 세출이 1억 3천 565억원에 달하였다. 잉여금은 2천억원대에 가까웠으나, 사업의 이월금, 보조금 반납금을 제외하면 1천억원 이상 남았다. 즉, 1천억원의 예산을 덜 쓰고 2024년 예산을 마감했던 것이다.

덜 쓴 예산은 추경을 통해서 사용된다. 추경심의는 보통 허술하게 진행되면서 비효율낭비예산이 발생하게 된다.

<2024년도 광명시 결산내역>

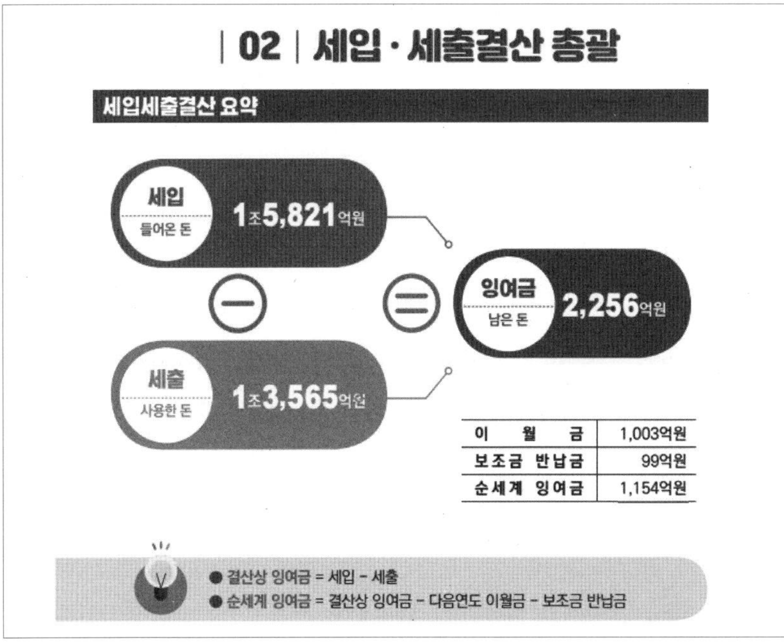

(출처 : 광명시 홈페이지)

다른 도시는 더 심각하다. 고양시는 2024년에 무려 6천 556억원을 남겼으며, 경기도 화성시는 순세계잉여금이 2천 567억원에 달하였다. 전북 장수군도 95억원에 달하였다. 이러한 순세계잉여금은 신규 정책 사업이나 첨단 기술 도입을 위한 추가 재원으로 활용될 수 있는 여지를 제공한다. 특히 AI 시스템 구축과 같은 미래지향적 투자는 장기적으로 행정 효율성을 제고하고 시민 서비스 질을 향상시켜 오히려 재정 건전성에 긍정적 영향을 미칠 수 있다. 광명시가 매년 평균 1천억원대의 순세계잉여금을 남긴다는 것을 고려했을 때, 시정 전반에 AI를 도입하는 것은 재정적으로 충분히 실현 가능한 정책 대안이라 할 수 있다.

2) 쓰이지 못하고 쌓이기만 하는 기금

지자체 기금은 지방자치단체가 특정 정책 목적을 안정적으로 추진하기 위해 중·장기적으로 적립·운용하는 공공 재원으로, 단년도 편성을 원칙으로 하는 일반회계와 구별되는 중요한 재정 수단이다. 일반회계가 한 해의 행정 수요를 충족하기 위한 포괄적 재원이라면, 기금은 재난·안전, 복지, 환경, 지역경제, 주거와 같이 지속적이고 예측 가능한 정책 과제를 대상으로 장기간 축적과 활용을 전제로 한다는 점에서 목적성과 지속성이 매우 강하다. 이러한 성격 때문에 기금은 재정 여건 변화나 정치·행정적 환경 변화에도 비교적 안정적으로 정책을 이어갈 수 있는 '정책 자산'의 성격을 가진다.

지자체가 기금을 운용하는 가장 큰 이유는 재정의 안정성과 대응력을 확보하기 위해서이다. 자연재해나 감염병과 같은 위기 상황은 매년 발생 시기와 규모를 예측하기 어렵고, 단년도 예산만으로는 신속한 대응이 곤란한 경우가 많다. 기금은 평상시에 재원을 축적해 두었다가 필요시 즉각 투입할 수 있어 위기 대응 속도를 높인다. 또한 고령화, 저출산, 지역 소멸, 기후 위기와 같이 장기간에 걸쳐 누적되는 구조적 문제에 대해서도 매년 예산을 새로 확보해야 하는 부담을 줄이고, 중·장기 계획에 따라 일관된 정책 집행을 가능하게 한다.

기금은 그 목적에 따라 다양한 유형으로 나뉜다. 재난관리기금과 재해구호기금은 재난 예방과 복구, 이재민 지원을 담당하며, 사회복지기금이나 청년·출산 관련 기금은 취약계층 보호와 인구 구조 변화에 대응하기 위한 재원으로 활용된다. 환경개선기금이나 기후대응기금은 대기·수질 관리, 탄소 감축, 에너지 전환 등 장기 환경 정책을 뒷받침한다. 이 밖에도 중소기업·소상공인 지원 기금, 지역산업·관광 진흥 기금, 주거안정 및 도시재생 기금 등 지역 특성과 정책 우선순위에 따라 다양한 기금이 설치·운영되고 있다.

지자체 기금은 일반회계 전입금, 법령이나 조례에 따른 의무 적립금, 국·도비 보조금, 개발이익 환수금, 기금 운용 수익 등으로 조성된다. 기금 설치를 위해서는 조례 제정이 필요하며, 매년 기금운용계획을 수립해 지방의회의 심의·의결을 받아야 한다. 집행 이후에는 결산과 감사가 이루어지고, 기금 규모와 사용 내역은 정보공개를 통해 공개된다. 이러한 제도적 틀은 기금이 예산과 다른 유연성을 갖되, 공공 재원으로서 최소한의 통제와 책임성을 유지하도록 설계된 것이다. 제도 전반에 대한 관리와 지침은 행정안전부가 총괄한다.

그러나 현실적으로 지자체 기금은 여러 한계와 문제점도 안고 있다. 시간이 지나면서 당초 설정한 목적과 무관한 사업에 사용되거나, 집행을 꺼려 과도하게 적립만 되는 경우가 발생하기도 한다. 비슷한 목적의 기금이 중복 설치되어 행정 효율성을 떨어뜨리는 문제도 지적된다. 또한 예산에 비해 상대적으로 관심과 감시가 적어 의회나 시민의 통제가 약화될 수 있다는 우려도 존재한다. 이러한 문제로 인해 최근에는 기금의 정비와 통폐합, 집행률과 정책 효과를 기준으로 한 성과 중심 운용, 투명성 강화가 중요한 과제로 제시되고 있다.

최근 지자체들의 가장 큰 문제는 바로 기금을 제대로 쓰지 않고 쌓아두고 있다는 것이다.

우선 광명부터 분석해보자. 2024년 기준으로 기금이 2천억원에 달한다.

〈광명시 최근 5년간 기금 조성 · 사용 현황〉

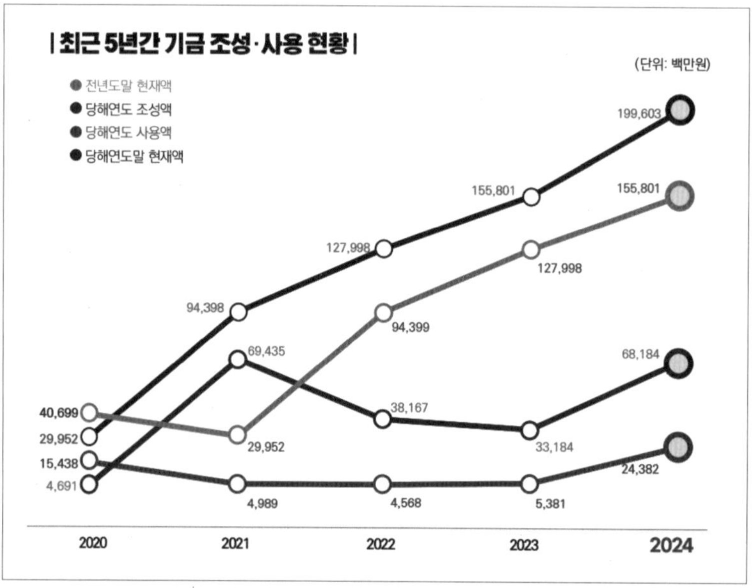

(출처 : 광명시 홈페이지)

〈광명시 2024년도 기금 현황〉

(단위 : 백만원)

구 분 / 종류별	전년도말 현재액㉮	당해연도 증감액			당해연도말 현 재 액 (㉮+㉯)
		계 ㉯=㉰-㉱	조성액㉰	사용액㉱	
계	155,801	43,802	68,184	24,382	199,603
기후대응기금	-	403	527	124	403
통합재정안정화기금 (통합계정)	104,486	56,653	62,367	5,714	161,139
통합재정안정화기금 (재정안정화계정)	17,936	△12,275	225	12,500	5,661
고향사랑기금	87	127	127	-	214
남북교류협력기금	683	△41	265	306	642
중소기업육성기금	6,622	154	351	197	6,776
체육진흥기금	2,045	△407	299	706	1,638
노인복지기금	1,770	48	68	20	1,818
자활기금	1,923	△17	69	86	1,906
성평등기금	1,773	32	64	32	1805
식품진흥기금	635	△24	160	184	611
재난관리기금	10,861	1,614	2,573	959	12,475
옥외광고발전기금	487	101	156	55	588
도시 · 주거 환경정비기금	6,480	△2,566	272	2,838	3,914
자원회수시설 주변영향지역 주민지원기금	13	-	661	661	13

(출처 : 광명시 홈페이지)

대부분 사용액보다 조성액이 더 많다 보니 기금이 쌓이는 구조이다. 일례로 노인복지기금의 경우 17억원이 쌓여있었는데, 2024년에 오히려 18

억원으로 늘어났다. 사용용도를 정확히 확인하기 어려운 식품진흥기금, 통합재정안정화기금, 고향사랑기금, 중소기업기금 등은 용도를 파악하기 어렵다 보니 특정 사업, 특정기업에 몰아주기가 가능하다.

정부로부터 지방소멸대응기금(2024년 기준 5천 606억원)을 받아가놓고는 제대로 쓰지 않고 방치하는 지자체도 상당하다. 사실상 아이디어가 부족하다보니 기금을 쓰질 못하고 있는 것이다. 수년째 쌓아두고 있는 기금도 있다. 대표적으로 남북교류협력기금이다. 윤석열 정부 들어서서 남북관계가 악화되었지만, 용도 변경을 하지 않고 지자체는 기금을 쌓아두고만 있었다. 2024년 기준으로 전국적으로 2천 94억원에 달한다.

이러한 기금을 활용해서 도시의 변화를 만들어내고 사람을 위해 쓰이고, AI미래도시를 위해 쓰인다면 더 많은 사람들의 삶이 윤택해질 수 있다. 이 책에 나온 AI미래도시를 위한 변화 역시 광명시의 1년치 순세계잉여금만으로도 충분히 가능하다. 예산 추계를 내보면 다음과 같다.

2. AI미래도시를 위한 재원, 충분히 가능하다

1) 인프라 구성

우선 AI도시를 만들기 위해서는 인프라를 구축해야 한다.

도로와 상하수도 같은 전통적 SOC는 도시가 기능하기 위해 반드시 필요한 물리적 기반시설로 인식돼 왔다. 실제로 도로 1km를 신설하거나 확장하는 데에는 막대한 예산이 소요되며, 상하수도 관로 정비 역시 매년 대규모 투자가 반복된다. 이러한 SOC는 도시의 이동성과 위생을 보장하지만, 구축 이후 기능 확장에는 한계가 있다.

AI 인프라는 이러한 전통적 SOC와 유사한 성격을 지닌 새로운 형태의 기반시설이다. 데이터 플랫폼, AI 운영 인프라, 공공 와이파이와 같은 요소는 시민이 행정·복지·교통·안전 서비스를 이용하기 위한 필수 조건으로 작동한다. 특히 AI 인프라는 한 번 구축되면 교통, 복지, 안전, 경제 등 다양한 분야로 반복 활용이 가능하며, 동일한 인프라 위에서 서비스가 지속적으로 확장된다.

비용 측면에서도 AI 인프라는 도로·상하수도와 비교해 상대적으로 집약적이지 않다. 수백억 원 규모의 AI 인프라 구축은 중규모 도로 사업이나 노후 상하수도 정비 사업 한두 건에 해당하는 수준이지만, 적용 범위는 도시 전반에 걸친다. 이 때문에 AI 인프라는 단기적 시설 투자라기보다, 도시 운영 방식을 근본적으로 전환하는 장기적 SOC로 이해할 필요가 있다.

도시 전반에서 발생하는 행정·교통·복지·안전·환경 데이터를 수집·정제·연계하는 핵심 기반을 구축해야 한다. 부서별로 분절된 데이터를 하나의 도시 데이터 레이크로 통합하고, 시설·사람·공간·사건 간 관계를 표현하는 그래프 구조를 적용해야 한다. 이를 통해 AI 분석과 정책 시뮬레이션이 가능한 데이터 기반을 마련한다.

그리고 일반 LLM이 아닌, 해당 도시의 조례·예산·행정 문서·복지 기준·의회 기록을 학습한 도시 특화 언어모델을 구축한다. 시민 상담, 공무원

의사결정 지원, 정책 질의응답, 예산·복지 지급 판단 보조 등 공공 행정 전반에 활용하도록 설계한다.

AI 서비스를 안정적으로 운영하기 위한 GPU 서버, MLOps 파이프라인, 보안 체계, API 관리 환경을 구축한다. 모델 학습·배포·모니터링을 자동화하고, 개인정보 보호와 공공 보안 기준을 충족하도록 설계해 장기 운영이 가능한 구조를 마련해야 한다.

도시 전역에는 공공 와이파이 인프라를 구축해 시민 누구나 공간의 제약 없이 디지털 서비스에 접근할 수 있도록 하였다. 공공 와이파이는 단순한 통신 편의 제공을 넘어, AI 기반 행정과 시민 서비스의 전제가 되는 기본 인프라로 기능한다. 이는 디지털 격차를 줄이고, 도시 전체를 하나의 연결된 공공 공간으로 전환하는 핵심 수단이다.

또한 주요 도서관을 중심으로 시민이 무료로 활용할 수 있는 AI 도구 이용 환경을 조성하였다. 시민은 도서관에서 생성형 AI를 활용해 학습, 문서 작성, 정보 탐색, 창작 활동을 수행할 수 있으며, 개인정보를 남기지 않는 공공형 이용 구조를 통해 안전성과 신뢰성을 확보하였다. 이러한 구성은 AI 접근권을 공공 서비스로 보장하고, 지식과 기술을 특정 계층이 아닌 모든 시민의 자산으로 확장하는 기반이 되었다.

이와 같은 도시 단일 포털, 공공 와이파이, 도서관 AI 이용 환경은 개별 사업이 아니라 하나의 디지털 공공 인프라로 작동하며, 시민의 일상 속에서 AI가 자연스럽게 작동하는 도시 환경을 구현하는 데 목적을 두었다.

〈AI미래도시를 위한 인프라 예상 재원 현황〉

구분	세부 인프라	주요 내용	추계 비용
데이터 인프라	도시 데이터 플랫폼	행정·교통·복지·안전 등 도시 데이터 수집·정제·연계, 데이터 레이크 및 그래프 구조	80억 원
AI 핵심 인프라	도시 전용 LLM	조례·예산·복지 기준·행정 문서에 특화된 도시 전용 언어모델	60억 원
	AI 운영 인프라	GPU, MLOps, 모델 배포·관리, 보안, API 운영 환경	70억 원
접근·연결 인프라	공공 와이파이	도시 전역 공공 와이파이 구축을 통한 디지털 접근권 보장	150억 원
시민 AI 접근 인프라	도서관 AI 이용 환경	5개 도서관 내 무료 AI 도구 이용 공간 구축	13억 원
	관제·보안 체계	공공 AI 이용 인증, 개인정보 보호, 접근 통제	포함
합계			약 373억 원

2) AI 시민·경제·행정·안전 통합 서비스

시민·경제·행정·안전 통합 서비스 모듈은 앞서 구축한 데이터·AI 인프라 위에서 실제로 시민과 행정이 상호작용하는 핵심 영역으로 설계하였다. 이 모듈은 개별 서비스의 단순 디지털화가 아니라, 도시 운영 전반을 하나의 AI 기반 의사결정 구조로 통합하는 데 목적을 두었다.

AI 지역순환경제 및 장바구니 기능은 지역 상권, 소비, 지역화폐 데이터를 연계해 지역 내 소비 흐름을 분석하고, 시민에게 맞춤형 소비·상점 정보를 제공하도록 하였다. 이를 통해 지역 경제의 순환 구조를 강화하고, 소상공인 정책과 소비 정책을 데이터 기반으로 설계할 수 있도록 한다.

정치·행정 플랫폼은 도시 전용 LLM을 활용해 예산, 복지 지급 기준, 행정 절차, 시의회 안건을 통합적으로 다루는 구조로 구축하였다. 행정 의사결정 지원뿐 아니라, 시민이 정책과 예산 구조를 이해하고 질문, 실제 결정권까지 가지는 환경을 마련해 행정의 투명성과 설명 책임을 강화한다.

시민기술배심 모듈은 주요 정책 사안에 대해 시민이 참여해 숙의하고, AI 시뮬레이션 결과를 참고해 의견을 형성할 수 있도록 설계하였다. 이는 단순 설문이나 공청회를 넘어, 기술과 민주주의를 결합한 새로운 참여 구조를 구현하는 데 목적을 둔다.

AI 검진 시스템은 복지·건강·생활 데이터를 종합 분석해 위험 신호를 조기에 탐지하고, 시민과 행정에 예방적 대응 정보를 제공하도록 하였다. 이는 사후 지원 중심의 행정에서 벗어나, 선제적이고 예방적인 도시 복지 체계로의 전환을 의미한다.

재난안전 서비스는 기후 재난, 사고, 시설 위험, 군중 밀집 등 다양한 위험 요인을 통합적으로 관리하는 구조로 설계하였다. 실시간 데이터와 예측 모델을 통해 위험 상황을 사전에 감지하고, 관계 부서 간 대응을 자동으로 연계하도록 하였다.

소방안전 서비스는 화재 발생 가능성 예측, 출동 경로 최적화, 현장 정보 공유를 중심으로 구축하였다. 이를 통해 소방 대응의 속도와 정확성을 높이고, 재난 발생 시 시민 피해를 최소화하는 데 목적을 두었다.

이들 모듈은 각각 독립적으로 작동하면서도 공통 데이터와 AI 레이어를 공유함으로써, 평상시와 위기 상황 모두에서 도시가 하나의 통합된 운영 체계로 기능하도록 설계하였다.

〈AI 시민 경제 · 안전 통합 서비스 재원 현황〉

구분	세부 모듈	주요 내용	추계 비용
지역경제 서비스	AI 지역순환경제·장바구니	지역화폐·상권 데이터 연계, 소비·수요 예측, 맞춤 추천	40억 원
행정·정치 서비스	정치·행정 플랫폼	예산·복지·조례·행정 절차 통합, 도시 전용 LLM 활용	50억 원
시민 참여 서비스	시민기술배심	정책 숙의, AI 시뮬레이션 기반 시민 참여	20억 원
복지·예방 서비스	AI 검진 시스템	건강·복지·생활 위험 예측 및 선제 대응	30억 원
재난안전 서비스	AI 재난안전 플랫폼	재난 예측, 상황 인지, 부서 간 대응 연계	40억 원
소방안전 서비스	스마트 소방안전 시스템	화재 예측, 출동 최적화, 현장 정보 공유	35억 원
합계			약 215억 원

3) 도시 운영·안전·교통·에너지 관리 모듈

도시 운영·안전·교통·에너지 관리 모듈은 통합 AI도시 플랫폼이 이동과 안전을 넘어, 도시의 에너지 사용 방식까지 지능적으로 관리하도록 확장한 영역이다. 이 모듈은 도시가 소비하는 자원을 실시간으로 인지하고, 낭비를 줄이며, 지속가능한 운영 체계를 구축하는 데 목적을 둔다.

단일 모빌리티 플랫폼과 지능형 교통운영체계는 이동 수요와 교통 흐름을 예측·관리함으로써 교통 혼잡과 에너지 낭비를 동시에 줄이도록 설계하였다. 이는 교통 효율 개선을 넘어, 도시 전체의 연료 소비와 탄소 배출을 간접적으로 절감하는 효과를 지녔다.

스마트 소방 시스템은 교통·시설·인구 데이터를 통합 분석해 재난 대응의 신속성과 정확성을 높이는 동시에, 불필요한 출동과 자원 소모를 줄이는 방향으로 구축하였다. 이는 안전과 효율을 동시에 고려한 도시 운영 방식의 전환을 의미하였다.

에너지 관리 영역에서는 스마트 가로등 관리 시스템을 도입해 조도, 시간대, 보행량, 기상 조건에 따라 가로등을 자동 제어하도록 설계하였다. 이를 통해 야간 안전을 유지하면서도 에너지 사용을 최소화하는 운영이 가능해졌다.

AI 기반 에너지 사용 컨설팅은 공공 건물과 주요 시설을 대상으로 에너지 소비 패턴을 분석하고, 절감 가능 구간과 개선 방안을 제시하도록 구축하였다. 이는 일률적인 절전 정책이 아니라, 시설별·시간대별 특성을 반영한 맞춤형 에너지 관리 체계로 기능하였다.

AI 기반 에너지 관리 시스템은 전력, 냉난방, 설비 운영 데이터를 실시간으로 수집·분석해 도시 차원의 에너지 사용을 통합 관리하도록 설계하였다. 이를 통해 에너지 수요 예측, 피크 관리, 이상 사용 감지가 가능해졌으며, 장기적으로는 도시 에너지 정책의 과학적 근거를 제공하는 역할을 수행하였다.

이와 같은 교통·안전·에너지 관리 모듈은 도시를 단순히 '관리하는 대상'이 아니라, 스스로 상태를 인지하고 반응하는 운영 시스템으로 전환하는 핵심 구성 요소로 작동한다.

〈도시 운영·안전·교통·에너지 관리 모듈별 재원 현황〉

구분	세부 모듈	주요 내용	추계 비용
교통 통합 서비스	단일 모빌리티 플랫폼	대중교통·DRT·PM 통합, 이동 수요 예측	40억 원
교통 운영 인프라	지능형 교통운영체계(ITS)	신호 최적화, 혼잡·사고 예측	60억 원
안전 대응 서비스	스마트 소방 시스템	화재 예측, 출동 경로 최적화, 현장 정보 연계	35억 원
에너지 절약 인프라	스마트 가로등 관리	조도·보행량 기반 가로등 자동 제어	30억 원
에너지 분석 서비스	AI 에너지 사용 컨설팅	공공시설 에너지 소비 분석·절감 제안	20억 원
에너지 운영 인프라	AI 에너지 관리 시스템	전력·냉난방·설비 통합 관리, 수요 예측	40억 원
실증·참여 인프라	AI 체험관·도시 실험실	시민 체험, 기술 실증, 테스트베드	25억 원
합계			약 250억 원

4) 총계

구분	세부 영역	주요 내용	사업비
	데이터 인프라	도시 데이터 플랫폼(데이터 레이크·그래프)	80억 원
	AI 핵심 인프라	도시 전용 LLM	60억 원
인프라		AI 운영 인프라(GPU·MLOps·보안)	70억 원
	접근·연결 인프라	도시 전역 공공 와이파이	150억 원
	시민 AI 접근 인프라	도서관 AI 이용 환경(5개소)	13억 원
인프라 소계			373억 원
	지역경제	AI 지역순환경제·장바구니	40억 원
	행정·정치	정치·행정 플랫폼	50억 원
시민·경제·행정·재난안전 통합 서비스 모듈	시민 참여	시민기술배심	20억 원
	복지·예방	AI 검진 시스템	30억 원
	재난안전	AI 재난안전 서비스	40억 원
	소방안전	스마트 소방안전 시스템	35억 원
시민·경제·행정·재난안전 통합 서비스 모듈 소계			215억 원
	교통	단일 모빌리티 플랫폼	40억 원
	교통 운영	지능형 교통운영체계(ITS)	60억 원
도시 운영·안전·교통·에너지 관리 통합 서비스 모듈	에너지 절약	스마트 가로등 관리 시스템	30억 원
	에너지 분석	AI 기반 에너지 사용 컨설팅	20억 원
	에너지 운영	AI 기반 에너지 관리 시스템	40억 원
	실증·참여	AI 체험관·도시 실험실(Living Lab)	25억 원
도시 운영·안전·교통·에너지 관리 통합 서비스 모듈 소계			250억 원
총계			838억 원

데이터와 인공지능을 도시 운영의 기본 인프라로 전환하기 위한 통합 AI도시 플랫폼 구축 사업으로 설계되었다. 사업 구조는 크게 인프라 구축과 두 개의 핵심 서비스 모듈로 구성하였다. 인프라는 도시 데이터 플랫폼, 도시 전용 LLM과 AI 운영 인프라, 공공 와이파이, 도서관 AI 이용 환경으로 구성돼, 시민 누구나 공간과 계층의 제약 없이 AI 기반 도시 서비스를 이용할 수 있는 기반을 마련하였다. 이는 개별 서비스 이전에 반드시 구축돼야 할 도시 AI 운영체제의 기초 구조에 해당한다.

시민·경제·행정·재난안전 통합 서비스 모듈은 도시의 행정과 경제, 시민 참여, 복지, 재난 대응을 하나의 AI 기반 의사결정 체계로 묶는 역할을 수행하였다. 지역순환경제와 장바구니 서비스는 지역 상권과 소비 데이터를 연계해 지역경제의 선순환 구조를 강화했고, 정치·행정 플랫폼은 예산과 복지, 행정 절차, 시의회 안건을 통합해 행정의 투명성과 설명 책임을 높였다. 시민기술배심과 AI 검진 시스템은 시민 참여와 예방 중심 행정을 가능하게 했으며, 재난안전과 소방안전 서비스는 평상시와 위기 상황을 하나의 대응 체계로 통합하였다.

도시 운영·안전·교통·에너지 관리 통합 서비스 모듈은 도시의 물리적 운영 영역을 AI로 고도화하는 데 초점을 두었다. 단일 모빌리티 플랫폼과 지능형 교통운영체계는 이동 효율과 교통 안전을 동시에 개선하도록 설계했으며, 스마트 가로등과 AI 기반 에너지 관리 시스템은 도시 에너지 사용을 정밀하게 관리해 낭비를 줄이고 지속가능성을 높였다. AI 체험관과 도시 실험실은 이러한 기술을 시민과 함께 검증하고 개선하는 실증 공간으로 기능하였다.

이와 같이 인프라와 두 개의 서비스 모듈을 결합한 본 사업의 총사업비는 약 838억 원 규모로, 이는 개별 AI 서비스 도입 비용이 아니라 도시 운영 방식 전반을 전환하기 위한 장기적 공공 인프라 투자로 정의된다. 본 사업은 AI를 특정 기술 영역에 한정하지 않고, 도시의 기본 구조로 내재화하는 것을 목표로 하였다.

3. 실행전략

AI스마트시티는 하루아침에 완성되지 않는다. 이는 나무를 심고 가꾸어 숲을 이루는 과정과 같다. 탄탄한 기반 위에서 한 걸음씩 나아가며, 10년, 20년 후를 내다보는 긴 호흡이 필요하다. 이 장에서는 우리가 꿈꾸는 AI도시를 현실로 만들어가기 위한 구체적인 실행 전략을 제시한다.

아무리 좋은 계획이라도 실행되지 않으면 무용지물이다. 반대로 아무리 뛰어난 기술이라 하더라도 사회적 합의가 없다면 지속가능하지 않다. 기술과 사람, 효율과 포용, 혁신과 안정 사이의 균형을 찾는 것이 중요하다. 이것이 이 실행 전략이 담고자 하는 핵심이다.

AI 스마트시티 구축은 마라톤과 같다. 초반부터 너무 빨리 달리면 중간에 지치고, 너무 천천히 가면 목표에 도달하지 못한다. 우리는 지금부터 10년을 세 단계로 나누어, 각 단계마다 명확한 목표를 세우고 차근차근 실행해 나갈 것이다.

1) 기초를 다지는 시기

1단계는 기초를 다지는 시기다. 초기 3년간, 우리는 AI도시의 뼈대가 될 인프라를 구축한다. 마치 집을 지을 때 먼저 튼튼한 기초공사를 하듯, 5G 네트워크, IoT 센서, 데이터센터 같은 핵심 인프라를 완성하는 데 집중한다.

이 시기에는 조급해하지 않아야 한다. 대신 작은 지역에서 시범사업을 해보며 문제점을 찾고 개선한다. 예를 들어 주요 간선도로 3개 구간에서 AI 교통신호 시스템을 시험 운영하고, AI 리터러시 교육을 확대하는 등 먼저 적용해 본다. 이렇게 실패를 통해 배우고, 성공 경험을 쌓으면서 2단계를 준비한다.

2) 시민이 체감하는 변화의 시작

2단계는 본격적인 서비스 도입 시기다. 2029년부터 2030년까지, 1단계에서 구축한 인프라 위에서 AI 서비스가 도시 전역으로 확산된다. 이제 시민들은 일상에서 변화를 직접 느낄 수 있다.

아침에 출근할 때 신호등이 교통 흐름에 맞춰 똑똑하게 바뀌는 것을 경험한다. 버스가 언제 올지 정확히 알 수 있고, 주차 공간도 미리 예약할 수 있다. 밤늦게 귀가하는 길이 예전보다 훨씬 밝고 안전해졌음을 느낀다. AI가 위험 상황을 감지하면 즉시 경찰에 알리고, 가로등이 자동으로 더 밝아진다.

민원을 처리하러 주민센터에 갈 필요도 줄어든다. 스마트폰으로 대부분의 행정 서비스를 이용할 수 있고, 복잡한 서류도 AI가 자동으로 검토해

준다. 24시간 챗봇이 친절하게 안내하고, 어려운 질문은 담당 공무원에게 즉시 연결된다.

이 단계에서 우리는 구체적인 성과를 목표로 한다. 교통 혼잡을 20% 줄이고, 범죄 발생을 25% 낮추며, 에너지는 20% 절감한다. 무엇보다 시민 만족도 80% 이상을 달성하는 것이 목표다. 숫자로 표현되는 이 목표들은 결국 시민의 삶이 그만큼 나아진다는 의미다.

3) 더 높은 수준으로, 더 넓은 세상으로

3단계는 고도화와 확산의 시기다. 2031년부터 2035년까지, 우리는 AI 서비스를 더욱 정교하게 다듬고, 서비스 영역을 확장하며, 이 성공 모델을 다른 지역에도 전파한다.

이제 AI는 단순히 효율을 높이는 도구를 넘어, 개인의 필요에 맞춤형으로 서비스를 제공한다. 출퇴근 경로를 학습해 개인별로 최적의 교통편을 추천하고, 건강 상태를 고려한 의료 서비스를 안내하며, 개인 평생학습 방향도 알려준다. 물론 이 모든 것은 개인정보 보호 원칙을 철저히 지키면서 이루어진다.

서비스 영역도 확대된다. 교통, 안전, 환경을 넘어 헬스케어, 교육, 문화 관광까지 AI가 스며든다. 병원에 가지 않고도 건강을 관리할 수 있고, 학생들은 자신의 속도와 수준에 맞는 교육을 받으며, 관광객들은 개인 맞춤형 여행 가이드를 제공받는다.

더 중요한 것은 이 과정에서 시민 참여가 더욱 활발해진다는 점이다. 리빙랩(Living Lab)을 통해 시민들이 직접 문제를 발견하고 해결책을 제안한다. 어떤 청년은 노인들이 버스 정류장을 찾기 어려워한다는 것을 발견하고, AI 음성 안내 서비스를 제안한다. 또 다른 시민은 반려동물을 위한 스마트 산책로를 아이디어로 내놓는다. 이렇게 시민이 주도하는 혁신이 도시를 더욱 살기 좋게 만든다.

이 단계가 끝날 무렵, 우리 도시는 세계가 주목하는 AI 스마트시티의 모델이 된다. 다른 도시에서 배우러 오고, 우리의 경험과 기술이 수출된다. 우리가 개척한 길을 따라 더 많은 도시가 변화하고, 결국 대한민국 전체가 더 살기 좋은 곳이 된다.

4) 유연하게, 그러나 방향은 잃지 않고

이 3단계 로드맵은 고정된 청사진이 아니다. 기술은 예상보다 빠르게 발전할 수도 있고, 더디게 발전할 수도 있다. 사회적 수용성이 높아질 수도 있고, 낮아질 수도 있다. 예산 상황 역시 변할 수 있다.

따라서 각 단계가 끝날 때마다 우리는 멈춰 서서 점검한다. 계획대로 진행되었는지, 목표를 달성했는지, 예상치 못한 문제는 없었는지를 확인한다. 시민의 의견을 듣고 전문가의 조언을 구하며, 필요하다면 계획을 수정한다. 중요한 것은 방향을 잃지 않는 것이다. 우리의 목표는 기술 그 자체가 아니라, 모든 시민이 행복한 도시를 만드는 데 있기 때문이다.

시민이 주인되는 AI미래도시

모든 시민이 행복한 도시

III. 시민이 주인되는 AI미래도시 헌장

서문

우리는 인공지능이 인간의 삶을 바꾸는 거대한 전환의 시대에 살고 있다. 기술은 도시를 더 효율적으로 만들고, 행정을 자동화하며, 자원을 절약하게 하지만 동시에 불평등과 감시, 편향과 배제라는 새로운 위험도 함께 가져오고 있다.

이에 우리는 도시의 미래를 기술이 아닌 시민이 주도해야 한다는 원칙 아래, 인공지능이 시민의 권리와 존엄을 지키는 방향으로 발전하도록 하기 위해 이 헌장을 제정한다.

시민주권형 AI도시는 인간의 존엄과 자유, 공공선, 그리고 민주적 거버넌스의 가치를 기반으로 인공지능이 공정하고 투명하게 작동하며, 모든 시민이 기술의 혜택을 누릴 수 있는 도시를 지향한다.

제1장 기본원칙

제1조(시민주권)

AI도시의 주인은 기술이 아니라 전체 시민이다. 모든 인공지능 시스템의 설계, 운영, 평가 과정은 시민의 참여와 통제를 전제로 하며, 시민은 도시 데이터와 알고리즘에 대한 접근과 감시의 권리를 가진다.

제2조(인간중심성)

AI는 인간의 삶을 보조하고 확장하기 위한 수단이며, 인간의 결정을 대체해서는 안 된다. 모든 기술의 목적은 인간의 행복, 안전, 자유를 증진하는 데 있다.

제3조(공정성과 포용성)

AI도시는 성별, 연령, 지역, 계층, 장애 여부에 관계없이 모든 시민이 평등하게 기술의 혜택을 누릴 수 있어야 한다. 데이터와 알고리즘은 사회적 편향을 최소화하고, 포용적 사회를 실현하는 방향으로 설계되어야 한다.

제4조(투명성과 책임성)

AI 의사결정 과정은 공개되어야 하며, 설명 가능한 형태로 시민에게 제공되어야 한다. 인공지능의 오류나 피해가 발생했을 때 책임의 주체가 명확히 규정되어야 하며, 시민은 이에 대한 구제 절차를 보장받는다.

제5조(공공성)

도시의 데이터와 인공지능 인프라는 공공재로서 관리되어야 한다. 기술은 상업적 이익보다 공익의 실현을 우선하며, 도시 자원의 효율적 배분과 사회적 약자 보호에 기여해야 한다.

제2장 시민의 권리와 의무

제6조(데이터 주권)

시민은 자신의 데이터에 대한 소유권과 통제권을 가진다. 모든 데이터의 수집, 저장, 활용은 시민의 명시적 동의에 따라야 하며, 데이터의 목적 외 사용은 금지된다.

제7조(알고리즘 감시권)

시민은 도시 내 인공지능 시스템의 작동 원리, 평가 결과, 영향 범위에 대해 알 권리가 있다. 시민위원회 또는 독립 감시기구를 통해 알고리즘의 공정성과 투명성을 정기적으로 검증한다.

제8조(참여권)

시민은 AI도시 정책의 수립, 예산 배분, 기술 도입 과정에 참여할 권리를 가진다. 시민의 의견은 정책결정의 필수적 요소로 반영되어야 하며, 온라인·오프라인을 통한 다양한 참여 통로가 보장되어야 한다.

제9조(교육과 역량 강화)

모든 시민은 인공지능을 이해하고 활용할 수 있는 교육 기회를 보장받아야 한다. AI 리터러시 교육은 학교, 지역 사회, 공공기관을 통해 지속적으로 제공된다.

제3장 도시 운영과 거버넌스

제10조(데이터 민주주의)

데이터의 수집과 활용은 민주적 절차를 따라야 하며, 시민이 직접 참여하는 데이터 관리 시스템을 구축한다. 데이터의 공정한 공유와 활용은 도시 혁신의 핵심 원칙으로 한다.

제11조(윤리적 설계)

도시 내 모든 AI 시스템은 윤리적 기준에 따라 설계되어야 하며, 인간의 존엄성과 안전을 해치는 목적에 사용되어서는 안 된다. 인공지능 개발자는 윤리선언문을 준수해야 하며, 공공기관은 이를 감독할 의무를 가진다.

제12조(위기 대응과 회복력)

AI도시는 기후위기, 재난, 감염병 등 사회적 위험에 신속하게 대응할 수 있는 예측형 인공지능 체계를 갖춘다. 기술은 시민의 생명과 안전을 보호하기 위한 공공방패로 작동해야 한다.

제4장 실행 및 지속가능성

제13조(주민투표)

AI도시는 직접 민주주의를 지향한다. 도시 설계의 주요 결정사항은 주민의 직접참여로 결정한다.

제14조(법·제도 정비)

AI도시의 운영 원칙은 법률, 조례, 지침을 통해 제도화되며, 모든 공공기관과 민간기업은 이 헌장의 가치를 실천할 의무를 진다.

제15조(지속가능한 발전)

AI도시는 기술적 효율성보다 사회적 지속가능성을 우선한다. 환경 보호, 에너지 절감, 사회적 연대, 문화적 다양성은 AI도시의 핵심 운영 가치로서 존중된다.

결문

AI도시는 기술이 아닌 사람의 도시이며, 시민의 주권이 기술보다 앞서야 한다. 인공지능이 인간을 위한 도구로 남고 모든 시민이 공평하게 그 혜택을 누릴 때, 비로소 AI도시는 진정한 국민주권을 실현하는 공동체로 완성될 것이다.

시민이 주인되는
AI 미래도시: 100가지 상상력
-시민 363명의 의견을 듣다-

시민이 주인되는 AI미래도시
100가지 상상력 목록

1부. AI로 바뀌는 우리의 삶

- AI로 되살린 지역경제

시민이 주인되는 AI미래도시
100가지 상상력 목록

• 지역경제, AI가 살린다

• AI미래도시, 일자리와 AI산업클러스터

시민이 주인되는 AI미래도시
100가지 상상력 목록

시민이 주인되는 AI미래도시
100가지 상상력 목록

2부. AI로 실현하는 국민주권

시민이 주인되는 AI미래도시
100가지 상상력 목록

시민이 주인되는 AI미래도시
100가지 상상력 목록

• AI, 시민의 건강을 지킨다

• AI윤리와 개인정보 보호

• AI미래도시 방향과 전략

- 참고문헌 -

• 강미영 외. (2022).
「인공지능 기반 CCTV에 의한 범죄예측 시스템 도입에 따른 법적 과제와 활용 방안」.『강원법학』, 66, 195-232.
https://www.kci.go.kr/kciportal/ci/sereArticleSearch/ciSereArtiView.kci?sereArticleSearchBean.artiId=ART002820204

• 권성철. (2023).
「경찰·소방공무원의 재난현장대응 절차 및 역할의 문제점과 개선방안 – 이태원 참사 사례를 중심으로」.
한세대학교 대학원 박사학위논문.
https://www.dbpia.co.kr/journal/detail?nodeId=T16905618

• 월터 시넛 암스트롱, 재나 셰익 보그, 빈센트 코니처 저자 · 박초월 번역 (2025).
『도덕적인 AI』. 김영사

• 최민지. (2021).
「재난 현장대응력 증진을 위한 인공지능 기술 활용」.
『한국강구조학회지』, 33(5), 15-16.
https://www.dbpia.co.kr/journal/articleDetail?nodeId=NODE10755613

• Zhang, J., Hua, X. S., Huang, J., Shen, X., Chen, J., Zhou, Q., et al. (2019).
「City Brain: Practice of large-scale artificial intelligence in the real world」IET Smart Cities, 1(1), 28-37.https://doi.org/10.1049/iet-smc.2019.0034

• UNESCO. (2021)
「Recommendation on the Ethics of Artificial Intelligence」
https://www.unesco.org/en/articles/recommendation-ethics-artificial-intelligence

• OECD. (2019)
「OECD AI Principles」
https://www.oecd.org/en/topics/ai-principles.html

• 정보통신정책연구원. (2020)
『인공지능 윤리기준』
https://ai.kisdi.re.kr/aieth/main/contents.do?menuNo=400028

• 한국지능정보사회진흥원(NIA). (2025)
『재난 발생 예방을 위한 AI 활용 사례 및 시사점』
https://nsp.nanet.go.kr/plan/main/detail.do?nationalPlanControlNo=PLAN0000054446

• Healthcare Denmark
Emergency Medical Services and Digital Health
https://healthcaredenmark.dk/media/d53ai02e/ems_20december_onlineversion.pdf

• Moroni, M., Novello, L., Malfatti, G., Gios, L., Bonmassari, R., Del Greco, M., Maines, M., Moretti, M., Inchiostro, S., Romanelli, F., Racano, E., Maggi, T. E., Fiabane, V., Compagnone, A., Filippi, L., Pasquini, R., Betta, M., Pavanello, L., Manica, A., Cagol, D., Santoprete, E., Cecchetto, S., Bincoletto, G., Conforti, D., Nicolini, A., Jurman, G. (2026). 「Digital health and artificial intelligence: a research approach to enable sustainable and personalised local healthcare」
『Health Policy and Technology』, 15(2), 101149.
https://www.sciencedirect.com/science/article/pii/S2211883725001777

• A.토크빌 (번역 : 임효선) (2002)
『미국의 민주주의 1』
한길사

• European Union. (2024)
「Artificial Intelligence Act (EU AI Act)」
https://artificialintelligenceact.eu/

• Healthcare Denmark.
「Emergency Medical Services in Denmark」
https://healthcaredenmark.dk/media/d53ai02e/ems_20december_onlineversion.pdf

• Times, "The AI Summit Where Everyone Agreed on Bad News" (2025/08/30)
https://time.com/7313344/openai-google-deepmind-summit-social-contract-inequality/

• ZDNET Korea, "AI의 '인간 연기', 실제 인간보다 더 인간답다…충격적 결과" (2025/04/23)
https://zdnet.co.kr/view/?no=20250403165239

• 오마이뉴스, "광명햇빛발전소, 올해 추가 1기 건립 및 조합원 배당금 6%로 확대" (2025/02/27)
https://www.ohmynews.com/NWS_Web/View/at_pg.aspx?CNTN_CD=A0003106660

• 광명시 뉴스포털, "광명시, 첨단기술로 기후위기 잡는 스마트도시 된다... 국비 80억 원 확보해 사업 추진" (2024/07/08)
https://news.gm.go.kr/bbs/view.html?idxno=4723&sc_category=

• 스마트시티포털, "국토부-광명시, 160억 투입해 '강소형 스마트도시'로 키운다" (2024/07/03)
https://smartcity.go.kr/2024/07/03/국토부-광명시-160억-투입해-강소형-스마트도시로-키

• 경기환경운동연합, 에너지기후정책연구소 (2024)
『2024 경기도 및 도내 기초 자치단체 탄소중립 이행기반 구축현황 모니터링 결과보고서_최종본』
https://share.google/wXVdgX3JihsV4aEaa

• 연합뉴스, "광명시, 대형생활폐기물 재활용률 100% 도전" (2025/06/12)
https://www.yna.co.kr/view/AKR20250612065300061

- 연합뉴스,“광명시, 붕괴사고 관련 인근 주민 대피명령…학교·체육관 이동” (2025/04/11)
  https://www.yna.co.kr/view/AKR20250411144351061

- 경기일보, “‘7명 사망’ 광명 아파트 화재…입주자대표 등 4명 입건”(2025/09/25)
  https://www.kyeonggi.com/article/20250925580237

- 헬로우T, “AI 기술로 골목상권 살린다? 광주 골목상권 살리기 프로젝트에 ‘이목’” (2026/01/19)
  https://www.hellot.net/news/article.html?no=109298

- 천안아산신문, “충남도의회 ‘골목상권 활성화, 디지털 전환으로 돌파구 마련’” (2025/05/02)
  https://www.canews.kr/news/articleView.html?idxno=8638

- 강진미·민경석·곽윤식. (2025)
  「전통시장 상권 활성화를 위한 디지털 전환 전략: IoT 및 AI 기반 스마트 장보기 시스템 도입 사례」
  『한국정보기술학회 2025년도 하계종합학술대회 논문집』, 52.
  https://www.dbpia.co.kr/journal/articleDetail?nodeId=NODE12288498

- 외교부, “기후변화 대응과 에너지전환을 위한 AI 활용 방안 논의”보도자료 (2025-07-01)
  https://gb.mofa.go.kr/www/brd/m_4080/view.do?seq=376193&srchFr=&srchTo=&srchWord=&srchTp=&multi_itm_seq=0&itm_seq_1=0&itm_seq_2=0&company_cd=&company_nm=&pitem=10

시민이 주인되는

AI 미래도시: 100가지 상상력

-시민 363명의 의견을 듣다-

시민이 주인되는

AI 미래도시: 100가지 상상력

-시민 363명의 의견을 듣다-

초판 1쇄 발행 2026년 2월 6일

지은이 김혜민, 배수영, 임지민, 채기석, 최효근
펴낸이 이성환
펴낸곳 디프넷_이안에
디자인 이윤진, 임지민
주 소 경기도 고양시 일산동구 중앙로 1305-30, 827호
출판등록 제2002-40호
대표전화 031-905-2188
대표팩스 0303-3440-2116
이메일 book@difnet.co.kr

ISBN 978-89-94574-69-1

* 책값은 뒤표지에 있습니다.